AOIS na GLÓIRE 2

CÚRSA GAEILGE DON TEASTAS SÓISEARACH
GNÁTHLEIBHÉAL

CAITRÍONA NÍ SHÚILLEABHÁIN

Gill & Macmillan

Gill & Macmillan Ltd
Ascaill Hume
An Pháirc Thiar
Baile Átha Cliath 12
agus cuideachtaí comhlachta ar fud an domhain
www.gillmacmillan.ie

© **Caitríona Ní Shúilleabháin 2012**

978 0 7171 5005 2

Pictiúir le brianfitzer.ie
Cló-churadóireacht bhunaidh arna déanamh in Éirinn ag Design Image

Rinneadh an páipéar atá sa leabhar seo as laíon adhmaid ó fhoraoisí rialaithe. In aghaidh gach crainn a leagtar cuirtear crann amháin eile ar a laghad, agus ar an gcaoi sin déantar athnuachan ar acmhainní nádúrtha.

Gach ceart ar cosaint. Ní ceadmhach aon chuid den fhoilseachán seo a atáirgeadh, a chóipeáil ná a tharchur i gcruth ar bith ná ar dhóigh ar bith gan cead scríofa a fháil ó na foilsitheoirí ach amháin de réir coinníollacha ceadúnas ar bith a cheadaíonn cóipeáil theoranta arna eisiúint ag Gníomhaireacht na hÉireann um Cheadúnú Cóipchirt.

Níor cheart aon naisc le láithreáin Ghréasáin sheachtracha a fhorléiriú mar aontú Gill & Macmillan le hábhar nó le dearcadh an ábhair nasctha.

As cead grianghraif a atáirgeadh tá na foilsitheoirí buíoch de:

© Alamy: 5, 19TL, 23, 29BC, 39, 40, 87BL, 91BR, 94, 101, 109BR, 120, 121C, 121CR, 127BL, 128C, 128CR, 133B, 134, 136TR, 136BR, 137BR, 141CR, 154T, 157, 158TL, 178B, 180TL, 180TR, 180TC, 193B, 327BR, 329BL, 329BR, 335TL, 335BL; © Collins: 63BR; © Corbis: 133T; © Education Photos: 63T, 71, 76; © Getty Images: 1BL, 1T, 3, 15, 19CR, 20, 29BL, 37, 55, 56, 91CL, 91CR, 91BL, 92TR, 92TL, 128CL, 128BL, 129TL, 129TR, 133C, 137TL, 137TR, 137CR, 137CL, 137BL, 141BL, 154B, 155TL, 155TR, 158TR, 173BR, 173BL, 192, 193T, 327TR, 329TR, 335TR, 335BR; © Inpho: 87T, 105, 325TR; © Photocall Ireland: 121CL, 329TL; © Rex Features: 60, 109BL, 125, 127T, 127BR, 130, 131, 136TL, 136TC, 178T, 325TL, 325BL, 325BR, 327TL, 327BL; © RTÉ Stills Library: 136BC; Courtesy of the State Examinations Commission: 197, 199, 201, 203, 205, 206, 209, 211, 213, 215, 217, 219, 221; Courtesy of TG4: 136BL.

Beidh na foilsitheoirí sásta socruithe cuí a dhéanamh le haon sealbhóir cóipchirt nach raibh fail air a dhéanann teagmháil leo tar éis fhoilsiú an leabhair.

Clár

Aonad 1:	Mé féin agus mo mhuintir	1
Aonad 2:	Mo cheantar agus mo theach	29
Aonad 3:	Mo scoil	63
Aonad 4:	Spórt	87
Aonad 5:	Ceol	109
Aonad 6:	Na meáin chumarsáide, scannáin agus leabhair	127
Aonad 7:	Laethanta saoire, taisteal agus na séasúir	141
Aonad 8:	Bia, sláinte, agus truailliú an imshaoil	173
Aonad 9:	An Scrúdú Béil	195
Aonad 10:	Gramadach	228
Aonad 11:	Trialacha Cluastuisceana	297

Buíochas

Míle buíochas do John agus Marion O'Sullivan, Marion, Eileen agus Rose O'Sullivan, Stephen Andreucetti, mo phríomhoide, Patricia Bourden, agus leas-phríomhoide, Gráinne Clear, Gean Gilger agus Aedín O'Leary, Fidelma Magee, Joan Ryan agus Eileen Greaney i Roinn na Gaeilge i gCnoc Ainbhil, gach duine ar an bhfoireann i gCnoc Ainbhil, Jack Burns, gach duine ar an bhfoireann ag Gill and Macmillan, Christy King, Maria Griffin, Paula King, Gaelmedia, TG4, P. J. Barry agus gach cara a thug cabhair agus tacaíocht dom.

Nóta don mhúinteoir

Mar is eol dúinn go léir, athraíodh cúrsa an Teastais Shóisearaigh le déanaí. Sa leabhar seo tugaim iarracht ar dhul i ngleic leis na hathruithe sin. Tá caibidil ar leith ann a bhaineann leis an bhéaltriail roghnach, ar fiú 40 faoin gcéad de na marcanna é. Tugaim iarracht ar phlé leis an ngné labhartha in aonaid 1–8 freisin, áfach, sna míreanna dar teideal 'Cleachtadh cainte', agus cuirim béim ar obair bheirte le ceisteanna labhartha ar an bpríomhábhar i ngach caibidil freisin.

In aonaid 3–5 déanaim achoimre ar an aimsir chaite, an aimsir láithreach agus an aimsir fháistineach. Leis sin, déanaim tagairtí do phointí gramadaí de réir mar a théann na haonaid ar aghaidh chun béim a chur ar an gcur chuige cumarsáideach.

Tá na trialacha cluastuisceana agus na cleachtaí léamhthuisceana curtha in oiriúint don leagan amach nua atá ar na páipéir shamplacha. Tá script na ndioscaí ar fáil do mhúinteoirí ar an suíomh www.gillmacmillan.ie. Má chuirtear ainm an leabhair isteach san inneall cuardaigh, gheofar na scripteanna agus na e-teisteanna atá ansin.

Sa mhír dar teideal 'Moltaí' sna haonaid, tá nótaí a thugann comhairle do na daltaí conas tabhairt faoi na ceisteanna scrúdaithe. Ar ndóigh, tá mórán samplaí d'fhógraí gearra, d'fhógraí fada, de chártaí poist, de chuntais, de theachtaireachtaí ríomhphoist, de litreacha agus d'ailt ann chun treoir agus cabhair a thabhairt do na daltaí agus iad ag tabhairt faoi na ceisteanna sin. Tugtar plean gearr roimh mhórán de na ceisteanna scríofa chun cabhrú le daltaí struchtúr a chur lena gcumadóireacht.

Thug mé iarracht ar chleachtaí léamhthuisceana a chumadh ar ábhair agus ar dhaoine a mbeidh suim ag daltaí iontu, idir bhuachaillí agus chailíní. Thug mé iarracht freisin ar dhrámaí agus rólghlacadh a chur san áireamh chun béim a chur ar idirghníomhaíocht. Bhí mé ag iarraidh comhréiteach a aimsiú idir spraoi do na daltaí agus ábhar fiúntach acadúil a chur ar fáil a thabharfadh acmhainní agus nótaí do dhaltaí chun iad a ullmhú do na ceisteanna scrúdaithe.

Tá súil agam go mbeidh an leabhar seo úsáideach, go dtacóidh sé le múinteoirí daltaí a ullmhú don Teastas Sóisearach, agus go mbainfidh bhur ndaltaí tairbhe agus spraoi as.

Caitríona Ní Shúilleabháin
Cnoc Ainbhil
Baile Átha Cliath
Márta 2012

eTest.ie – what is it?

A revolutionary new website-based testing platform that facilitates a social learning environment for Irish schools. Both students and teachers can use it, either independently or together, to make the whole area of testing easier, more engaging and more productive for all.

Students – do you want to know how well you are doing? Then take an eTest!

At eTest.ie, you can access tests put together by the author of this textbook. You get instant results, so they're a brilliant way to quickly check just how your study or revision is going.

Since each eTest is based on your textbook, if you don't know an answer, you'll find it in your book.

Register now and you can save all of your eTest results to use as a handy revision aid or to simply compare with your friends' results!

Teachers – eTest.ie will engage your students and help them with their revision, while making the jobs of reviewing their progress and homework easier and more convenient for all of you.

Register now to avail of these exciting features:

- Create tests easily using our pre-set questions OR you can create your own questions
- Develop your own online learning centre for each class that you teach
- Keep track of your students' performances

eTest.ie has a wide choice of question types for you to choose from, most of which can be graded automatically, like multiple-choice, jumbled-sentence, matching, ordering and gap-fill exercises. This free resource allows you to create class groups, delivering all the functionality of a VLE (Virtual Learning Environment) with the ease of communication that is brought by social networking.

Aonad 1

Mé féin agus mo mhuintír

Céim 1: Mé féin agus an teaghlach — 2

Céim 2: Léamhthuiscint: 'Ashton Kutcher' — 5

Céim 3: Cuma agus pearsantacht an duine — 10

Céim 4: An Chopail agus poist — 16

Céim 5: Fógra moltaí agus fógraí samplacha — 18

Céim 6: Cleachtadh cainte agus obair bheirte — 21

Céim 7: Sliocht: moltaí agus sliocht ar Katy Perry — 22

Céim 8: Moltaí maidir leis an litir phearsanta agus litir shamplach — 24

Céim 9: Athbhreithniú ar Aonad 1 — 28

Féach ar thriail a haon (lch 299)

Céim 1: Mé féin agus an teaghlach

teaghlach	family (household)
muintir	family (extended family)
clann	children
páiste, páistí / leanbh, leanaí	child, children
tuismitheoir, tuismitheoirí	parent, parents
mac, mic	son, sons
iníon, iníonacha	daughter, daughters
deartháir, deartháireacha	brother, brothers
deirfiúr, deirfiúracha	sister, sisters
cúpla	twins
leathchúpla	a twin
leasathair	stepfather
leasmháthair	stepmother
leasdeartháir	stepbrother
leasdeirfiúr	stepsister
seanathair	grandfather
seanmháthair	grandmother
daideo (*used by young children*)	grandad
mamó (*used by young children*)	grandma
garmhac, garmhic	grandson, grandsons
gariníon, gariníonacha	granddaughter, granddaughters
uncail, uncailí	uncle, uncles
aintín, aintíní	aunt, aunts
col ceathar / col ceathrair	first cousin
nia	nephew
neacht	niece

ainm	*name (first name, or first name and surname)*
sloinne	*surname*
ainm agus sloinne	*name (full name)*

Mé féin agus mo mhuintir

Cad is ainm duit?	Caitlín is ainm dom.
nó	
Cén t-ainm atá ort?	Caitlín an t-ainm atá orm.
Cad is sloinne duit?	Ní Mhurchú is sloinne dom.
nó	
Cén sloinne atá ort?	Ní Mhurchú an sloinne atá orm.
Cad as duit? / Cárb as duit?	Is as Corcaigh dom.
Cathain a rugadh thú?	Rugadh mé ar an gcéad lá de mhí Eanáir, míle naoi gcéad nócha a sé (1 Eanáir 1996).

Cleachtadh Scríofa

Tarraing do chraobh ghinealaigh (*family tree*).

Dáta breithe

Rugadh mé ar an gcéad lá de mhí Eanáir	I was born on the first of January
Rugadh mé ar an dara lá de mhí na Feabhra	I was born on the second of February
Rugadh mé ar an tríú lá de mhí an Mhárta	I was born on the third of March
Rugadh mé ar an gceathrú lá de mhí Aibreáin	I was born on the fourth of April
Rugadh mé ar an gcúigiú lá de mhí na Bealtaine	I was born on the fifth of May
Rugadh mé ar an séú lá de mhí an Mheithimh	I was born on the sixth of June
Rugadh mé ar an seachtú lá de mhí Iúil	I was born on the seventh of July
Rugadh mé ar an ochtú lá de mhí Lúnasa	I was born on the eighth of August
Rugadh mé ar an naoú lá de mhí Mheán Fómhair	I was born on the ninth of September
Rugadh mé ar an deichiú lá de mhí Dheireadh Fómhair	I was born on the tenth of October
Rugadh mé ar an aonú lá déag de mhí na Samhna	I was born on the eleventh of November
Rugadh mé ar an dóú lá déag de mhí na Nollag	I was born on the twelfth of December
Rugadh mé ar an tríú lá déag de mhí Eanáir	I was born on the thirteenth of January
Rugadh mé ar an gceathrú lá déag de mhí Feabhra	I was born on the fourteenth of February
Rugadh mé ar an gcúigiú lá déag de mhí an Mhárta	I was born on the fifteenth of March
Rugadh mé ar an séú lá déag de mhí Aibreáin	I was born on the sixteenth of April
Rugadh mé ar an seachtú lá déag de mhí Aibreáin	I was born on the seventeenth of April

Aois na Glóire 2

Rugadh mé ar an ochtú lá déag de mhí na Bealtaine	I was born on the eighteenth of May
Rugadh mé ar an naoú lá déag de mhí an Mheithimh	I was born on the nineteenth of June
Rugadh mé ar an bhfichiú lá de mhí Iúil	I was born on the twentieth of July
Rugadh mé ar an aonú lá is fiche de mhí Lúnasa	I was born on the twenty first of August
Rugadh mé ar an dóú lá is fiche de mhí Mheán Fómhair	I was born on twenty second of September
Rugadh mé ar an tríú lá is fiche de mhí Dheireadh Fómhair	I was born on the twenty-third of October
Rugadh mé ar an gceathrú lá is fiche de mhí na Samhna	I was born on the twenty-fourth of November
Rugadh mé ar an gcúigiú lá is fiche de mhí na Nollag	I was born on the twenty-fifth of December
Rugadh mé ar an séú lá is fiche de mhí na Samhna	I was born on the twenty-sixth of November
Rugadh mé ar an seachtú lá is fiche de mhí na Nollag	I was born on the twenty-seventh of December
Rugadh mé ar an ochtú lá is fiche de mhí Eanáir	I was born on the twenty-eighth of January
Rugadh mé ar an naoú lá is fiche de mhí an Mhárta	I was born on the twenty-ninth of March
Rugadh mé ar an tríochadú lá is fiche de mhí Aibreáin	I was born on the thirtieth of April
Rugadh mé ar an aonú lá is tríocha de mhí Iúil	I was born on the thirty first of July

Míonna na bliana

Eanáir	January	Iúil	July
Feabhra	February	Lúnasa	August
Márta	March	Meán Fómhair	September
Aibreán	April	Deireadh Fómhair	October
Bealtaine	May	Samhain	November
Meitheamh	June	Nollaig	December

Seo mar a scríobhtar dátaí i nGaeilge:

5 Eanáir 1997 (an cúigiú lá de mhí Eanáir, míle naoi gcéad nócha a seacht)
20 Nollaig 2011 (an fichiú lá de mhí na Nollag, dhá mhíle a haon déag)

Mé féin agus mo mhuintir

Scríobh isteach an mhí oiriúnach sna bearnaí faoi na pictiúir thíos.

_____ _____ _____

  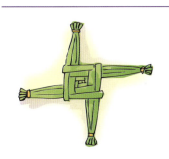

_____ _____ _____

Céim 2: Léamhthuiscint

Ashton Kutcher

Dia daoibh! Is mise Ashton Kutcher. Is **aisteoir cáiliúil** mé. Rugadh agus tógadh mé in Cedar Rapids, Iowa, Meiriceá. Rugadh mé ar an seachtú lá de mhí na Feabhra, 1978. Tá cúigear i mo chlann. Tá deirfiúr amháin agam. Tausha is ainm di. Is leathchúpla mé chomh maith agus Michael is ainm do mo dheartháir. Bhí **fadhb dháiríre** aige lena chroí nuair a bhí sé óg agus bhí an chlann go léir an-**bhuartha** faoi nuair a bhíomar ag éirí aníos. Larry is ainm do mo Dhaid. Is **oibrí monarchan** é. Diane is ainm do mo Mham.

Scar mo thuismitheoirí nuair a bhí mé sé bliana déag d'aois.

D'oibrigh mé mar **mhainicín** ar feadh cúpla bliain nuair a bhí mé níb óige. Ghlac mé páirt i **bhfógraí** do Calvin Klein agus do **chomhlachtaí** eile. Ansin **d'aistrigh** mé go L.A. chun páirt a ghlacadh i scannáin. Rinne mé an **phríomhpháirt** i **scannáin** cosúil le *Just Married*, *Cheaper by the Dozen* agus

Aois na Glóire 2

déanfaidh mé an phríomhpháirt sa **tsraith theilifíse** *Two and a Half Men* in ionad Charlie Sheen i 2011.

D'oibrigh mé mar léiritheoir agus láithreoir ar an gclár teilifíse *Punk'd* ar MTV agus **chruthaigh** mé an tsraith theilifíse *Beauty and the Geek* chomh maith. Phós mé Demi Moore, an t-aisteoir cáiliúil, i 2005 agus anois tá triúr **leasiníonacha** agam. Ruber Glenn, Scout Larue agus Tallulah Belle is ainm dóibh.

Gluais

aisteoir	actor	fógra(í)	advert / notice
cáiliúil	famous	comhlachtaí	companies
fadhb	problem	aistrigh	to move (house)
dáiríre	serious	príomhpháirt	main part
buartha	worried	scannán	film
oibrí monarchan	factory worker	sraith theilifíse	t.v. series
scar	to seperate	cruthaigh	to create
mainicín	model	leasiníon	step-daughter

Ceisteanna:

1. Cár rugadh agus tógadh Ashton Kutcher?
2. Cad é a dháta breithe?
3. Cén post atá aige?
4. Cé mhéad duine atá ina theaghlach?
5. Cén fhadhb dháiríre a bhí ag a dheartháir?
6. Cén post a bhí ag a athair nuair a bhí sé ag éirí aníos?
7. Cén post a bhí ag Ashton sular thosaigh sé ag aisteoireacht?
8. Luaigh trí scannán a raibh an phríomhpháirt aige iontu.
9. Cathain a phós sé Demi Moore?
10. Cé mhéad leasiníon atá aige?

Cé mhéad duine atá sa teaghlach?

Tá duine / beirt / triúr / ceathrar / cúigear / seisear / seachtar / ochtar / naonúr / deichniúr / aon duine dhéag / dháréag / trí dhuine dhéag sa teaghlach.

Mé féin agus mo mhuintir

Cén áit atá agat sa chlann?

Is mise an duine is óige (den chlann)	I'm the youngest (of the family)
Is mise an duine is sine (den chlann)	I'm the eldest (of the family)
Táim sa lár	I'm in the middle
Is páiste aonair mé	I'm an only child
Is leathchúpla mé	I'm a twin
Is cúpla muid	We're twins
Is cúpla comhionann muid	We're identical twins

Cé mhéad deartháir / deirfiúr atá agat?

Tá deartháir amháin / deirfiúr amháin agam	I have one brother / one sister
Tá beirt deartháireacha / beirt deirfiúracha agam	I have two brothers / two sisters
Tá triúr deartháireacha / triúr deirfiúracha agam	I have three brothers / three sisters
Tá ceathrar deartháireacha / ceathrar deirfiúracha agam	I have four brothers / four sisters
Tá cúigear deartháireacha / cúigear deirfiúracha agam	I have five brothers / five sisters
Tá seisear deartháireacha / seisear deirfiúracha agam	I have six brothers / six sisters
Tá seachtar deartháireacha / seachtar deirfiúracha agam	I have seven brothers / seven sisters
Tá ochtar deartháireacha / ochtar deirfiúracha agam	I have eight brothers / eight sisters
Tá naonúr deartháireacha / naonúr deirfiúracha agam	I have nine brothers / nine sisters
Tá deichniúr deartháireacha / deichniúr deirfiúracha agam	I have ten brothers / ten sisters
Níl aon deartháir ná deirfiúr agam	I have no brothers or sisters

Bain úsáid as na focail thíos chun na bearnaí sna habairtí seo a leanas a líonadh:

1. Tá _____ deirfiúracha agam. Lísa agus Áine is ainm dóibh.
2. Tá _____ sa teaghlach: m'athair, mo mháthair, mé féin, agus beirt deirfiúracha.
3. Is mise an duine is _____. Táim ceithre bliana déag d'aois, tá mo dheartháir dhá bhliain déag d'aois, agus tá mo dheirfiúr ocht mbliana d'aois.
4. Tá _____ deartháireacha agam. Naoise, Oisín agus Micheál is ainm dóibh.
5. Tá mo _____ ina gcónaí ina aice linn. Tagann siad ar cuairt chugainn go minic.
6. Tá mo _____ daichead bliain d'aois.
7. Is mise an duine is _____. Tá beirt deartháireacha níos sine agam.
8. Is páiste _____ mé. Níl aon deartháir ná deirfiúr agam.
9. Táimse i _____ na clainne. Tá mo dheartháir níos sine ná mé, agus tá mo dheirfiúr níos óige ná mé.
10. Tá _____ mhadra agam. Spot agus Rex is ainm dóibh.

cúigear, lár, óige, Dhaid, sheanmháthair, sine, aonair, dhá, triúr, chol ceathracha, beirt

Aois na Glóire 2

Cuir Gaeilge ar na habairtí seo a leanas:

1. I am the eldest in the family.
2. I have four brothers.
3. Seán is the youngest in the family.
4. Liam has six sisters.
5. There are seven people in my family.
6. I am an identical twin.
7. Úna has a brother and four sisters.
8. Nuala has four daughters.
9. I have three uncles and eight aunts.
10. Aoife has three cousins.

Aimsigh na focail seo a leanas sa lúbra:

Daid   Maim   uncail   aintín   col ceathrair   deartháir   deirfiúr
seanmháthair   seanathair   mac   iníon

F	O	E	L	M	P	M	S	D	Z	X	M	A	I	M	B	N	D	F	T	Y	U	I	T	S
M	A	C	Y	S	S	O	E	N	V	B	A	E	T	U	D	E	A	R	T	H	Á	I	R	P
C	M	O	P	S	E	T	A	S	D	C	H	G	F	V	B	E	I	W	E	R	B	N	O	Í
C	O	L	C	E	A	T	H	R	A	I	R	N	O	P	R	Q	D	B	M	O	G	Ó	D	P
L	H	C	M	U	N	C	A	I	L	L	H	N	F	C	V	Y	M	U	I	N	T	O	R	Y
D	E	A	R	T	W	Á	I	R	R	U	H	E	W	A	D	E	I	R	F	I	Ú	R	V	K
Y	T	A	R	S	E	A	N	M	H	Á	T	H	A	I	R	D	C	V	G	H	J	U	J	M
G	H	T	T	R	H	K	T	I	N	Í	O	N	M	K	L	O	E	R	C	S	F	V	M	B
X	C	H	G	Y	A	B	Í	H	F	D	V	T	S	E	A	N	A	T	H	A	I	R	M	U
D	G	Y	A	T	R	Ó	N	E	X	N	U	F	I	M	R	J	B	N	L	W	O	Á	I	E

Aoiseanna

Cén aois thú? / Cén aois atá agat?   *What age are you?*
Cén aois atá ag do dheartháir?   *What age is your brother?*

Mé féin agus mo mhuintir

bliain / aon bhliain d'aois	one year old	aon bhliain déag d'aois	eleven years old
dhá bhliain d'aois	two years old	dhá bhliain déag d'aois	twelve years old
trí bliana d'aois	three years old	trí bliana déag d'aois	thirteen years old
ceithre bliana d'aois	four years old	ceithre bliana déag d'aois	fourteen years old
cúig bliana d'aois	five years old	cúig bliana déag d'aois	fifteen years old
sé bliana d'aois	six years old	sé bliana déag d'aois	sixteen years old
seacht mbliana d'aois	seven years old	seacht mbliana déag d'aois	seventeen years old
ocht mbliana d'aois	eight years old	ocht mbliana déag d'aois	eighteen years old
naoi mbliana d'aois	nine years old	naoi mbliana déag d'aois	nineteen years old
deich mbliana d'aois	ten years old	fiche bliain d'aois	twenty years old

Na rialacha

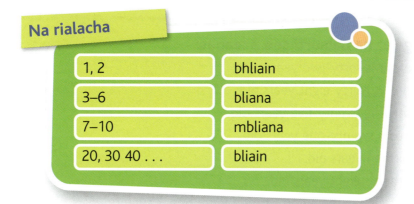

1, 2	bhliain
3–6	bliana
7–10	mbliana
20, 30 40 . . .	bliain

fiche bliain	twenty years	ochtó bliain	eighty years
tríocha bliain	thirty years	nócha bliain	ninety years
daichead bliain	forty years	céad bliain	a hundred years
caoga bliain	fifty years	míle bliain	a thousand years
seasca bliain	sixty years	céad míle bliain	a hundred thousand years
seachtó bliain	seventy years	milliún bliain	a million years

Pointe Gramadaí

Nuair a luaitear uimhreacha ar nós 21–29, 31–39 srl. deirtear 'dhá bhliain is fiche 'trí bliana is triocha' srl. Ní deirtear 'fiche a dó bhliain'.

Aois na Glóire 2

bliain is fiche	twenty-one years	ceithre bliana is fiche	twenty-four years
dhá bhliain is fiche	twenty-two years	ocht mbliana is fiche	twenty-eight years
trí bliana is fiche	twenty-three years	bliain is tríocha	thirty-one years

Tá mo dheartháir aon bhliain is fiche d'aois	My brother is twenty-one years old
Tá mo dheirfiúr tríocha bliain d'aois	My sister is thirty years old
Tá m'athair cúig bliana is caoga d'aois	My father is fifty-five years old
Tá mo mháthair daichead bliain d'aois	My mother is forty years old

Cuir Gaeilge ar na habairtí seo a leanas:

1. My mother is forty-two years old.
2. My father is thirty-eight years old.
3. My brother is twenty-five years old.
4. My sister is twenty-one years old.
5. I am thirteen years old.
6. My brother is eight years old.
7. My sister Áine is the eldest in the family. She is twenty years old.
8. My brother Tomás is the youngest in the family. He is four years old.
9. Séamas is in the middle of the family. He is fourteen years old.
10. My aunt is fifty-five years old.

Céim 3: Cuma agus pearsantacht an duine

Gruaig agus súile

gruaig dhonn	brown hair	gruaig chatach	curly hair
gruaig dhubh	black hair	gruaig ghearr	short hair
gruaig rua	red hair	gruaig fhada	long hair
gruaig fhionn	fair hair	gruaig spíceach	spiky hair
gruaig liath	grey hair	maol	bald
gruaig dhíreach	straight hair		

súile donna	brown eyes
súile glasa	grey eyes, green eyes
súile gorma	blue eyes

Mé féin agus mo mhuintir

Ní mór duit 'ag' a chur in oiriúint don duine.

⭐ Mar shampla   ag + mé = agam
                       ag + tú = agat
                       ag Pádraig / ag mo Mham

Tá súile gorma agam	I have blue eyes
Tá súile donna aige	He has brown eyes
Tá súile glasa aici	She has green eyes
Tá súile gorma againn	We have blue eyes
Tá súile donna agaibh	You (plural) have brown eyes
Tá súile glasa acu	They have green eyes

Úsáidimid **ar** nuair a dhéanaimid cur síos ar ghruaig duine.

Ní mór duit 'ar' a chur in oiriúint don duine.

⭐ Mar shampla   ar + mé = orm
                       ar Phádraig / ar mo Mham

Tá gruaig dhonn orm	I have brown hair
Tá gruaig dhonn ort	You have brown hair
Tá gruaig dhonn air	He has brown hair
Tá gruaig dhonn uirthi	She has brown hair
Tá gruaig dhonn orainn	We have brown hair
Tá gruaig dhonn oraibh	You (plural) have brown hair
Tá gruaig dhonn orthu	They have brown hair

Féach ar na nótaí ar na forainmneacha réamhfhoclacha ar leathanach 280.

Aois na Glóire 2

Tréithe eile

Tá mo dheirfiúr beag / íseal	My sister is small
Tá m'athair ard	My father is tall
Caitheann Áine spéaclaí	Áine wears glasses
Tá féasóg / croiméal ar m'uncail	My uncle has a beard / a moustache
Tá bricíní air	He has freckles

Airde

méadar	a metre
ceintiméadar	a centimetre
troigh	a foot
cúig troithe	five feet
orlach	an inch

 Mar shampla

Tá mo dhearthair sé troithe ar airde	My brother is six feet tall
Táim cúig troithe, sé horlaí ar airde	I am five feet, six inches tall

Nó

Táim méadar agus seacht gceintiméadar ar airde	I am 107 centimetres tall

Aidiachtaí úsáideacha

dathúil	handsome, good-looking	láidir	strong
gleoite	pretty	lag	weak
ard	tall	tanaí	thin
íseal / beag	small	ramhar	fat

Cleachtadh

Meaitseáil na pictiúir leis na habairtí sa ghreille

E	Tá súile glasa agam agus gruaig chatach, fhionn orm.
	Tá gruaig liath agus croiméal orm.
	Tá súile gorma agam agus tá gruaig dhíreach, dhubh orm.
	Tá bricíní orm agus tá gruaig rua chatach orm.
	Tá súile gorma agam agus táim maol.
	Tá súile gorma agam agus gruaig chatach liath orm.
	Tá gruaig fhionn dhíreach orm agus caithim spéaclaí.
	Tá súile gorma agam agus tá gruaig dhíreach, dhonn orm.
	Tá féasóg orm agus tá gruaig chatach liath orm.

A   B   C

D   E   F

G   H   I

Mé féin agus mo mhuintir

An aidiacht shealbhach

	Roimh chonsan	Sampla	Roimh ghuta	Sampla
my	mo + *séimhiú*	mo Dhaid	m'	m'uncail
your (singular)	do + *séimhiú*	do Dhaid	d'	d'uncail
his	a + *séimhiú*	a Dhaid	a	a uncail
her	a	a Daid	a + h	a huncail
our	ár + *urú*	ár nDaid	ár + *urú*	ár n-uncail
your (plural)	bhur + *urú*	bhur nDaid	bhur + *urú*	bhur n-uncail
their	a + *urú*	a nDaid	a + *urú*	a n-uncail

- Ní féidir séimhiú a chur ar **st, l, n, r, sm, sp** nó **sc** (*'St Eleanor is smiling in Spanish school'*). *Mar shampla*: mo liathróid, mo rothar, mo scuab, mo nóta.
- Ní féidir urú a chur ar **l, m, n, r,** ná **s**.

Samplaí eile

mo mham	my mom	m'athair	my father
do mham	your mom	d'athair	your father
a mham	his mom	a athair	his father
a mam	her mom	a hathair	her father
ár mam	our mom	ár n-athair	our father
bhur mam	your mom	bhur n-athair	your father
a mam	their mom	a n-athair	their father

Obair Ealaíne agus Cleachtadh Scríofa

Tarraing pictiúr de na daoine i do theaghlach. Déan cur síos ar do chuma féin agus ar chuma na ndaoine eile i do theaghlach. Scríobh isteach an cur síos faoi gach pictiúr.

Cuir Gaeilge ar na habairtí seo a leanas:

1. My father has blue eyes and brown hair.
2. His mother has green eyes and blonde hair.
3. Her sister is very small.
4. Her uncle is very tall.
5. My aunt has grey hair and brown eyes.
6. Our aunt has brown eyes and curly red hair.
7. Their mother is five foot five.
8. His Dad has freckles and red hair.
9. Their grandfather has a moustache and grey hair.
10. Your friend is beautiful.

Pearsantacht

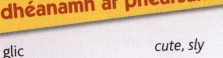
Aidiachtaí a úsáidimid chun cur síos a dhéanamh ar phearsantacht duine

glic	cute, sly	flaithiúil	generous
amaideach	foolish	goilliúnach	sensitive
gealgháireach	cheerful, jolly	cainteach	talkative, chatty
greannmhar	funny, amusing	macánta	honest
cúthail	shy	mímhacánta	dishonest
béasach	polite	cróga / misniúil	brave
drochbhéasach	bad-mannered	teasaí	hot-headed
stuama, ciallmhar	sensible	cliste	clever
tuisceanach	understanding	éirimiúil	intelligent
deas	pleasant	fiosrach	inquisitive
féinmhuiníneach	self-confident	leisciúil	lazy
dána	bold, misbehaved	fuinniúil	energetic
ceanndána	headstrong, stubborn	réchúiseach	easy-going
cineálta / cneasta	kind	díograiseach	hard-working, enthusiastic
cairdiúil	friendly		

Déan cur síos ar phearsantacht na ndaoine atá sa teaghlach.

Déan póstaer. Scríobh alt ar an gcara is fearr leat. Cuir an t-alt agus pictiúr den chara sin ar an bpóstaer. Déan cur síos ar chuma agus ar phearsantacht an duine sin. Luaigh na rudaí a dhéanann sibh le chéile. Tarraing pictiúr de na rudaí a dhéanann sibh.

Mé féin agus mo mhuintir

Léamhthuiscint: Siobhán Ní Shé

Haileo! Siobhán Ní Shé is ainm dom. Táim ceithre bliana déag d'aois agus táim sa dara bliain ar scoil. Freastalaím ar **scoil chailíní**. Tá mé ard agus tá gruaig fhionn chatach orm. Tá seisear i mo theaghlach agus is mise an duine is óige sa chlann.

Tá triúr deartháireacha agam. Tomás, Dónall agus Seán is ainm dóibh. Is peata ceart mé **ós rud é** gur mise an t-aon chailín sa chlann! Tá Tomás ocht mbliana is fiche d'aois. Tá gruaig dhubh spíceach air agus **oibríonn** sé sa bhanc. Tá Dónall dhá bhliain is fiche d'aois. Tá sé ag déanamh staidéir ar **leigheas** san ollscoil. Tá súile donna aige agus tá bricíní air. Tá Seán sa séú bliain agus beidh sé ag déanamh na hArdteiste i mbliana. Tá **trua** agam dó! Tá súile glasa aige agus caitheann sé spéaclaí.

Ní chónaíonn Tomás sa bhaile **a thuilleadh** ach tá an bheirt eile ina gcónaí sa teach céanna liomsa. Uaireanta bímid ag argóint faoin obair tí mar tá siad an-leisciúil ar fad maidir le **cúraimí tí**. Is duine cairdiúil flaithiúil é Tomás agus tugann sé **airgead póca** dom go minic!

Gluais

scoil chailíní	all girls' school
ós rud é	since
oibrigh	to work
leigheas	medicine
trua	pity
a thuilleadh	anymore
cúraimí tí	household duties
airgead póca	pocket money

Ceisteanna:

1. Cén aois í Siobhán?
2. Cén bhliain ina bhfuil Siobhán?
3. Cén chuma atá ar Shiobhán?
4. Cé mhéad deartháir atá aici?
5. Cad is ainm dóibh?
6. Cén chuma atá ar Thomás?
7. Cad tá á dhéanamh ag Dónall san ollscoil?
8. Cén chuma atá ar Dhónall?
9. Cén bhliain ina bhfuil Seán ar scoil?
10. Cén saghas duine é Tomás?

Céim 4: An Chopail agus poist

Úsáidimid an chopail (**is**) nuair a bhímid ag déanamh cur síos ar cháilíocht (*quality*) an duine nó ar phost an duine. Úsáidimid 'is' in ionad 'bí' nuair a bhíonn ainmfhocal sa chéad chuid den abairt.

Féach ar na nótaí ar leathanach 17.

⭐ **Mar shampla**

Is daoine béasacha sinn	We are polite people
Is daltaí ceanndána sibh	You are stubborn pupils
Is páistí dána iad	They are bold children
Is duine cainteach mé	I am a talkative person
Is duine cairdiúil tú	You are a friendly person
Is cailín leisciúil í mo dheirfiúr	My sister is a lazy girl
Is buachaill cróga é Liam	Liam is a brave boy

Cleachtadh Scríofa

Cuir Gaeilge ar na habairtí seo a leanas:
1. My brother is a stubborn boy.
2. My sister is a cheerful girl.
3. My Mom is a chatty woman.
4. Tomás is an enthusiastic pupil.
5. My best friend is a kind and generous person.
6. My teacher is a cranky, hot-headed person.
7. His sister is a nice, polite girl.
8. Her brother is a bold student.

Obair agus poist

slí bheatha	occupation
post	job
ceird	trade
gairm / gairm bheatha	profession

Cén post atá ag d'athair / ag do mháthair / ag do dhearthair / ag do dheirfiúr?

What job has your father / mother / brother / sister?

Mé féin agus mo mhuintir

Pointe Gramadaí

Úsáidimid an chopail go minic chun cur síos a dhéanamh ar phost duine.

Is ceoltóir é m'athair	My father is a musician
Is dochtúir í mo mháthair	My mother is a doctor
Is innealtóir é mo dheartháir	My brother is an engineer
Is feirmeoir é m'uncail	My uncle is a farmer
Is aisteoir í m'aintín	My aunt is an actress
Is dalta bunscoile é mo dheartháir	My brother is a primary school pupil
Is mac léinn í mo dheirfiúr	My sister is a college student
Is garda é m'uncail	My uncle is a garda
Is banaltra í mo Mham	My Mom is a nurse
Is bean tí í m'aintín	My aunt is a housewife
Is poitigéir í mo mháthair	My mother is a chemist
Is daltaí iad mo dheartháireacha	My brothers are pupils
Is rúnaí í mo dheirfiúr	My sister is a secretary
Oibríonn mo mháthair i gcomhlacht	My mother works in a company
Oibríonn m'athair in oifig	My father works in an office
Oibrím i siopa go páirtaimseartha	I work in a shop part-time
Oibríonn mo dheirfiúr mar fhreastalaí	My sister works as a waiter

Slite beatha

banaltra	nurse	freastalaí	waiter	meánmhúinteoir	secondary teacher
dochtúir	doctor	oibrí oifige	office worker		
fiaclóir	dentist	oifigeach bainc	bank official	siúinéir	joiner
siceolaí	psychologist	ceantálaí	auctioneer	leictreoir	electrician
poitigéir	chemist	cuntasóir	accountant	gruagaire	hairdresser
feirmeoir	farmer	seandálaí	archaeologist	cócaire	cook, chef
scríbhneoir	writer	máinlia	surgeon	píolóta	pilot
amhránaí	singer	fisiteiripeoir	physiotherapist	iriseoir	journalist
aisteoir	actor	cógaiseoir	pharmacist	fáilteoir	receptionist
ailtire	architect	feirmeoir	farmer	rúnaí	secretary
tógálaí	builder	iascaire	fisherman	garda	garda
meicneoir	mechanic	tréidlia	vet	saighdiúr	soldier
tiománaí	driver	múinteoir bunscoile	primary teacher	fear gnó	business man
feighlí leanaí	child-minder			leabharlannaí	librarian
freastalaí siopa	shop assistant			sagart	priest

Cuir na pictiúir agus na habairtí le chéile.

B	Is múinteoir mé
	Is Garda mé
	Is fiaclóir mé
	Is iascaire mé
	Is píolóta mé
	Is feirmeoir mé
	Is meicneoir mé
	Is dochtúir mé
	Is banaltra mé
	Is cócaire mé
	Is freastalaí mé
	Is tógálaí mé
	Is saighdiúir mé
	Is rúnaí mé
	Is gruagaire mé
	Is amhránaí mé

Céim 5: Fógra moltaí agus fógraí samplacha

- Tá an cheist seo i Roinn I (Léamhthuiscint) ar an Teastas Sóisearach.
- Ceist 2 a bhíonn i gceist agus bíonn ort dhá fhógra a roghnú as a, b nó c.
- Caith 15 nóiméad ar an dá fhógra.
- Féach ar na pictiúir sna fógraí. Tabharfaidh siad leid duit faoi cad tá i gceist san fhógra.
- Déan staidéar ar an bhfoclóir ar na topaicí éagsúla sa leabhar seo agus scríobh aon fhocail nua i gcóipleabhar foclóra chun ullmhú don cheist seo.

Mé féin agus mo mhuintir

Fógra: Léigh an fógra thíos agus freagair na ceisteanna a ghabhann leis.

Bialann Uí Shé
ar phríomhshráid an Náis

Ar oscailt: *Luan-Domhnach, 5:00p.m.-12:00a.m.*

Freastalaí páirtaimseartha ag teastáil!

Táimid ag lorg duine atá
- cairdiúil
- díograiseach
- sásta oibriú go dian

Cúraimí oibre: beidh ort
- freastal ar na custaiméirí
- na horduithe a ghlacadh
- na boird a ghlanadh

Pá: €12 san uair

Teagmháil

Chun tuilleadh eolais a fháil, cuir glao ar an mbainisteoir Ciarán Mac Cárthaigh ar 085 2345678 roimh 1:00p.m. Luan-Aoine nó seol ríomhphost chuig cmc@eircom.net

Gluais

príomhshráid	main street	freastal ar	to serve
freastalaí	waiter	orduithe a ghlacadh	to take orders
páirtaimseartha	part-time	teagmháil	contact
lorg	to seek	tuilleadh eolais	more information
cúraimí	duties	seol ríomhphost chuig	send an email to

Ceisteanna:
1. Cá bhfuil an bhialann seo suite?
2. Cathain a bhíonn an bhialann ar oscailt?
3. Cén post atá luaite san fhógra seo?
4. Cén pá atá i gceist?
5. Conas is féidir teagmháil a dhéanamh leis an mbainisteoir?

An bhfuil tú ag iarraidh feabhas a chur ar do chuid Gaeilge?

Feighlí leanaí don samhradh ag teastáil ó chlann ghnóthach i nGaeltacht Chonamara

Táimid ag lorg duine atá:
- níos sine ná sé bliana déag d'aois
- foighneach
- cairdiúil
- tuisceanach

Dualgais:
- aire a thabhairt do bheirt leanaí 9 go dtí a 5, Luan go hAoine
- beagán iarnála agus obair tí a dhéanamh

Pá: Lóistín agus béilí saor in aisce / €200 sa tseachtain

Teagmháil

Chun tuilleadh eolais a fháil, cuir glao ar Úna de Bláca ar an uimhir 091 3456782 nó seol ríomhphost chuig unadeblaca@gmail.com

Gluais

ag iarraidh	wanting / needing / seeking	dualgais	duties
feabhas	an improvement	iarnáil	ironing
feighlí leanaí	childminder	lóistín	accommodation
ag teastáil	wanted / needed	béilí	meals
gnóthach	busy	saor in aisce	free

Ceisteanna:

1. Cén post atá á fhógairt san fhógra seo?
2. Cá bhfuil an chlann ina gcónaí?
3. Cén saghas duine atá á lorg acu?
4. Cé na dualgais a bheidh ar an duine sin?
5. Cén pá atá i gceist don jab?

Mé féin agus mo mhuintir

Céim 6: Cleachtadh cainte agus obair bheirte

Ar mhiste leat … ?	Would you mind … ?
Mura miste leat	If you don't mind
Más é do thoil é / Le do thoil	Please
Go raibh maith agat	Thank you
Go raibh céad maith agat / Go raibh míle maith agat	Thank you very much
Slán leat	Goodbye (said to someone who is leaving)
Slán agat	Goodbye (said to someone who is remaining)
Ní miste / Ní miste liom	Not at all
Go ndéana sé a mhaith duit / Níl a bhuíochas ort	You're welcome / Don't mention it

Comhrá samplach

Múinteoir: Dia duit, a Mhicilín. Cén sloinne atá ort?

Micilín: Ó Súilleabháin an sloinne atá orm.

Múinteoir: Inis dom faoi do theaghlach. Cé mhéad duine atá sa teaghlach?

Micilín: Tá ceathrar ann: mé féin, mo mháthair, m'athair agus mo dheirfiúr. Is mise an duine is sine.

Múinteoir: Cén aois thú?

Micilín: Táim ceithre bliana déag d'aois.

Múinteoir: Inis dom faoi do Dhaid.

Micilín: Is tógálaí é. Tá sé ard agus caitheann sé spéaclaí. Tá súile donna aige, agus tá gruaig liath air. Is duine cneasta cairdiúil é.

Múinteoir: Inis dom faoi do Mham.

Micilín: Is múinteoir í mo Mham. Is duine íseal í, agus tá gruaig fhionn uirthi. Is duine ciúin támáilte í.

Múinteoir: An réitíonn tú go maith le do thuismitheoirí?

Micilín: De ghnáth réitím go han-mhaith leo.

Múinteoir: Inis dom faoi do dheirfiúr.

Micilín: Pádraigín is ainm do mo dheirfiúr. Tá sí seacht mbliana d'aois. Tá sí sa cheathrú rang sa bhunscoil. Tá gruaig fhionn chatach uirthi agus tá súile gorma aici. Is duine cainteach fuinniúil í. Is aoibhinn léi bheith ag damhsa. Freastalaíonn sí ar ranganna bailé.

Múinteoir: Go raibh maith agat as labhairt liom, a Mhicilín. Slán leat.

Micilín: Slán agat.

Aois na Glóire 2

> **Cleachtadh Cainte agus Obair Bheirte**
>
> **Cuir na ceisteanna seo a leanas ar an duine in aice leat:**
> 1. Cad is ainm duit?
> 2. Cad as duit?
> 3. Cén aois thú?
> 4. Cad é do dháta breithe?
> 5. Cé mhéad duine atá sa teaghlach?
> 6. Déan cur síos ar chuma agus phearsantacht do thuismitheoirí.
> 7. Déan cur síos ar do dhearrtháireacha nó ar do dheirfiúracha.
> 8. Cad tá á dhéanamh acu? An bhfuil siad ag freastal ar naíonra, ar an mbunscoil, ar an meánscoil, nó ar an ollscoil?
> 9. Conas a réitíonn tú le baill eile an teaghlaigh?
> 10. Déan cur síos ar do chuma agus phearsantacht féin.

Céim 7: Sliocht: moltaí agus sliocht ar Katy Perry

Moltaí maidir leis an sliocht:

1. Tá dhá shliocht ar an bpáipéar scrúdaithe (Ceist 3 (a) agus (b)). Tá tríocha marc ar fáil le haghaidh gach sleachta. Caith 10 nóiméad ar gach sliocht.

2. Féach ar na pictiúir nó ar na ceannteidil a ghabhann leis an léamhthuiscint. B'fhéidir go dtabharfaidh sin leid (*a hint*) duit faoi ábhar an tsleachta.

3. Ansin léigh na ceisteanna. Bíonn ceist amháin bunaithe ar gach alt. Cuir líne faoi na focail is tábhachtaí.

4. Tabhair iarracht ar na focail sin a aimsiú sa téacs. De ghnáth bíonn freagra na ceiste i ngar do na focail sin. Ní gá go mbeadh gach uile fhocal ar eolas agat chun an freagra a aimsiú.

5. Cuir líne faoin mbriathar a úsáidtear sa cheist. De ghnáth ba chóir duit freagra a thabhairt san aimsir chéanna; uaireanta ba chóir duit an briathar céanna a úsáid.

   ⭐ **Mar shampla** An bhfuil?—Tá. / Níl.
   An dtéann?—Téann. / Ní théann.

6. Tabhair iarracht ar na freagraí a scríobh i d'fhocail féin. Go minic is féidir an freagra a scríobh i d'fhocail féin le cabhair an fhriotail atá sna ceisteanna.

7. Scríobh abairtí gearra díreacha simplí. Seachain abairtí atá rófhada agus casta.

8. Coimeád cóipleabhar amháin i gcomhair stór focal. Scríobh deich bhfocal nua sa chóipleabhar sin gach lá. Caith deich nóiméad gach oíche ag foghlaim na bhfocal sin. Cabhróidh sin le do stór focal a fhorbairt.

Mé féin agus mo mhuintir

Sliocht: Katy Perry

1. Haigh! Is mise Katy Perry. Is amhránaí popcheoil mé. Scríobhaim m'amhráin féin agus seinnim ar an ngiotár. Rugadh mé in Santa Barbara, Meiriceá. Rugadh mé ar an gcúigiú lá is fiche de mhí Dheireadh Fómhair, 1984. Tugadh Katheryn Elizabeth Hudson orm nuair a **baisteadh** mé.

2. Tá cúigear i mo theaghlach – mé féin, mo Mham, mo Dhaid, mo dheartháir agus mo dheirfiúr. David is ainm do mo dheartháir agus is é an duine is sine sa chlann. Angela is ainm do mo dheirfiúr agus is í an duine is óige sa chlann. Tá mé i lár na clainne.

3. Is **tréadaí** é mo Dhaid. Keith Hudson is ainm dó. Mary is ainm do mo Mham. Tá **fuil Éireannach**, **Shasannach**, **Phortaingéalach** agus **Ghearmánach** sa teaghlach.

4. Bhí mo thuismitheoirí an-dian nuair a bhí mé óg. Ní raibh cead agam éisteacht le haon saghas ceoil **seachas ceol soiscéalach** mar bhí mo thuismitheoirí an-**chráifeach**. D'fhreastail mé ar ranganna amhránaíochta ó bhí mé naoi mbliana d'aois agus chuaigh mé go ranganna damhsa freisin. D'fhreastail mé ar Acadamh Ceoil an Iarthair in Santa Barbara ar feadh tamaill chomh maith.

5. Chan mé ag an Aifreann gach seachtain agus fuair mé a lán **taithí** amhránaíochta sa **tslí** sin. Bhí an-**rath** agam sna **cairteacha** le blianta beaga anuas le hamhráin amhail *Firework*, *Hot n Cold* agus *California Girls*.

Gluais

baist	to baptise
tréadaí	pastor
fuil	blood
Éireannach	Irish
Sasannach	English
Portaingéalach	Portuguese
Gearmánach	German
seachas	besides
ceol soiscéalach	gospel music
cráifeach	pious
taithí	experience
slí	way
rath	success
cairteacha	charts

Ceisteanna:
1. Cathain a rugadh Katy Perry? (Alt 1)
2. Cén áit atá aici sa chlann? (Alt 2)
3. Cén post atá ag a Daid? (Alt 3)
4. Cathain a thosaigh sí ag freastal ar ranganna amhránaíochta? (Alt 4)
5. Conas a fuair sí a lán taithí amhránaíochta nuair a bhí sí ag éirí aníos? (Alt 5)

Céim 8: Moltaí maidir leis an litir phearsanta agus litir shamplach

1. Tá an litir i Roinn III (Scríobh na Teanga) ar an bpáipéar i scrúdú an Teastais Shóisearaigh. Tá 40 marc ar fáil sa cheist seo. Leathleathanach atá ag teastáil.

2. Caith cúig nóiméad is fiche ar an gceist seo.

3. Cloígh leis an méid a iarrtar ort sa cheist. Scríobh idir trí líne agus cúig líne ar gach pointe a luaitear sa cheist.

4. Foghlaim frásaí úsáideacha, go háirithe i gcomhair thús agus chríoch na litreach.

5. Foghlaim roinnt seoltaí éagsúla a bhaineann le hÉirinn, leis an tuath, le ceantair Ghaeltachta, le tír thar lear, agus le cathair thar lear.

Leagan amach na litreach

Tá an leagan amach (*layout*) an-tábhachtach

1. **An seoladh**

   Is mar seo a leagtar amach an seoladh:

   35 Garrán na mBláth
   Baile na Lobhar
   Co. Bhaile Átha Cliath

   64 Bóthar na Trá
   Gaillimh

   Bóthar na Sléibhe,
   Ros Muc
   Co. na Gaillimhe

   16 Playa de la Reine
   Argueilles,
   Maidrid
   An Spáinn

   14 Calle Martinez
   Marbella
   An Spáinn

Mé féin agus mo mhuintir

2. **An dáta**

   Is mar seo a scríobhtar an dáta i litir:

   10 Aibreán 2011

3. **An beannú**

   Is mar seo a scríobhtar an beannú (*the greeting*) i litir phearsanta:

   A Sheáin, a chara,   A Áine, a chara,   A Mham,

4. **Corp na litreach** (*The body of the letter*)

5. **Críoch** (*Conclusion*)

   Mise do chara,
   Séamas

Frásaí úsáideacha i gcomhair litir phearsanta

Tús na litreach

Cén chaoi a bhfuil tú? / Conas atá tú? / Cad é mar atá tú?	How are you?
Conas tá cúrsaí leatsa?	How are things with you?
Tá súil agam go bhfuil tú féin is do mhuintir i mbarr na sláinte.	I hope you and your family are in the best of health.
Aon scéal agat?	Any news?
Tabhair mo bheannacht do do mhuintir	Give your family my regards.
Cén chaoi a bhfuil cúrsaí sa Spáinn?	How are things in Spain?
Conas atá cúrsaí ar scoil?	How are things in school?
Míle buíochas as do litir.	Many thanks for your letter.
Is fada ó chuala mé uait.	It's been a long time since I heard from you.

Corp na litreach

Is beag nár dhearmad mé a rá.	I almost forgot to say.
dála an scéil	by the way
pé scéal é	anyway
faoi mar is eol duit	as you know
de ghnáth	usually
Ar chuala tú faoi … ?	Did you hear about … ?

Aois na Glóire 2

Críoch na litreach

Caithfidh mé críochnú anois	I have to finish now
Feicfidh mé thú go luath	I will see you soon
Tá súil agam go bhfeicfidh mé thú go luath	I hope I'll see you soon
Tar ar cuairt chugam go luath	Come and visit me soon
Scríobh chugam go luath	Write to me soon
le grá	with love
slán go fóill	goodbye for now
go dtí go gcasfar lena chéile sinn arís	until we meet again

Litir

Tá peannchara nua agat i gConamara. Tá sé ag iarraidh roinnt eolais fút féin agus faoi do mhuintir. Scríobh litir chuig do chara pinn.

Sa litir luaigh na pointí seo:
- an méid daoine i do theaghlach agus an áit atá agat sa chlann
- déan cur síos ar do chuma agus phearsantacht
- cad tá á dhéanamh ag do dheirfiúracha agus do dheartháireacha (an bhfuil siad ag freastal ar scoil / ollscoil; an oibríonn siad?)
- post do Mhaime agus do Dhaid.

Bóthar na Trá
Dumhach Trá,
Baile Átha Cliath.
12 Márta, 2011

A Phóil, a chara,

Conas atá tú? Míle buíochas as do litir fút féin agus faoi do mhuintir. Bhí sé **an-suimiúil** ar fad!

Tabhair mo bheannacht do do mhuintir.

Dúirt tú sa litir gur mhaith leat roinnt eolais faoi mo theaghlach. Tá seisear againn sa teach — mé féin, mo Mham, mo Dhaid, mo bheirt deartháireacha agus deirfiúr amháin. Oisín agus Mícheál is ainm do mo dheartháireacha agus Ríona is ainm do mo dheirfiúr.

Is mise an duine is óige sa chlann. Táim ceithre bliana déag d'aois. Tá roinnt **buntáistí** ag baint leis mar faighim airgead póca ó mo dheartháireacha móra uaireanta. Tá gruaig fhionn orm agus tá súile glasa agam. Táim **measartha** ard agus tanaí. Deir mo chairde gur duine spraíúil greannmhar mé. Is aoibhinn liom spórt, **go háirithe** an rugbaí.

Mé féin agus mo mhuintir

Is é Oisín an duine is sine sa chlann. Tá sé seacht mbliana is fiche d'aois. Oibríonn sé in ospidéal ina dhochtúir **sóisearach**. Tá árasán **ar cíos** aige i lár na cathrach. Maidir le Mícheál, tá sé ag freastal ar Choláiste na Tríonóide. Déanann se staidéar ar **thráchtáil**. Is aoibhinn leis an cúrsa agus an chraic a bhíonn aige lena chairde san ollscoil. Tá Ríona seacht mbliana déag d'aois agus tá sí sa chúigiú bliain ar an meánscoil. **Cuireann sí isteach orm** uaireanta. Deir sí go bhfuilim leisciúil agus **míshlachtmhar**. Cuireann sí brú orm obair tí a dhéanamh uaireanta agus is fuath liom obair tí!

Is Garda é mo Dhaid agus is banaltra í mo Mham. Oibríonn mo Mham go páirtaimseartha agus, mar sin, bíonn sí sa bhaile go minic. Réitím go maith leo **ar an iomlán** ach uaireanta bíonn siad **ródhian** orm, ceapaim!

Bhuel caithfidh mé críochnú anois mar tá mo Dhaid ag glaoch orm. Tá súil agam go gcloisfidh mé uait go luath.

Slán go fóill,

Peadar

Gluais

an-suimiúil	very interesting	tráchtáil	commerce
buntáistí	advantages	cuir isteach ar	to annoy / bother / upset
measartha	fairly	míshlachtmhar	untidy
go háirithe	in particular	ar an iomlán	on the whole
sóisearach	junior	ródhian	too strict
ar cíos	rented		

Ceisteanna:

1. Cé mhéad duine atá i dteaghlach Pheadair?
2. Cad is ainm dá dheartháireacha agus dá dheirfiúr?
3. Cé hé an duine is sine sa chlann?
4. Déan cur síos ar chuma agus phearsantacht Pheadair.
5. Cén spórt is fearr le Peadar?
6. Cá n-oibríonn Oisín?
7. Cad tá á dhéanamh ag Mícheál?
8. Cad a deir Ríona faoi Pheadar?
9. Cén post atá ag a Dhaid?
10. Cén post atá ag a Mham?

Céim 9: Athbhreithniú ar Aonad 1

A: Freagair na ceisteanna seo a leanas:
1. Cad is ainm duit?
2. Cá bhfuil cónaí ort?
3. Cén aois thú?
4. Cad as duit?
5. Cé mhéad duine atá sa teaghlach?
6. Cé hé an duine is óige den chlann?
7. Cé hé an duine is sine den chlann?
8. Cén post atá ag d'athair?
9. Cén post atá ag do mháthair?
10. An réitíonn tú go maith le baill eile an teaghlaigh?

B: Líon na bearnaí leis an bhfocal is oiriúnaí:
1. Réitím go maith _____ mo mhuintir.
2. _____ Garda é mo Dhaid.
3. Tá gruaig fhionn chatach (ar + mé) _____ agus tá súile gorma (ag + mé) _____.
4. _____ duine cainteach cairdiúil í Síle.
5. Tá (8) _____ i mo theaghlach.
6. Tá Lísa sé _____ déag d'aois.
7. Tá Liam ocht _____ déag d'aois.
8. Is í Máire an duine is (óg) _____ sa chlann.
9. Is é Séamas an duine is (sean) _____ sa chlann.
10. Rugadh mé ar an (18) _____ lá _____ de mhí na Samhna, 1996.

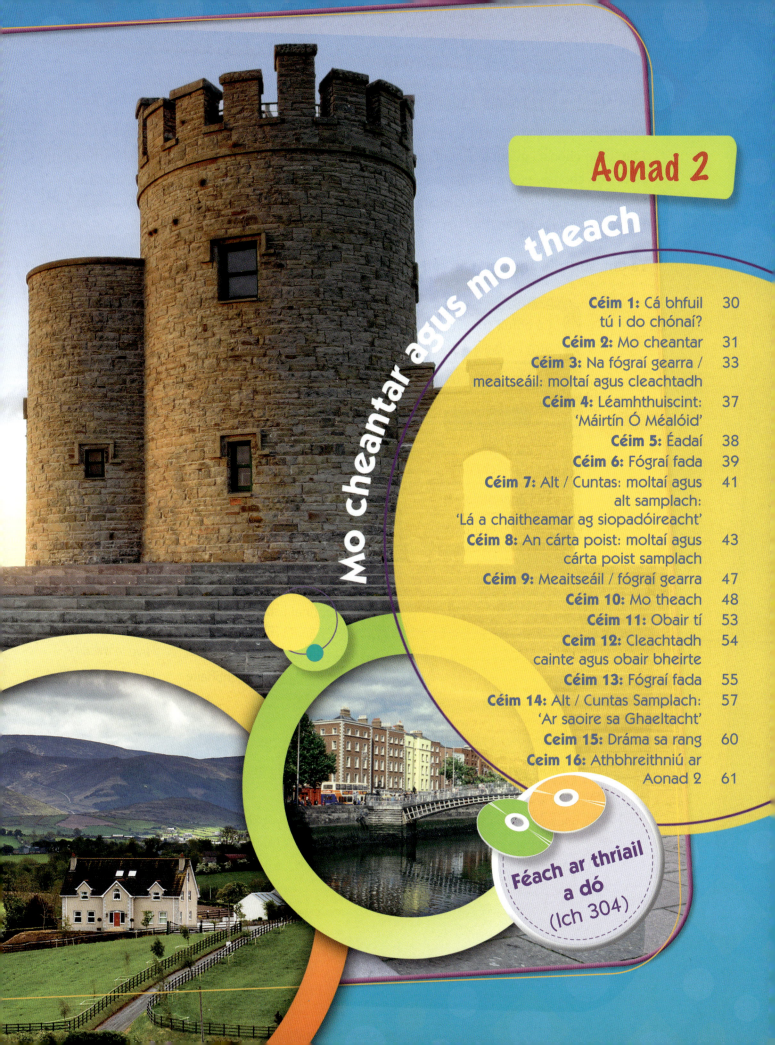

Aonad 2

Mo cheantar agus mo theach

Céim 1:	Cá bhfuil tú i do chónaí?	30
Céim 2:	Mo cheantar	31
Céim 3:	Na fógraí gearra / meaitseáil: moltaí agus cleachtadh	33
Céim 4:	Léamhthuiscint: 'Máirtín Ó Méalóid'	37
Céim 5:	Éadaí	38
Céim 6:	Fógraí fada	39
Céim 7:	Alt / Cuntas: moltaí agus alt samplach: 'Lá a chaitheamar ag siopadóireacht'	41
Céim 8:	An cárta poist: moltaí agus cárta poist samplach	43
Céim 9:	Meaitseáil / fógraí gearra	47
Céim 10:	Mo theach	48
Céim 11:	Obair tí	53
Ceim 12:	Cleachtadh cainte agus obair bheirte	54
Céim 13:	Fógraí fada	55
Céim 14:	Alt / Cuntas Samplach: 'Ar saoire sa Ghaeltacht'	57
Ceim 15:	Dráma sa rang	60
Ceim 16:	Athbhreithniú ar Aonad 2	61

Féach ar thriail a dó (lch 304)

Aois na Glóire 2

Céim 1: Cá bhfuil tú i do chónaí?

Tabhair faoi deara an aidiacht shealbhach sna habairtí seo a leanas:

Táim i **mo ch**ónaí i gContae Luimnigh. Táimid in**ár gc**ónaí i gContae Bhaile Átha Cliath.
Tá tú i **do ch**ónaí i gContae Chiarraí. Tá sibh in **bhur gc**ónaí i gContae Phort Láirge.
Tá sé in**a ch**ónaí i gContae na Gaillimhe. Tá siad in**a gc**ónaí i gContae Loch Garman.
Tá sí in**a c**ónaí i gContae Dhún na nGall.

Tá dhá shlí eile ann chun an rud céanna a rá.

Cá bhfuil cónaí ort?—Tá cónaí orm i mBaile Átha Cliath.	Cá gcónaíonn tú? —Cónaím i Luimneach.
Tá cónaí ort …	Cónaíonn tú …
Tá cónaí air …	Cónaíonn sé …
Tá cónaí uirthi …	Cónaíonn sí …
Tá cónaí orainn …	Cónaímid …
Tá cónaí oraibh …	Cónaíonn sibh …
Tá cónaí orthu …	Cónaíonn siad …

Frásaí samplacha

Táim i mo chónaí i sráidbhaile — I live in a village
Táim i mo chónaí i mbaile mór — I live in a town
Táim i mo chónaí sa chathair — I live in the city
Táim i mo chónaí i mbruachbhaile — I live in a suburb

Pointe Gramadaí

i Roimh chonsan: **urú** Roimh ghuta: **in**

 Mar shampla

- Baile Átha Cliath — **i m**Baile Átha Cliath
- Corcaigh — **i g**Corcaigh
- Gaillimh — **i n**Gaillimh

- Albain — **in** Albain
- Uachtar Ard — **in** Uachtar Ard
- Inis Córthaidh — **in** Inis Córthaidh

Mo cheantar agus mo theach

i + **an** = **sa**   Roimh chonsan: séimhiú   Roimh ghuta: **san**
            Roimh **f**: **san** + séimhiú

⭐ **Mar shampla**
- an Caisleán Barra   **sa Ch**aisleán Barra   ▸ an Ard Mór   **san** Ard Mór
- an Muileann gCearr   **sa Mh**uileann gCearr   ▸ an Uaimh   **san** Uaimh
                                                    ▸ an Fál Mór   **san Fh**ál Mór

i + **na** = **sna** Roimh chonsan   Roimh ghuta
- na Cealla Beaga   **sna** Cealla Beaga   ▸ na hArda   **sna** hArda
- na Sceirí   **sna** Sceirí

Eisceacht: an Daingean   sa Daingean

NB: I gcás ainmneacha áirithe deirtear **ar** seachas **i**.

⭐ **Mar shampla**   ar an gCeathrú Rua.

Nóta

- Ní féidir séimhiú ná urú a chur ar **st**, **l**, **n** nó **r** ná ar **sm**, **sp** nó **sc** (**St** E**l**ea**n**o**r** is **sm**iling in **Sp**anish **sch**ool).
    - ⭐ **Mar shampla**   sa Longfort, sa Nás, sa Spidéal.
- Ní féidir urú a chur ar **m** ná **s** (**M**arks & **S**pencers).
    - ⭐ **Mar shampla**   i Mala, i Sligeach.

Céim 2: Mo cheantar

Focail agus frásaí le foghlaim

Cad is ainm do do cheantar? — Dún Droma is ainm don cheantar.

Cá bhfuil do cheantar?

faoin tuath	in the countryside	ar imeall na cathrach	on the edge of the city
sa chathair	in the city	i mbaile mór	in a town
i lár na cathrach	in the city centre	i sráidbhaile	in a village
sna bruachbhailte	in the suburbs	cois farraige	by the sea

Aois na Glóire 2

Déan cur síos ar do cheantar

Tá mo cheantar …

ciúin agus suaimhneach	quiet and peaceful
gnóthach agus torannach	busy and noisy
go hálainn	beautiful
iargúlta	remote
gránna	ugly

Tréithe eile

Tá an tírdhreach go hálainn	The landscape is beautiful
Tá a lán sléibhte agus cnoc sa cheantar	There are a lot of mountains and hills in the area
Tá na radhairc go hálainn	The sights are beautiful
Ta an t-atmaisféar go hiontach / spraíúil / beomhar / suaimhneach	The atmosphere is great / fun / lively / peaceful
Tá a lán turasóirí san áit	There are a lot of tourists in the place

An bhfuil mórán áiseanna sa cheantar?

Tá a lán áiseanna sa cheantar, ina measc …

lárionad spóirt	a sports centre	oifig phoist	a post office
linn snámha	a swimming pool	ollmhargadh	a supermarket
cúirt leadóige	a tennis court	siopa grósaera	a grocery
cúirt babhlála	a bowling alley	siopa nuachtán	a newspaper shop
club óige	a youth club	siopa éadaigh	a clothes shop
pictiúrlann	a cinema	siopa bróg	a shoe shop
amharclann	a theatre	siopa crua-earraí	a hardware shop
músaem / iarsmalann	a museum	cógaslann	a pharmacy
dánlann / gailearaí ealaíne	an art gallery	gruagaire	a hairdresser's
bialanna	restaurants	stáisiún na nGardaí	a Garda station
caifé idirlín	an internet café	stáisiún dóiteáin	a fire station
óstán	a hotel	stáisiún traenach	a train station
banc	a bank		
lárionad pobail	a community centre		

Mo cheantar agus mo theach

Céim 3: Na fógraí gearra / meaitseáil: moltaí agus cleachtadh

Ceist 1 i Roinn I atá i gceist leis an Meaitseáil.

- Bíonn deich gcinn i gceist.
- Ní mór duit comhartha scríofa a mheaitseáil le pictiúr.
- Tá 20 marc ar fáil don cheist seo.
- Is féidir leat an cheist seo a fhreagairt i gcúig nóiméad.
- Déan staidéar ar fhoclóir a bhaineann le siopadóireacht, le háiseanna sa cheantar, leis an scoil, le spórt, le ceol, le caitheamh aimsire, agus foclóir a bhaineann le sábháilteacht ar na bóithre srl.

Cleachtadh

A: Meaitseáil na pictiúir agus na fógraí sna boscaí thíos agus scríobh na litreacha is fearr a fhreagraíonn do na huimhreacha, dar leat, sna spásanna cuí sa ghreille.

Bain úsáid as an ngluais ar lch 34 chun cabhrú leat:

1.	Ionad spóirt nua **ar oscailt**!	A	
2.	Siopa éadaigh Gach rud 20% **níos saoire**	B	
3.	**Taispeántas ealaíne** i nDánlann Chorcaí	C	
4.	Ranganna snámha **ar fáil** i Linn Snámha Chill Áirne	D	
5.	Leabharlann **Phoiblí** Ciúnas le do thoil!	E	
6.	Céilí **ar siúl** anocht in Óstán Dhún an Óir	F	
7.	Béilí **ar leathphraghas** i mBialann na Mara	G	
8.	Scannán *Harry Potter* ar siúl sa phictiúrlann **áitiúil**	H	
9.	**Aifreann** ar siúl gach Domhnach ag a 10 i Séipéal Chluain Meala	I	
10.	club óige nua ar oscailt **ballraíocht** ar leathphraghas	J	

1	2	3	4	5	6	7	8	9	10

Aois na Glóire 2

Gluais

ar oscailt	open	ar siúl	going on
níos saoire	cheaper	ar leathphraghas	for half price
taispeántas ealaíne	art exhibition	áitiúil	local
ar fáil	available	aifreann	mass
poiblí	public	ballraíocht	membership

Bialanna

bialann Iodálach	Italian restaurant
bialann Théalannach	Thai restaurant
bialann Indiach	Indian restaurant
bialann mhearbhia	fast-food restaurant
bialann Shíneach	Chinese restaurant
caifé	café, coffee shop

Siopaí eile

siopa grósaera	grocer's shop, grocery
siopa torthaí agus glasraí	fruit and vegetable shop
siopa búistéara	butcher's shop
ollmhargadh	supermarket
bácús	bakery
siopa nuachtán	newspaper shop
cógaslann	pharmacy (chemist's shop)
siopa crua-earraí	hardware shop
siopa éadaigh	clothes shop
siopa ilrannach	department store
siopa troscáin	furniture shop
siopa seodóra / seodóir	jewellery shop / jeweller
siopa peataí	pet shop
siopa ceardaíochta	craft shop
siopa ceoil	music shop
siopa spóirt	sports shop

B: Meaitseáil na pictiúir agus na fógraí sna boscaí thíos agus scríobh na litreacha is fearr a fhreagraíonn do na huimhreacha, dar leat, sna spásanna cuí sa ghreille.

1.	**Siopa Troscáin na Sionainne** Sladmhargadh ar siúl inniu	A	
2.	**Bróga den fhaisean is déanaí** ar díol i Siopa Bróg na Carraige	B	
3.	**Ceachtanna snámha** gach Aoine 10 a.m. go 2 p.m.	C	
4.	**Scoil dúnta** de bharr dóiteáin	D	
5.	**Clár ama speisialta** le haghaidh na Nollag sa stáisiún traenach	E	
6.	**Comórtas gailf ar siúl** i gclub gailf Charraig an tSionnaigh	F	
7.	**Bialann Iodálach** Píotsa, lasáinne agus pasta blasta	G	
8.	**An Seodóir** Seoda do gach ócáid speisialta	H	
9.	**Aire!** Crann leagtha An Treo seo	I	
10.	**Siopa búistéara Uí Shé** Ispíní agus slisíní bagúin ar leathphraghas!	J	

1	2	3	4	5	6	7	8	9	10

Aois na Glóire 2

Gluais

sladmhargadh	sale	blasta	tasty
faisean	fashion	ócáid speisialta	special occasion
is déanaí	the latest	aire	attention
ar díol	for sale	leag	to knock
dóiteán	fire	ispíní	sausages
clár ama	timetable	slisíní bagúin	rashers

C: Meaitseáil na pictiúir agus na fógraí sna boscaí thíos agus scríobh na litreacha is fearr a fhreagraíonn do na huimhreacha, dar leat, sna spásanna cuí sa ghreille.

Bain úsáid as an ngluais ar lch 37 chun cabhrú leat.

1.	**Sladmhargadh an tsamhraidh** sa siopa ilrannach 'Debenhams'	A	
2.	**Potaí agus sáspain ar leathphraghas!** sa siopa crua-earraí	B	
3.	**Tiomáin go mall!** Bóithre sleamhna	C	
4.	**Ná siúil ar an bhféar!**	D	
5.	**Uirlisí ceoil ar díol** sa siopa ceoil 'Musicmakers'	E	
6.	**Coinín ar díol!** Sa siopa peataí ar shráid an tSéipéil	F	
7.	**Siopa nuachtán** páipéir agus irisí de gach saghas	G	
8.	**Bácús nua!** Arán úr ar díol gach lá!	H	
9.	**Siopa an phoitigéara dúnta** le haghaidh na Nollag	I	
10.	**Cluichí Ríomhairí 10% níos saoire** i siopa ríomhairí Dhún Laoghaire	J	

1	2	3	4	5	6	7	8	9	10

Mo cheantar agus mo theach

Gluais

potaí	pots	féar	grass
sáspain	saucepans	coinín	rabbit
tiomáin	to drive	iris	magazine
sleamhain (sleamhna)	slippy (with plural noun)	úr	fresh

Céim 4: Léamhthuiscint

Máirtín Ó Méalóid

Is mise Máirtín Ó Méalóid. Táim i mo chónaí i mbaile mór i gCo. Chiarraí. Cill Airne is ainm don bhaile mór. Is baile mór **spleodrach gnóthach** álainn é Cill Airne. Tagann a lán **turasóirí** go dtí an baile mór gach samhradh mar tá an baile mór agus an **ceantar máguaird** go hálainn ar fad. Tá a lán **cnoc**, **lochanna** agus **coillte** in aice leis an mbaile.

Tá a lán áiseanna sa bhaile mór, mar shampla, óstáin, tithe tábhairne, pictiúrlann, siopaí, leabharlann, **ardeaglais**, páirc phoiblí, caiféanna agus bialanna. Is ball mé den chlub óige áitiúil chomh maith. Is aoibhinn liom siúl agus tá mórán **siúlóidí** deasa sa cheantar máguaird. Is minic a théim ag siúl timpeall lochanna Chill Airne le mo chairde. Imrím galf go minic freisin mar is ball mé den chlub gailf áitiúil. Leis sin, téimid ag marcaíocht sna cnoic timpeall an bhaile.

Gluais

spleodrach	exuberant	loch	lake
gnóthach	busy	coill	wood
turasóirí	tourists	ardeaglais	cathedral
ceantar máguaird	surrounding area	siúlóid	walk
cnoc	hill		

Ceisteanna:
1. Cá bhfuil Máirtín ina chónaí?
2. Cén saghas baile é Cill Airne?
3. Cen fáth a dtagann mórán cuairteoirí go Cill Airne gach samhradh?
4. Luaigh trí áis atá sa bhaile mór.
5. Cén spórt a imríonn sé?

Céim 5: Éadaí

gúna — léine — geansaí — carbhat

seaicéad — cóta — t-léine — blús

sciorta — hata — scaif — stocaí

bríste — bríste géine — riteoga — veist

Bróga:

sála arda — bróga reatha — buataisí — bróga

Seoda:

muince — bráisléad — fáinne — fáinní cluaise

Céim 6: Fógraí fada

Léigh na fógraí thíos agus freagair na ceisteanna a ghabhann leo:

Siopa Uí Mhurchú
ar Shráid Uí Chonaill, Luimneach

Sladmhargadh iontach ar éadaí agus bhróga
Lascaine de 20% ar léinte agus bhrístí
Scriortaí agus gúnaí ar díol ar leathphraghas!!
Ar oscailt gach lá ó 9 a.m. go dtí 6 p.m., Luan go Satharn
Má tá tuilleadh eolais uait, cuir glao ar Sheoirse Ó Murchú
Uimhir fóin: 068-347621
Bígí linn!

Gluais

sladmhargadh	sale
lascaine	discount
leathphraghas	half price
tuilleadh	extra / more
eolas	information

Ceisteanna:
1. Cá bhfuil Siopa Uí Mhurchú suite?
2. Cé na hearraí atá i gceist sa sladmhargadh?
3. Cén saghas lascaine atá ar léinte agus bhrístí?
4. Cé na hearraí atá ar díol ar leathphraghas?
5. Cathain a bhíonn an siopa ar oscailt?

Ollmhargadh Uí Néill
An bhfuil post samhraidh uait?

Poist Shamhraidh ar fáil

Daoine óga ag teastáil chun:
- na seilfeanna a líonadh
- freastal ar na custaiméirí ag an deasc airgid
- na hurláir a ghlanadh
- tralaithe a bhailiú sa charrchlós
- málaí a phacáil do na custaiméirí

Táimid ag lorg
- daoine óga atá sásta oibriú go crua
- Aois: sé bliana déag ar a laghad

an Pá: €9 san uair

Teagmháil:
Más mian leat níos mó eolais a fháil, cuir glao ar an mbainisteoir Pól Ó Muircheartaigh ar an uimhir 061 3648793 nó seol ríomhphost chuig pólom@hotmail.com

Gluais

ar fáil	available	pacáil	to pack
ag teastáil	wanted / needed	ag lorg	seeking
tralaithe	trolleys	ar a laghad	at least
carrchlós	carpark	pá	pay

Ceisteanna:
1. Cad atá ar fáil in ollmhargadh Uí Néill?
2. Luaigh **dhá** rud a bheidh le déanamh sa phost seo.
3. Cé mhéad airgid a bheidh le fáil sa phost seo?

Mo cheantar agus mo theach

Céim 7: Alt / Cuntas: moltaí agus alt samplach: Lá a chaitheamar ag siopadóireacht

- Bíonn rogha agat idir an litir (Ceist 6 (a)) agus an t-alt / cuntas (Ceist 6 (b)) i Roinn III ar an bpáipéar scríofa sa Teastas Sóisearach.
- Tugtar 40 marc don cheist seo.
- Caith 20 nóiméad ar an gceist seo.
- Ní mór duit ar a laghad cúig líne dhéag a scríobh don cheist seo.
- Tugtar sraith pictiúr duit chun struchtúr a chur leis an alt / gcuntas. Déan cur síos ar gach pictiúr le ceithre nó cúig líne.
- Tá na briathra san Aimsir Chaite agus Aimsir Láithreach an-tábhachtach nuair a bhíonn tú ag insint scéil. Roghnaigh aimsir amháin agus cloígh leis an aimsir sin.

Foclóir le foghlaim!

Cabhróidh na briathra agus na nathanna seo a leanas leat chun ullmhú le haghaidh na ceiste seo:

An Briathar	An Aimsir Chaite	An Aimsir Láithreach
Bí — *to be*	Bhí mé	Bím / Táim
Téigh — *to go*	Chuaigh mé	Téim
Tar — *to come*	Tháinig mé	Tagaim
Ith — *to eat*	D'ith mé	Ithim
Ól — *to drink*	D'ól mé	Ólaim
Tóg — *to take*	Thóg mé	Tógaim
Tabhair — *to give*	Thug mé	Tugaim
Ceannaigh — *to buy*	Cheannaigh mé	Ceannaím
Imigh — *to leave*	D'imigh mé	Imím
Imir — *to play (sport)*	D'imir mé	Imrím
Féach ar — *to watch / look at*	D'fhéach mé ar	Féachaim ar
Feic — *to see*	Chonaic mé	Feicim
Tosaigh — *to start*	Thosaigh mé	Tosaím
Críochnaigh — *to finish*	Chríochnaigh mé	Críochnaím
Clois — *to hear*	Chuala mé	Cloisim
Faigh — *to get*	Fuair mé	Faighim
Rith — *to run*	Rith mé	Rithim
Éirigh — *to get up*	D'éirigh mé	Éirím
Rothaigh — *to cycle*	Rothaigh mé	Rothaím
Siúil — *to walk*	Shiúil mé	Siúlaim
Déan — *to do / make*	Rinne mé	Déanaim
Éist le — *to listen to*	D'éist mé le	Éistim le
Socraigh — *to decide*	Shocraigh mé	Socraím

Aois na Glóire 2

Nathanna úsáideacha:

An Aimsir Chaite	An Aimsir Láithreach
Ba bhreá liom é / Ba mhaith liom é / B'aoibhinn liom é — *I liked it*	Is breá liom é / Is maith liom é / Is aoibhinn liom é — *I like it*
Thaitin sé go mór liom — *I enjoyed it*	Taitníonn sé go mór liom — *I enjoy it*
Bhí mé ag tnúth leis — *I was looking forward to it*	Táim ag tnúth leis — *I am looking forward to it*
B'fhuath liom é — *I hated it*	Is fuath liom é — *I hate it*
Níor mhaith liom é — *I didn't like it*	Ní maith liom é — *I don't like it*

Foclóir úsáideach

go hálainn	*beautiful*	taitneamhach	*enjoyable*
go deas	*nice*	spraíúil	*fun*
uafásach	*horrible*	ach	*but*
mar	*because*	freisin / chomh maith	*also*
faraor	*unfortunately*	áfach	*however*

Alt samplach

Is tusa Orlaith, duine de na daoine sna pictiúir thíos. Scríobh an scéal atá léirithe sa tsraith pictiúr. Is tusa atá ag insint an scéil.

Mo cheantar agus mo theach

Lá a chaitheamar ag siopadóireacht

D'éirigh mé ag a deich a chlog Dé Sathairn seo caite. Ag a haon déag, chuir mo chara Aoibhinn glao orm agus thug sí **cuireadh** dom dul ag siopadóireacht léi i lár na cathrach. Dúirt mé gur mhaith liom dul. Bhuaileamar le chéile ag stad an bhus agus chuamar ar an mbus le chéile go dtí an lár.

Chuamar go dtí an siopa éadaigh ar dtús. Theastaigh ó Aoibhinn gúna nua a cheannach. Chuamar ar fud an tsiopa agus cheannaigh Aoibhinn gúna álainn! **Leanamar linn** ag siopadóireacht ar fud na siopaí ar feadh tamaill. Tar éis tamaill, bhí ocras orainn. Chuamar go caifé ar Shráid Ghrafton. Bhí lón breá againn. D'ith mé **ceapaire** agus d'ól mé tae. Bhí sailéad ag Aoibhinn agus d'ól sí sú oráiste. Ansin bhí cupán tae ag an mbeirt againn.

Nuair a bhí an lón críochnaithe, chuamar ag siúl timpeall Fhaiche Stiofáin. D'fhéachamar ar **na lachain** agus thugamar bia dóibh. Ansin, bhuaileamar le cúpla cara ón scoil lasmuigh den ionad siopadóireachta **de thimpiste**!

Bhí áthas orainn bualadh leo! Dúirt ár gcara Éabha go raibh scannán iontach á thaispeáint sa phictiúrlann agus, mar sin, shocraíomar ar dhul go dtí an phictiúrlann chun féachaint air. **Scannán eachtraíochta** a bhí i gceist. Cheannaíomar na ticéid chomh maith le **grán rósta** agus **deochanna.** Bhaineamar an-taitneamh as an lá. Ansin, chuamar abhaile ar an mbus, sinn tuirseach agus sásta!

Gluais

cuireadh	invitation
lean le	to continue on
ceapaire	sandwich
na lachain	the ducks
de thimpiste	by accident
scannán eachtraíochta	action film
grán rósta	popcorn
deochanna	drinks

Céim 8: An cárta poist: moltaí agus cárta poist samplach

Moltaí

- Tá 25 mharc ar fáil le haghaidh na ceiste seo. Ceist 1 i Roinn II (Scríobh na Teanga) atá i gceist.
- Foghlaim cúpla seoladh as Gaeilge le haghaidh an chárta poist, ceann amháin sa Ghaeltacht, seoladh in áit éigin sa tír, seoladh cois farraige thar lear agus seoladh a bhaineann le cathair éigin thar lear.
- Tugtar cúig phointe duit le lua. Ní mór duit dhá abairt a scríobh ar gach pointe nó caillfear marcanna.

Aois na Glóire 2

- Foghlaim nathanna agus foclóir usáideach chun tús (an Beannú) agus críoch a chur leis an gcárta poist.
- Leis sin, foghlaim foclóir a bhaineann leis na rudaí seo: laethanta saoire, an Ghaeltacht, turais, turais scoile, an aimsir, ceolchoirmeacha, siopadóireacht, bia, daoine, craic agus spraoi, agus foclóir a bhaineann le lóistín (óstán, árasán srl.) agus ceantair.

Foclóir agus Nathanna chun cabhrú leat:

Beannú: Greeting

A Mháire, a Phádraig, a Shéamais	A Liam, a Nóra, a Ruairí
A Mham, a Dhaid, a Sheáin, a Shiobhán	A Úna, a Áine, a Oisín, a aintín, a uncail

Pointe Gramadaí

Ní féidir leat seimhiú a chur ar ainmneacha a thosaíonn le st, l, n, r, sm, sp, sc (**St Elea**n**or** is **sm**iling in **sp**anish **sc**hool) nó le guta.

Conas atá tú / sibh?	How are you / you (plural)?	Cad é mar atá tú / sibh?	How are you / you (plural)?
Cén chaoi a bhfuil tú / sibh?	How are you / you (plural)?	Aon scéal?	Any news

Tá súil agam go bhfuil sibh go léir i mbarr na sláinte	I hope you all are in the best of health
Tabhair mo bheannacht do do mhuintir	Give my regards to your family
Tá mé go hiontach	I am great
Táim ag baint an-taitnimh as …	I am really enjoying …

Mo cheantar agus mo theach

Críoch: Ending

Beidh mé ag filleadh abhaile Dé Luain seo chugainn	I will be returning home next Monday
Feicfidh mé thú ansin	I will see you then
Tiocfaidh an t-eitleán / an bád / an traein isteach ag a naoi	The plane / boat / train will come in at nine
Buail liom ag mo theach / ag an stáisiún traenach / ag an aerfort	Meet me at my house / at the train station / at the airport
Slán agus beannacht	Goodbye and God bless
Ádh mór	Best of luck
Slán go fóill	Bye for now
Do chara / d'iníon dhil / do mhac dil	Your friend / your fond daughter / your fond son

Leagan amach an chárta poist:

Dáta
Beannú: Greeting

Corp an Chárta Poist: Main body of the postcard

Críoch an Chárta Poist: End of the postcard

Seoladh: Address

Cárta poist samplach:

D'aistrigh tú go ceantar nua le déanaí. Scríobh cárta poist chuig do chara faoi.
Luaigh na pointí seo a leanas ar an gcárta:
- cur síos ar an seancheantar
- cur síos ar an gceantar nua
- an fáth ar aistrigh sibh
- an teach nua
- do chomharsana nua.

Aois na Glóire 2

⭐ **Mar shampla**

5 Lúnasa, 2012

A Phádraig, a chara,
Conas atá tú? **D'aistrigh** mé go ceantar nua le déanaí. Bhí mo sheancheantar sa chathair **faoi mar is eol duit** agus bhí a lán áiseanna ann. D'aistríomar go ceantar faoin tuath an mhí seo caite. Tá an ceantar nua iargúlta agus álainn. Fuair mo Dhaid post nua i **gcomhlacht** sa cheantar. Tá an teach nua mór agus compordach agus tá níos mó spáis againn ann. Tá na **comharsana béal dorais** an-chairdiúil agus tá mac **ar chomhaois** liomsa acu. Réitímid go han-mhaith le chéile. **Ní mór duit** teacht ar cuairt orm go luath!
Slán go fóill,
Cónall.

Pádraig Ó Sé

Baile na hInse,

Co. an Chláir,

Éire.

Gluais

aistrigh	to move	spás	space
faoi mar is eol duit	as you know	comharsana béal dorais	next-door neighbours
iargúlta	remote	ar chomhaois	the same age
comhlacht	company	ní mór duit	you must

Ceisteanna:
1. Déan cur síos ar sheancheantar Chónaill.
2. Cén fáth ar aistrigh a mhuintir?
3. Déan cur síos ar cheantar nua Chónaill.
4. Cad a deir sé faoin teach nua?
5. Cén saghas daoine iad na comharsana, dar leis?

Mo cheantar agus mo theach

Obair Bhaile

Tá tú ar cuairt i dteach do chol ceathrair atá suite sa Ghaeltacht.

Scríobh cárta poist chuig do chara faoi.

Luaigh na pointí seo a leanas ar an gcárta:
- cá bhfuil tú ag fanacht?
- déan cur síos ar an gceantar
- an aimsir
- dhá rud a rinne tú go dtí seo
- cathain a fhillfidh tú abhaile

Gluais

áit súgartha	playground
club sléibhteoireachta	mountaineering club
ball / baill	member / members
ceamara slándála	security camera
tiomáin	to drive
príobháideach	private
ar leith	special / different
soilse tráchta	traffic lights
taispeántas ealaíne	art exhibition
clár ama	timetable
ar fáil	available
oibreacha bóthair	roadworks

Céim 9: Meaitseáil / fógraí gearra

1.	Áit súgartha	A	
2.	An Club Sléibhteoireachta Fáilte roimh bhaill nua	B	
3.	Ceamara Slándála in úsáid anseo	C	
4.	Páistí ag súgradh —Tiomáin go mall!	D	
5.	Talamh Príobháideach Fan amach!	E	
6.	Salón Róise -Gruagaire Stíl ar leith!	F	
7.	Soilse Tráchta Briste!	G	
8.	Taispeántas Ealaíne sa Ghailearaí Náisiúnta Pictiúir le Jack Yeats	H	
9.	Iarnród Éireann Clár ama na Nollag Ar fáil san oifig	I	
10.	Oibreacha Bóthair romhat	J	

1	
2	
3	
4	
5	
6	
7	
8	
9	
10	

Céim 10: Mo theach

 A: teach sraithe

 B: teach scoite

 C: bungaló

 D: árasán

 E: teach leathscoite

 F: teach trí stór

Cá bhfuil do theach?

Tá an teach ...

in eastát tithíochta	in a housing estate
ar phríomhbhóthar	on a main road
ar thaobh-bhóthar	on a side road
i sráid ghnóthach	in a busy street
i sráid chiúin	in a quiet street
i sráid chaoch	in a cul-de-sac

Tá an teach ...

i ngar don bhus	near the bus
i bhfad ón stáisiún traenach	far from the railway station
in aice leis an scoil	beside the school
i ngar do mo chairde	near my friends

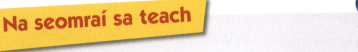

Mo cheantar agus mo theach

Na seomraí sa teach

cistin	kitchen
seomra bia	dining room
seomra suí	sitting room
seomra áise	utility room
seomra súgartha	playroom
grianán	conservatory
seomraí codlata / seomraí leapa	bedrooms
seomra folctha	bathroom
áiléar	attic
garáiste	garage
gairdín tosaigh	front garden
gairdín cúil / cúlghairdín	back garden
íoslach	basement

An troscán sa seomra suí

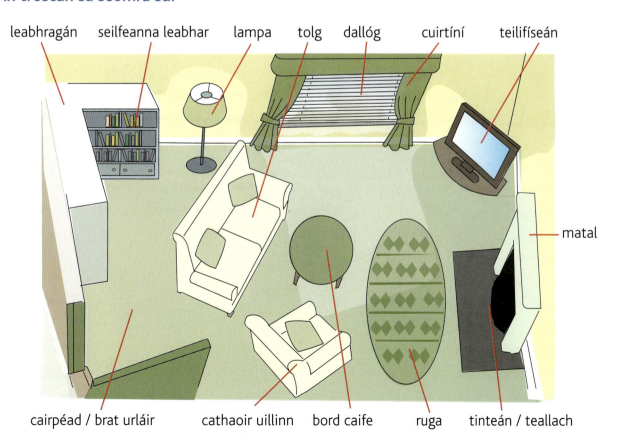

leabhragán · seilfeanna leabhar · lampa · tolg · dallóg · cuirtíní · teilifíseán · matal · cairpéad / brat urláir · cathaoir uillinn · bord caife · ruga · tinteán / teallach

Aois na Glóire 2

Rudaí a dhéanann tú sa seomra suí

Is breá liom mo scíth a ligean ar an tolg	I love to relax on the couch
Féachaim ar an teilifís	I watch television
Lasann m'athair an tine sa gheimhreadh, agus bímid go breá teolaí	My father lights the fire in the winter, and we are nice and cosy

Cleachtadh Cainte

1. Déan cur síos ar an seomra suí sa bhaile, agus cuir ceist ar an duine in aice leat freisin.
2. Déan cur síos ar na rudaí a dhéanann tú sa seomra suí.

Trealamh sa chistin

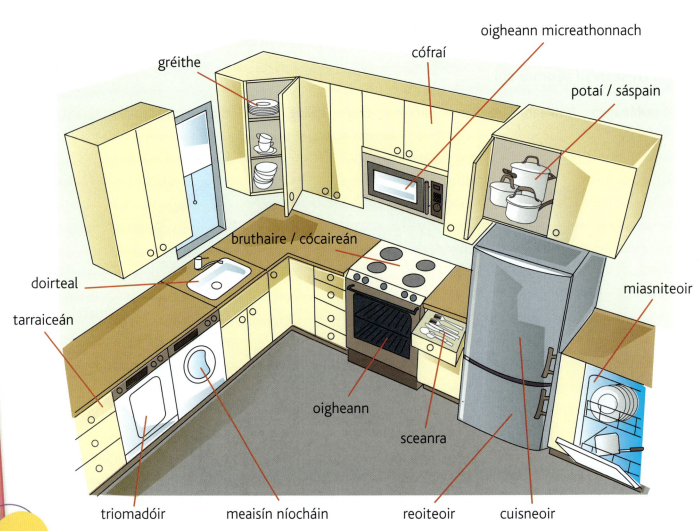

- gréithe
- cófraí
- oigheann micreathonnach
- potaí / sáspain
- bruthaire / cócaireán
- doirteal
- miasniteoir
- tarraiceán
- oigheann
- sceanra
- triomadóir
- meaisín níocháin
- reoiteoir
- cuisneoir

Mo cheantar agus mo theach

Téarmaí breise

cupán	cup	scian, sceana	knife, knives
muga	mug	forc, foirc	fork, forks
fochupán / sásar	saucer	spúnóg, spúnóga	spoon, spoons
pláta	plate		

Féach ar na nótaí ar an aimsir láithreach in aonad 10, leathanach 246.

Rudaí a dhéanann tú sa chistin

Bím ag cócaireacht sa chistin
Ullmhaím béilí ann
Ithim mo bhéilí sa chistin
Bíonn comhluadar agus spórt i gcónaí sa chistin
Nuair a thagann cuairteoirí, suíonn siad timpeall an bhoird agus ólann siad tae agus caife

I cook in the kitchen
I prepare meals there
I eat my meals in the kitchen
There is always company and fun in the kitchen
When visitors come, they sit around the table and drink tea and coffee

Cleachtadh Cainte

Déan cur síos ar an gcistin sa bhaile agus ar na rudaí a dhéanann tú inti.
Ansin cuir an cheist chéanna ar an duine in aice leat.

An troscán sa seomra codlata

Aois na Glóire 2

| Táim in aon seomra le mo dheartháir / mo dheirfiúr | I share a room with my brother / my sister |
| Tá mo sheomra féin agam | I have my own room |

An seomra folctha

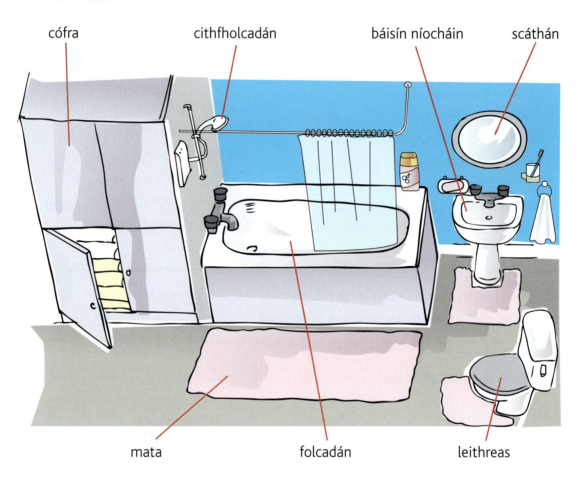

cófra — cithfholcadán — báisín níocháin — scáthán
mata — folcadán — leithreas

Obair Bhaile

Tarraing pictiúr de do theach, agus déan cur síos ar na seomraí agus ar na gairdíní atá ann.

Céim 11: Obair tí

Cén obair tí a dhéanann tú?

Glanaim mo sheomra féin
Cóirím na leapacha
Glanaim na seomraí folctha
Déanann mo mháthair an chócaireacht
Déanann m'athair an gharraíodóireacht, agus cuireann sé an bruscar amach
Lasann m'athair an tine i rith an gheimhridh, agus glanann sé amach an teallach

I clean my own room
I make the beds
I clean the bathrooms
My mother does the cooking
My father does the gardening, and he puts out the rubbish
My father lights the fire during the winter, and he cleans out the fireplace

Déanaim an folúsghlanadh
Ním na gréithe
Scuabaim an t-urlár sa chistin
Ním an t-urlár sa chistin
Líonaim an miasniteoir
Ním na héadaí
Déanaim an iarnáil

I do the vacuum-cleaning
I wash the dishes
I sweep the floor in the kitchen
I wash the floor in the kitchen
I fill the dishwasher
I wash the clothes
I do the ironing

Na cúraimí tí is maith leat nó is fuath leat

Is fuath liom an iarnáil
Is breá liom cócaireacht
Ní chuireann obair tí isteach orm
Ní dhéanann mo dheartháir / mo dheirfiúr faic sa teach
Bímid ag argóint faoin obair tí go minic

I hate the ironing
I love cooking
Housework doesn't bother me
My brother / sister doesn't do a thing in the house
We often argue about the housework

Féach ar na nótaí ar an aimsir láithreach in aonad 10, leathanach 246.

Céim 12: Cleachtadh cainte agus obair bheirte

Ceisteanna agus freagraí samplacha

Múinteoir: Cá bhfuil tú i do chónaí?

Eoghan: Táim i mo chónaí i nDún Laoghaire i gContae Bhaile Átha Cliath.

Múinteoir: Déan cur síos ar an gceantar.

Eoghan: Baile beag deas is ea é ar imeall na cathrach. Ceantar cois farraige is ea é. Tá sé measartha gnóthach ach tá mo bhóthar féin measartha ciúin.

Múinteoir: Déan cur síos ar na háiseanna sa cheantar.

Eoghan: Tá a lán áiseanna ar fáil i nDún Laoghaire, ina measc dhá lárionad siopadóireachta, pictiúrlann, mórán ollmhargaí, caiféanna, bialann Iodálach, bialann Shíneach, bialann Indiach, bialanna mearbhia, banc, oifig phoist, gruagairí, siopaí éadaigh, siopaí bróg agus siopa crua-earraí.

Múinteoir: An maith leat an ceantar?

Eoghan: Is maith liom é, toisc go bhfuil a lán áiseanna ann. Tá an córas taistil go maith. Tá an ceantar áisiúil i gcomhair an DART agus i gcomhair na mbusanna, agus is breá liom an fharraige. Is breá liom dul ag siúl ar an gcé nuair a bhíonn an aimsir go deas.

Múinteoir: Inis dom faoi do theach.

Eoghan: Is teach dhá stór é. Teach mór compordach is ea é. Tá cúig sheomra codlata, trí sheomra folctha, seomra suí, seomra bia, cistin, seomra áise agus grianán ann. Tá a lán plandaí agus bláthanna sa ghairdín freisin.

Múinteoir: Cad é an seomra is fearr leatsa sa teach?

Eoghan: Is é mo sheomra féin an seomra is fearr liom. Tá teilifíseán ann a bhfuil scáileán mór air, agus tá mo rudaí pearsanta go léir ann freisin! Is aoibhinn liom an phríobháid a bhíonn agam i mo sheomra féin chun obair bhaile a dhéanamh agus caint le mo chairde agus mar sin de.

Múinteoir: An ndéanann tú mórán obair tí?

Eoghan: Ní mór dom a admháil gur fuath liom obair tí; ach cuireann mo thuismitheoirí brú orm í a dhéanamh. Cóirím mo leaba gach lá, líonaim an miasniteoir tar éis an dinnéir, agus cuirim amach an bruscar. Uaireanta ním carr m'athar, go háirithe nuair a bhíonn airgead póca uaim!

Mo cheantar agus mo theach

Cleachtadh Cainte agus Obair Bheirte

Cuir na ceisteanna seo a leanas ar an duine in aice leat, agus scríobh na freagraí a bhaineann le d'áit chónaithe i do chóipleabhar:

1. Cá bhfuil tú i do chónaí?
2. Déan cur síos ar do cheantar.
3. Déan cur síos ar na háiseanna i do cheantar.
4. An maith leat do cheantar? Cén fáth?
5. Ainmnigh na modhanna taistil atá ar fáil sa cheantar.
6. Inis dom faoi do theach.
7. Cad é an seomra is fearr leat sa teach?
8. An ndéanann tú mórán obair tí sa teach? Conas a roinneann sibh (*divide*) an obair sa teach?

Céim 13: Fógraí fada

Fógra A: Teach saoire

Teach Saoire ar fáil! Suite in Marbella sa Spáinn

Cur síos ar an teach:
- teach mór galánta le cúig sheomra codlata, dhá sheomra folctha
- cistin ollmhór, paitió, beárbaiciú agus linn snámha!
- suite cois farraige le radharc álainn ar an trá ón teach!

Dátaí: ar fáil ó mhí an Mheithimh go deireadh mhí Lúnasa
an Praghas: €450 sa tseachtain

Chun tuilleadh eolais a fháil, cuir glao ar an ngníomhaire eastáit Louise ar an uimhir 0034 67854372.

Ceisteanna:
1. Cá bhfuil an teach saoire suite?
2. Cé mhéad seomra leapa atá sa teach?
3. Cé mhéad a chosnaíonn an teach in aghaidh na seachtaine?

Gluais

ar fáil	available
galánta	luxurious
ollmhór	massive
radharc	view
tuilleadh	extra / more
gníomhaire eastáit	estate agent

Fógra B: Árasán ar díol

ÁRASÁN AR DÍOL SA RÓIMH, AN IODÁIL SUITE OS COMHAIR AN COLOSSEUM

Árasán le dhá sheomra folctha, dhá sheomra leapa, seomra suí, cistin agus balcóin

Bí i do chónaí i measc radhairc na Róimhe!
Na radhairc: an Paintéón, an Vatacáin, an Colosseum
Áiseanna: bialanna deasa, óstáin, caiféanna in aice láimhe
an Praghas: €200,000
Má tá suim agat, déan teagmháil le Noelle ar an uimhir fóin:
0044 567987321 nó seol ríomhphost chuig

www.árasánnaróimhe.ie

Gluais

ar díol	for sale	na radhairc	the sights
an Róimh	Rome	an Vatacáin	The Vatican
os comhair	opposite	déan teagmháil le	make contact with
i measc	amongst	seol ríomhphost chuig	send an email to

Ceisteanna:

1. Cá bhfuil an t-árasán seo suite?
2. Cé na radhairc atá in aice leis an árasán?
3. Cé na háiseanna atá in aice láimhe?
4. Cén praghas atá ar an árasán?
5. Conas is féidir leat tuilleadh eolais a fháil?

Mo cheantar agus mo theach

Céim 14: Alt / Cuntas Samplach: Ar saoire sa Ghaeltacht

Teach saoire sa Ghaeltacht

Is tusa Risteard, duine de na páistí sna pictiúir thíos. Tá tú ar saoire le do theaghlach. Scríobh an scéal atá léirithe sa tsraith pictiúr. Is tusa atá ag insint an scéil.

Alt samplach:

Is mise Risteard. Tá seisear i mo chlann — mé féin, mo Mham, mo Dhaid, mo bheirt deirfiúracha Áine agus Caitlín agus mo dheartháir Tomás. Chonaiceamar **fógra** sa nuachtán **coicís ó shin**. Bhí an fógra **ag fógairt** teach saoire sa Ghaeltacht i gConamara, Contae na Gaillimhe. Bhí an teach suite **i ngar do** shráidbhaile cois farraige darb ainm an Spidéal.

Thaitin an pictiúr den teach agus den cheantar le mo thuismitheoirí. Chuir siad glao ar an **úinéir**.

Isteach linn sa charr an tseachtain ina dhiaidh sin agus thiomáineamar go dtí an Spidéal. Nuair a shroicheamar an teach saoire, bhíomar **ar bís**. Bhí an teach suite cois farraige agus bhí an tírdhreach go hálainn. Bhí an trá in aice láimhe agus bhí mórán cnoc agus páirceanna timpeall orainn. Bhí an Spidéal, an sráidbhaile, thíos an bóthar freisin.

Chuamar isteach sa teach. Bhí ceithre sheomra leapa, seomra suí, cistin, dhá sheomra folctha agus seomra áise sa teach. Leis sin, bhí culghairdín ollmhór le paitió agus beárbaiciú ar chúl an tí. Bhí ríomhaire agus **leathanbhanda** fiú sa seomra suí. Thaitin sé sin go mór liomsa ach bhíomar ag argóint faoin ríomhaire uaireanta!

Bhí an t-ádh linn mar bhí an aimsir go hiontach gach lá. Chuamar ag snámh san fharraige go minic agus d'imríomar leadóg mar bhí cúirt leadóige in aice leis an teach saoire. Is aoibhinn le mo thuismitheoirí dul ag siúl agus lá amháin chuaigh an teaghlach go léir ag siúl sna cnoic agus bhí picnic dheas againn.

Oíche amháin, chuamar go céilí agus bhí an-chraic againn. Bhí sé **an-ghreannmhar** mar ní raibh tuairim dá laghad againn cad a bhí á dhéanamh againn ar an urlár damhsa! Chuamar go bialanna deasa oícheanta eile agus **bhaineamar triail as** a lán **bia mara**. Bhaineamar an-taitneamh as an tsaoire. Ag deireadh na seachtaine, chuamar abhaile go sona sásta.

Gluais

fógra	advertisement	leathanbhanda	broadband
fógair	to advertise / announce	bhí an t-ádh linn	we were lucky
i ngar do	near	greannmhar	funny
úinéir	owner	bhaineamar triail as	we tried out / experimented
ar bís	excited	bia mara	seafood

Pointe Gramadaí

an **mhuir** (*the sea*) — bia **mara** (*seafood*)
Nuair a thagann dhá ainmfhocal le chéile, athraíonn an dara ainmfhocal go dtí an Tuiseal Ginideach.

Ceisteanna:
1. Cá bhfaca muintir Risteaird an fógra don teach saoire i gConamara?
2. Conas a thaistil siad go Conamara?
3. Cén sráidbhaile a bhí in aice láimhe?
4. Cá raibh an teach saoire suite?
5. Cé mhéad seomra codlata a bhí sa teach saoire?
6. Conas a chaith Risteard agus a mhuintir na laethanta saoire? Cad a rinne siad gach lá?
7. Cén caitheamh aimsire a thaitníonn le tuismitheoirí Risteaird?
8. Cad a rinne siad san oíche?
9. Cén saghas bia ar bhain siad triail as?
10. Cá fhad a d'fhan an teaghlach sa teach saoire?

Mo cheantar agus mo theach

Líon na bearnaí leis na focail is oiriúnaí. Ta na habairtí bunaithe ar an alt thuas.

1. Bhain mé triail _____ paella den chéad uair nuair a bhí mé ar saoire sa Spáinn anuraidh.
2. Bhí an- _____ againn ag an dioscó aréir.
3. Bhí an teach saoire suite cois farraige agus mar sin d'itheamar mórán bia _____ mar bhí sé úr agus blasta.
4. D'fhan an teaghlach i gConamara ar feadh _____.
5. Chonaic mo theaghlach _____ sa nuachtán ag fógairt saoire inné.
6. Bhí an t-ádh _____ mar bhí an aimsir ar fheabhas nuair a bhíomar ar saoire.
7. Bhí a lán áiseanna in aice _____ nuair a d'fhanamar san ionad saoire.
8. Bhí sráidbhaile beag darb ainm an Spidéal i ngar _____ teach.
9. Chuamar ag siúl _____ cnoic gach lá.
10. Chuamar ag snámh _____ fharraige gach lá.

seachtaine   linn   san   as   don   fógra   láimhe   sna   mara   chraic

Obair Bhaile

Bhí tú ar saoire i dteach saoire sa Ghaeltacht le déanaí. Scríobh litir chuig do pheannchara faoi.

I do litir luaigh:
- cá raibh an teach saoire suite
- déan cur síos ar an gceantar
- déan cur síos ar an teach saoire
- an aimsir
- cad a rinne tú gach lá

Aois na Glóire 2

Céim 15: Dráma sa rang

Cleachtadh Cainte

Lig ort gur tusa Posh Spice (nó pearsa cháiliúil eile) ar MTV Cribs. Tá tú ag tabhairt an chriú ó MTV ar chamchuairt timpeall do thí. I rith an turais, déan cur síos ar na rudaí seo a leanas:

- cén saghas tí é
- déan cur síos ar an gceantar
- déan cur síos ar an ngairdín tosaigh
- déan cur síos ar na seomraí sa teach agus ar an troscán sa seomra suí
- déan cur síos ar an linn snámha, ar an mbeárbaiciú agus ar an bpaitió atá sa chúlghairdín
- luaigh na cairr éagsúla atá agat sa gharáiste.

Bain úsáid as an bhfoclóir go léir sa chaibidil seo ar mo cheantar, mo theach agus troscán. Bain úsáid as na nathanna thíos freisin chun cabhrú libh:

Is mise Posh Spice ón mbanna cailíní *The Spice Girls*.	*I am Posh Spice from the girlband The Spice Girls.*
Roinnim an teach seo le m'fhear céile David Beckham, mo thriúr mac Romeo, Brooklyn, Cruz agus le m'iníon Harper 7.	*I share this house with my husband David Beckham and my three sons Romeo, Brooklyn, Cruz and my daughter Harper 7.*
Fáilte romhaibh go léir chuig mo theach.	*Welcome to my house.*
Ar dtús, taispeánfaidh mé an seomra suí daoibh …	*Firstly, I will show you the sitting room …*
Ba mhaith liom an seomra bia a thaispeáint daoibh.	*I would like to show you the dining room.*
Bhuel sin deireadh leis an gcamchuairt timpeall mo thí.	*Well, that is the end of the tour around my house.*
Go dtí an chéad uair eile, Slán! Bailigh libh as mo theach!	*Until the next time, bye! Get out of my house!*

Céim 16: Athbhreithniú ar Aonad 2

A: Freagair na ceisteanna seo a leanas:
1. Cá gcónaíonn tú?
2. Déan cur síos ar do cheantar.
3. Cad is ainm do do chontae?
4. Cén cúige ina bhfuil do chontae?
5. Cén saghas áiseanna atá i do cheantar?
6. Cén saghas siopaí atá in aice láimhe?
7. Cé na háiseanna a úsáideann tú is minice?
8. An bhfuil do chomharsana go deas?
9. An bhfuil do chairde ina gcónaí in aice láimhe?
10. An bhfuil an corás iompair go maith?

B: Cuir Gaeilge ar na habairtí seo a leanas:
1. My area is quiet and peaceful.
2. There are a lot of shops in my area including a clothes shop, a jeweller, a supermarket, a post office and a hairdresser.
3. There are a lot of facilities in my area such as a sports centre, a cinema and a library.
4. I live in County Limerick.
5. Her area is quiet and peaceful.

C: Freagair na ceisteanna thíos:
1. Cén saghas tí ina gcónaíonn tú?
2. Déan cur síos ar na seomraí sa teach.
3. Cad é an seomra is fearr leat sa teach?
4. An maith leat obair tí? An ndéanann tú obair tí?
5. Cé na jabanna a dhéanann tú sa teach?
6. An ndeachaigh tú ar saoire riamh nó an ndeachaigh tú ar cuairt ar aon duine riamh?
7. Cen saghas tí inar fhan tú?
8. Déan cur síos ar an gceantar ina raibh tú nuair a bhí tú ar saoire.

D: Líon na bearnaí leis an bhfocal is oiriúnaí thíos:

1. Cónaíonn Seoirse _____ árasán i mbloc árasán ar imeall an bhaile mhóir.
2. Ní dhéanann Pól aon obair _____ ina theach. Tá sé an-leisciúil!
3. Is é mo _____ codlata an seomra is fearr liom i mo theach.
4. Is aoibhinn _____ mo cheantar.
5. Chuamar ar saoire anuraidh agus bhí teach _____ ar cíos againn.
6. Chuamar go _____ faisin an tseachtain seo caite agus bhí sé ar fheabhas!
7. Bhí taispeántas _____ ar siúl sa dánlann áitiúil le déanaí.
8. Chuaigh mé go seoladh _____ aréir agus shínigh an t-údar cóip den leabhar dom.
9. Chonaic mé an _____ 'Grease' an tseachtain seo caite agus bhain mé an-taitneamh as.
10. Bhí _____ iontach ar siúl sa siopa éadaigh inné agus bhí na héadaí go léir ar díol ar leathphraghas.

seó   ceoldráma   liom   saoire   leabhair
sladmhargadh   tí   sheomra   in   ealaíne

Aonad 3

Mo scoil

Céim 1: Mo scoil	64
Céim 2: Na hábhair scoile	65
Céim 3: Pointe gramadaí	67
Céim 4: Na háiseanna scoile	68
Céim 5: An éide scoile	69
Céim 6: Rialacha na scoile	70
Céim 7: Léamhthuiscint: 'Áine Ní Bhreasaíl'	71
Céim 8: Cleachtadh cainte agus obair bheirte	72
Céim 9: Achoimre ar an Aimsir Chaite	73
Céim 10: Litir: 'Scoil nua'	76
Céim 11: Teachtaireacht ríomhphoist / blag	77
Céim 12: Athbhreithniú ar Aonad 3	86

Féach ar thriail a trí (lch 310)

Céim 1: Mo scoil

Focail agus frásaí le foghlaim

Táim ag freastal ar ...

mheánscoil	a secondary school
scoil phobail	a community school
scoil chuimsitheach	a comprehensive school
scoil ghairmoideachais	a vocational school
scoil chailíní	a girls' school
scoil bhuachaillí	a boys' school
scoil mheasctha	a mixed school
scoil chónaithe	a boarding school

Pointe Gramadaí

De ghnáth, cuireann **'ar'** séimhiú ar an ainmfhocal a thagann ina dhiaidh (más focal é a bhfuil consan mar thús leis).

 Mar shampla

ar **bh**unscoil, ar **mh**eánscoil

De ghnáth, cuireann **'ar an'** urú ar an ainmfhocal a thagann ina dhiaidh (seachas ar **d** nó ar **t**).

 Mar shampla

ar an **mb**unscoil

- Ní féidir séimhiú ná urú a chur ar **st, l, n** nó **r** ná ar **sm, sp, sc** nó guta. (**St El**eanor is **sm**iling in **Sp**anish **sc**hool).
- Ní féidir urú a chur ar **m** ná **s**. (**M**arks & **S**pencer)

Tá mo dheartháir / mo dheirfiúr ag freastal ar ...

naíonra	creche, nursery
bhunscoil	primary school
an ollscoil	university

Mo scoil

Daoine sa scoil

dalta, daltaí	*pupil, pupils*	an rúnaí	*the secretary*
múinteoir, múinteoirí	*teacher, teachers*	an sparánaí	*the bursar*
an príomhoide	*the principal*	an leabharlannaí	*the librarian*
an leas-phríomhoide	*the vice-principal*	daltaí cónaithe	*boarders*

Céim 2:

Na hábhair scoile

Gaeilge	*Irish*
Béarla	*English*
matamaitic	*mathematics*
oideachas saoránach sóisialta polaitiúil (OSSP)	*civic, social and political education (CSPE)*
eolas imshaoil agus daoneolas	*environmental and social studies (ESS)*
corpoideachas	*physical education (PE)*
stair	*history*
tíreolaíocht	*geography*
tíos / eacnamaíocht bhaile	*home economics*
Fraincis	*French*
Gearmáinis	*German*
Iodáilis	*Italian*
Spáinnis	*Spanish*
Laidin	*Latin*
oideachas sóisialta, pearsanta agus sláinte	*SPHE*
léann clasaiceach	*classical studies*
ealaín, ceardaíocht agus dearadh	*art, craft and design*
ceol	*music*
eolaíocht	*science*
eolaíocht (in éineacht le staidéar áitiúil)	*science (with local studies)*
teicneolaíocht ábhar (adhmad)	*materials technology (wood)*
miotalóireacht	*metalwork*
grafaic theicniúil	*technical graphics*
teicneolaíocht	*technology*
clóscríobh	*typing*
staidéar gnó	*business studies*

Aois na Glóire 2

Scríobh do chlár ama i do chóipleabhar agus liosta de na hábhair atá á ndéanamh agat. Sa chlár ama cuir isteach

- na hábhair
- an t-am a thosaíonn an lá scoile
- an t-am a thosaíonn gach rang
- an t-am a thosaíonn an sos agus am lóin
- an t-am a chríochnaíonn an lá scoile.

Frásaí úsáideacha

Conas do thuairim faoi na hábhair is maith leat nó nach maith leat a chur in iúl

Is breá liom / is maith liom stair, mar …

tá sí suimiúil / spéisiúil	it's interesting
tá sí spreagúil	it's inspiring
tá sí dúshlánach	it's challenging
tá sí éasca	it's easy
táim go maith chuici	I'm good at it
tá an múinteoir cabhrach / spreagúil	the teacher is helpful / inspiring

Is breá liom Gaeilge, mar …

táim go maith chuig teangacha	I'm good at languages
Is aoibhinn liom fuaim na teanga	I love the sound of the language
is cuid dár n-oidhreacht agus dár bhféiniúlacht í	it's part of our heritage and our identity

Is fuath liom / ní maith liom matamaitic, mar …

tá sí leadránach	it's boring
tá sí ródheacair	it's too difficult
ní maith liom an múinteoir	I don't like the teacher
ní mhíníonn an múinteoir rudaí	the teacher doesn't explain things
nílim go maith chuici	I'm not good at it
tá sí leamh	it's dull
nílim go maith chuig uimhreacha	I'm not good with numbers

Mo scoil

Céim 3:

Pointe Gramadaí

Ag comhaireamh
- 1–6: Cuirimid séimhiú ar an bhfocal (más focal é a bhfuil consan mar thús leis).
- 7–10: Cuirimid urú ar an bhfocal.

Táim ag déanamh staidéir ar …

(aon) ábhar amháin	one subject	seacht n-ábhar	seven subjects
dhá ábhar	two subjects	ocht n-ábhar	eight subjects
trí ábhar	three subjects	naoi n-ábhar	nine subjects
ceithre ábhar	four subjects	deich n-ábhar	ten subjects
cúig ábhar	five subjects	aon ábhar déag	eleven subjects
sé ábhar	six subjects	dhá ábhar déag	twelve subjects

I mo mhála scoile tá …

aon chóipleabhar amháin	one copybook
dhá chóipleabhar	two copybooks
trí chóipleabhar	three copybooks
ceithre chóipleabhar	four copybooks
cúig chóipleabhar	five copybooks
sé chóipleabhar	six copybooks
seacht gcóipleabhar	seven copybooks
ocht gcóipleabhar	eight copybooks
naoi gcóipleabhar	nine copybooks
deich gcóipleabhar	ten copybooks
aon chóipleabhar déag	eleven copybooks
dhá chóipleabhar déag	twelve copybooks

Aois na Glóire 2

Cuir Gaeilge ar na habairtí seo a leanas:

1. I attend an all-boys school.
2. My sister is 3 years old. She attends a creche.
3. I study 12 subjects.
4. My favourite subject is French because it is very interesting.
5. I hate science because it is boring.
6. I love Irish because it is our native language.
7. My sister attends a mixed school.
8. There are 3 books and 5 copybooks in my school bag.
9. I love geography because it is challenging.
10. My sister is studying business in university.

Céim 4: Na háiseanna scoile

Meaitseáil: Cuir na pictiúir agus na hainmneacha le chéile

1.	Halla spóirt	A	6.	Seomra ríomhairí	F
2.	Faiche haca	B	7.	Clós	G
3.	Saotharlann	C	8.	Leabharlann	H
4.	Cúirt leadóige	D	9.	Seomra ealaíne	I
5.	Seomra ceoil	E	10.	Páirc peile	J

1	2	3	4	5	6	7	8	9	10

Céim 5: An éide scoile

Caithim *(I wear)* ...

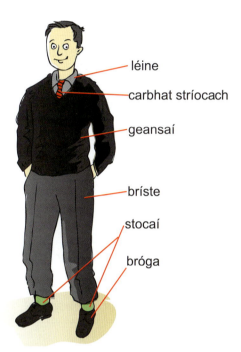
- léine
- carbhat stríocach
- geansaí
- bríste
- stocaí
- bróga

- blús
- seaicéad
- sciorta
- riteoga
- bróga

sciorta	dubh / liath / corcra / gorm / dúghorm / uaine / donn / dearg / breacáin (*tartan*)
bríste	liath / dubh / donn
léine	ghorm / bhán / liath
blús	bán / bánbhuí
carbhat	stríocach
bléasar (*blazer*)	dubh / liath / corcra
stocaí	liatha / bána
bróga	dubha / donna

Mo scoil

Céim 6: Rialacha na scoile

Meaitseáil an Ghaeilge leis an mBéarla

A	Tá cosc ar thobac sa scoil	1.	You are not allowed to be late for class.
B	Tá cosc ar alcól sa scoil	2.	You may not talk in class.
C	Tá cosc ar dhrugaí sa scoil	3.	You are not allowed to be late for school.
D	Níl cead agat bheith déanach don scoil	4.	Drugs are forbidden in the school
E	Níl cead agat bheith déanach don rang	5.	Cigarettes are forbidden in the school.
F	Níl cead agat smideadh ná seoda a chaitheamh	6.	You may not be rude to the teacher.
G	Níl cead agat bheith drochbhéasach don mhúinteoir	7.	You are not allowed to wear make-up or jewellery.
H	Níl cead agat bheith ag caint sa rang	8.	Alcohol is forbidden in the school.

A	B	C	D	E	F	G	H

An córas pionóis

duillín — docket
bhí orm fanacht siar — I had to stay back for detention
cuireadh ar fionraí mé — I was suspended
bhí orm línte a scríobh — I had to write lines
chuir an príomhoide glao ar mo thuistí — the principal rang my parents
bhí orm obair bhaile bhreise a dhéanamh — I had to do extra homework

Céim 7: Léamhthuiscint

Áine Ní Bhreasaíl

Haigh! Is mise Áine Ní Bhreasaíl. Táim ceithre bliana déag d'aois. Is as **an tAonach** mé. Táim ag freastal ar mheánscoil chailíní agus táim sa dara bliain. Déanaim staidéar ar aon ábhar déag ar scoil. Déanaim staidéar ar na hábhair seo: Gaeilge, Béarla, Fraincis, Spáinnis, matamaitic, eolaíocht, corpoideachas, stair, tíreolaíocht, O.S.S.P. agus creideamh. Is é Béarla an t-ábhar is fearr liom mar is aoibhinn liom bheith ag léamh. Déanaimid staidéar ar **úrscéalta**, **fhilíocht** agus **scríbhneoireacht chruthaitheach**.

Is fuath liom matamaitic mar tá sí leadránach agus leamh. Nílim go maith chuig uimhreacha.

Tá a lán áiseanna i mo scoil, mar shampla, halla spóirt, leabharlann, saotharlann, seomra ríomhairí agus seomra ealaíne. Ní maith liom na rialacha scoile áfach — tá siad i bhfad ródhian. Níl cead againn **seoda** a chaitheamh agus níl cead againn aon **smideadh** a chaitheamh. Tá sé sin **amaideach** i mo thuairim.

Caithimid éide scoile ar scoil freisin. Caithimid sciorta glas, geansaí glas, léine bhán, stocaí bána agus bróga dubha. Mar sin ní bhíonn aon **chomórtas faisin** ar siúl idir na cailíní. Is aoibhinn liom an t-atmaisféar ar scoil agus bíonn an-chraic agam le mo chairde gach lá cé go bhfaighimid **an iomarca** obair bhaile **faraor**!

Gluais

An tAonach	Nenagh
úrscéal	novel
filíocht	poetry
scríbhneoireacht chruthaitheach	creative writing
seoda	jewellery
smideadh	make-up
amaideach	foolish
comórtas faisin	fashion competition
an iomarca	too much
faraor	unfortunately

Ceisteanna:

1. Cén aois í Áine?
2. Cén rang ina bhfuil sí?
3. Cé mhéad ábhar a ndéanann sí staidéar orthu?
4. Cad é an t-ábhar is fearr léi?
5. Cén fáth ar fearr léi an t-ábhar sin?
6. An bhfuil aon ábhar nach maith léi?
7. Cén fáth?
8. Luaigh trí áis atá ina scoil.
9. Cad a cheapann Áine faoi na rialacha scoile?
10. Cad é an príomhbhuntáiste a bhaineann le héide scoile ina tuairim?

Céim 8: Cleachtadh cainte agus obair bheirte

An Múinteoir: Conas atá tú, a Mhuiris?
Muiris: Táim go diail, go raibh maith agat.
An Múinteoir: Inis dom faoi do scoil.
Muiris: Coláiste Naomh Eoin is ainm do mo scoil. Táim ag freastal ar mheánscoil bhuachaillí. Tá seacht gcéad dalta ag freastal ar an scoil.
An Múinteoir: Cad é an t-ábhar is fearr leat?
Muiris: Is é an t-ábhar is fearr liom ná eolaíocht mar tá sí suimiúil agus dúshlánach.
An Múinteoir: An bhfuil aon ábhar nach maith leat?
Muiris: Is fuath liom Spáinnis mar nílim go maith chuig teangacha agus ní maith liom gramadach.
An Múinteoir: An bhfuil a lán áiseanna i do scoil?
Muiris: Tá a lán áiseanna i mo scoil, mar shampla, halla spóirt, seomra ceoil, leabharlann, dhá shaotharlann, cistin, **seomra miotalóireachta**, seomra ríomhairí, faiche haca agus páirc peile.
An Múinteoir: Déan cur síos ar d'éide scoile.
Muiris: Caithimid geansaí donn, léine bhán, bríste donn, stocaí liatha agus bróga donna.
An Múinteoir: An bhfuil aon rud nach maith leat faoi do scoil?
Muiris: Tá an córas smachta **ródhian**, dar liom. Níl cead agat bheith déanach don scoil nó don rang. Níl cead againn rith sna **pasáistí** agus tá cosc ar an **bhfón póca** sa rang.
An Múinteoir: Go raibh maith agat a Mhuiris. Slán leat.
Muiris: Slán agat.

Gluais

seomra miotalóireachta	metalwork room	pasáiste	passageway
ródhian	too strict	fón póca	mobile phone

1. Cad is ainm do do scoil?
2. Cén saghas scoile í?
3. Cé mhéad dalta atá ag freastal ar an scoil?
4. Cé mhéad ábhar atá á ndéanamh agat ar scoil?
5. Cad é an t-ábhar is fearr leat? Cén fáth ar fearr leat an t-ábhar sin?
6. An bhfuil aon ábhar nach maith leat? Cén fáth?
7. An bhfuil mórán áiseanna i do scoil, an dóigh leat? Déan cur síos orthu.
8. Cad í an áis is fearr leat sa scoil?
9. An imríonn tú spórt?
10. An bhfuil a lán rialacha i do scoil?

Céim 9: Achoimre ar an Aimsir Chaite

An Chéad Réimniú

Briathra a bhfuil siolla amháin iontu agus briathra a bhfuil dhá shiolla iontu agus síneadh fada ar an dara siolla atá sa chéad réimniú.

Féach ar na nótaí in aonad 10, leathanach 231.

An Aimsir Chaite

Briathra a bhfuil consan mar thús leo	Briathra a bhfuil guta mar thús leo	Briathra a bhfuil **f** mar thús leo
séimhiú ar an gconsan	**d'** roimhe	séimhiú ar an **f** agus **d'** roimhe

 Mar shampla

ghlan mé	**d'**ól mé	**d'fh**ág mé

I gcomhair 'muid' nó 'sinn' —

Más briathar é a bhfuil consan leathan (consan a bhfuil **a**, **o** nó **u** díreach roimhe) mar chríoch leis, cuirimid **–amar** leis	Más briathar é a bhfuil consan caol (consan a bhfuil **i** nó **e** díreach roimhe) mar chríoch leis, cuirimid **–eamar** leis

Mar shampla

ghlan**amar**	chuir**eamar**
d'ól**amar**	d'éist**eamar**
d'fhág**amar**	d'fhill**eamar**

An saorbhriathar

Más briathar é a bhfuil consan leathan mar chríoch leis, cuirimid **–adh** leis	Más briathar é a bhfuil consan caol mar chríoch leis, cuirimid **–eadh** leis

Mar shampla

glan**adh**	cuir**eadh**
ól**adh**	éist**eadh**
fág**adh**	fill**eadh**

Ní chuirimid séimhiú ar an saorbhriathar san aimsir chaite, agus ní chuirimid **d'** roimhe.

An fhoirm dhiúltach (*The negative form*)

Briathra a bhfuil consan mar thús leo	Briathra a bhfuil guta mar thús leo
níor + séimhiú	**níor**

⭐ Mar shampla

níor ghlan mé	**níor** ól mé
níor fhan mé	**níor** éist mé

An fhoirm cheisteach (*The interrogative form*)

Briathra a bhfuil consan mar thús leo	Briathra a bhfuil guta mar thús leo
ar + séimhiú	**ar**

⭐ Mar shampla

ar ghlan sé?	**ar** ól sé?
ar fhan tú?	**ar** éist tú?

An Dara Réimniú

Briathra a bhfuil dhá shiolla iontu agus a bhfuil **–igh**, **–il**, **–in**, **–ir** nó **–is** mar chríoch leo (chomh maith le grúpa beag eile) atá sa dara réimniú.

Briathra a bhfuil consan mar thús leo	Briathra a bhfuil guta mar thús leo	Briathra a bhfuil f mar thús leo
séimhiú ar an gconsan	**d'** roimhe	séimhiú ar an **f** agus **d'** roimhe

⭐ Mar shampla

cheannaigh mé	**d'**imigh mé	**d'fh**ill mé

I gcomhair 'muid' nó 'sinn'—

1. Maidir leis na briathra a bhfuil **–igh** nó **–aigh** mar chríoch leo, bainimid an chríoch sin chun an fhréamh (*the root*) a fháil.

     Mar shampla

    Dúisigh: Is é **dúis –** an fhréamh.
    Ceannaigh: Is é **ceann –** an fhréamh.

2. Maidir leis na briathra a bhfuil –il nó –ail, –in nó –ain, –ir nó –air nó –is mar chríoch leo, bainimid an **i** nó an **ai** chun an fhréamh a fháil.

 Mar shampla

Imir: Is é **imr–** an fhréamh.
Oscail: Is é **oscl–** an fhréamh.

Más consan leathan é consan deiridh na fréimhe, cuirimid –aíomar léi.	Más consan caol é consan deiridh na fréimhe, cuirimid –íomar léi.
d'oscl**aíomar**	d'imr**íomar**
cheann**aíomar**	dhúis**íomar**

An fhoirm dhiúltach

Briathra a bhfuil consan mar thús leo	Briathra a bhfuil guta mar thús leo
níor + séimhiú	**níor**

 Mar shampla

níor cheannaigh mé	**níor** imigh mé

An fhoirm cheisteach

Briathra a bhfuil consan mar thús leo	Briathra a bhfuil guta mar thús leo
ar + séimhiú	**ar**

 Mar shampla

ar cheannaigh tú?	**ar** imigh tú?

Na Briathra Neamhrialta
Is iad abair, beir, bí, clois, déan, faigh, feic, ith, tabhair, tar agus téigh na briathra neamhrialta. Foghlaim iad ar leathanach 242!

Céim 10: Litir: Scoil nua

D'aistrigh tú go scoil nua le déanaí. Scríobh litir chuig do chara pinn fúithi. I do litir luaigh:

- cén saghas scoile í
- an t-ábhar is fearr leat
- na háiseanna scoile
- déan cur síos ar an éide scoile
- rud amháin nach maith leat faoin scoil.

Cluain Meala
Co. Thiobraid Árann.
17 Meán Fomhair 2010

A Thomáis,

Conas atá tú? Tá súil agam go bhfuil tú i mbarr na sláinte. Tabhair mo bheannacht do do mhuintir.

Faoi mar is eol duit, d'aistrigh mé go ceantar nua le déanaí agus thosaigh mé ag mo scoil nua coicís ó shin.

Is scoil mheasctha í mo scoil. Coláiste Naomh Pádraig is ainm do mo scoil. Tá seacht gcéad dalta ag freastal ar an scoil. Tá a lán áiseanna sa scoil, ina measc trí shaotharlann, cistin, leabharlann, seomra ealaíne, seomra ceoil, halla spóirt, cúirt leadóige, faiche haca agus páirc peile.

Is é an t-ábhar scoile is fearr liom ná Fraincis mar is aoibhinn liom an fhuaim den teanga.

Ní maith liom an éide scoile – tá sé áiféiseach i mo thuairim! Caithimid geansaí corcra, bríste donn, léine liath, carbhat stríocach, stocaí bána agus bróga donna. Caitheann na cailíní sciorta corcra, blús liath agus geansaí corcra. Ós rud é gur scoil mheasctha í an scoil seo, bíonn an-chraic ag na buachaillí ag spochadh as na cailíní.

Is é an t-aon rud nach maith liom faoin scoil ná an córas smachta. Tá na rialacha i bhfad ródhian agus tá dhá dhuillín faighte agam cheana féin!

Sin í mo nuacht uilig faoi láthair. Tá súil agam go mbeidh tú ábalta teacht ar cuairt orm nuair a thiocfaidh an briseadh lár-téarma. Scríobh chugam go luath!

Slán go fóill,

Peadar.

Mo scoil

Céim 11: Teachtaireacht ríomhphoist / Blag

- Tá an cheist seo i Roinn III (Scríobh na Teanga) ar an bPáipéar sa Teastas Sóisearach. Ceist a cúig atá ann agus tá 20 marc ar fáil don cheist seo.
- Bíonn tasc amháin le déanamh sa cheist seo as na tascanna seo a leanas:
  - cuireadh a thabhairt
  - cuireadh a ghlacadh / a dhiúltú
  - teachtaireacht ríomhphoist a scríobh
  - teachtaireacht ríomhphoist a fhreagairt
  - blag a scríobh
  - blag a fhreagairt.
- Caith cúig nóiméad déag ar an gceist seo.
- Is fiú staidéar a dhéanamh ar na briathra san Aimsir Chaite chun cabhrú leat sa cheist seo.
- Féach go cúramach ar na ceithre phictiúr agus ar na boscaí faoi gach pictiúr. Bain úsáid as an bhfoclóir a thugtar duit sa cheist.
- Leis sin, tugtar trí phointe duit le lua sa cheist. Bí cinnte go scríobhann tú cúpla líne faoi gach ceannteideal sna pointí sin. Mura scríobhann tú cúpla líne faoi gach pointe, caillfidh tú marcanna.

1. **An beannú:**

Is mar seo a scríobhtar an beannú (*the greeting*) sa teachtaireacht ríomhphoist:

A Sheáin, a chara, / a Thomáis, a chara / a Shéamais, a chara / a Phádraig, a chara

A Áine, a chara, / a Úna, a chara / a Oisín, a chara

A Mham / a Dhaid / a uncail / a aintín

2. **Corp na Teachtaireachta:**

Focail agus nathanna chun cabhrú leat:

Fuair mé cuireadh	I got an invitation
Fuair mé glao gutháin ó …	I got a telephone call from …
Chuir mé glao gutháin ar …	I telephoned …
Feicfidh mé níos déanaí thú	I'll see you later
Feicfidh mé ar ball thú	I will see you soon
Ar mhaith leat dul … ?	Would you like to go … ?
Ba bhreá liom dul	I would love to go
Ní féidir liom dul	I can't go
Tá brón orm	I am sorry
Tá díoma / áthas orm	I am disappointed / happy

Aois na Glóire 2

Táim ag tnúth go mór leis	I am greatly looking forward to it
Chonaic mé fógra sa pháipéar nuachtáin / ar an mballa	I saw an advert / notice in the newspaper / on the wall
Chuala mé fógra ar an raidió	I heard an advert on the radio
Tabhair cuairt ar	To visit
In éineacht liom	With me
Míle buíochas as an gcuireadh	Thanks a million for the invitation
Go raibh maith agat	Thank you

Críoch:

Do chara buan	Your eternal friend
Do chara dil	Your good / loyal friend
Do mhac / d'iníon	Your son / daughter
Slán go fóill	Goodbye for now

Teachtaireacht ríomhphoist: Ag tabhairt cuiridh

Is tusa Liam sna pictiúir thíos. Ba mhaith leat cuireadh a thabhairt do do chara Peadar dul go ceolchoirm san O2 oíche Dé Domhnaigh seo chugainn. Cuir **teachtaireacht ríomhphoist** chuig do chara ag tabhairt cuiridh dó.

Pictiúr 1
Ag ithe do lóin sa cheaintín

Pictiúr 2
Chonaic tú fógra ar an mballa

Pictiúr 3
Teach Pheadair

Pictiúr 4
Teachtaireacht ríomhphoist

Mo scoil

Luaigh i do **theachtaireacht**:
- cad a bhí ar siúl agat **(Pictiúr 1)**
- cad a tharla ansin **(Pictiúr 2)**
- cathain agus cén áit a bheidh an cluiche ar siúl **(Pictiúr 3)**.

Teachtaireacht ríomhphoist

A Pheadair, a chara,

Bhí mé ag ithe mo lóin sa **cheaintín** ar scoil nuair a chonaic mé fógra ar an mballa **le haghaidh** cluiche rugbaí idir Scoil Naomh Eoin agus Coláiste na Carraige Duibhe. Beidh an cluiche ar siúl i gColáiste na Carraige Duibhe oíche Déardaoin seo chugainn an 14 Márta. Beidh sé ag tosú ag a seacht a chlog. Thug mé cuairt ar do theach oíche aréir ach ní raibh aon duine sa bhaile. Ba bhreá liom dul ann, ar mhaith leat teacht in éineacht liom? Tabharfaidh mo Dhaid **síob** dúinn. Cuirfidh mé glao ort **níos déanaí**.

Slán tamall!

Do chara,
Liam.

Gluais

ceaintín	canteen
le haghaidh	for
síob	lift
níos déanaí	later

Ceisteanna:
1. Cé chuige a bhfuil Liam ag scríobh?
2. Cad a bhí á dhéanamh ag Liam?
3. Cad a chonaic sé ar bhalla an cheaintín?
4. Cathain a bheidh an cluiche ar siúl?
5. Cé na foirne a bheidh ag imirt?

Teachtaireacht ríomhphoist: Ag diúltú do chuireadh

Is tusa Peadar sna pictiúir thíos. Fuair tú cuireadh dul chuig cluiche le do chara Liam oíche Déardaoin ach ní féidir leat dul. Cuir **teachtaireacht ríomhphoist** chuig Liam ag míniú an scéil dó.

Pictiúr 1
Peadar sa rang

Pictiúr 2
Scrúdú staire

Pictiúr 3
Díomá / brón

Pictiúr 4
Teachtaireacht ríomhphoist

Luaigh i do **theachtaireacht**:
- Cad a bhí ar siúl agat **(Pictiúr 1)**
- Cad a tharla ansin **(Pictiúr 2)**
- Conas a mhothaíonn tú anois **(Pictiúr 3)**.

A Liam, a chara,

Míle buíochas as do theachtaireacht ríomhphoist. Tá brón orm ach ní bheidh mé ábalta dul chuig an gcluiche leat oíche Déardaoin. Bhí mé ag iarraidh dul ach tá **fadhb** agam. Bhí mé sa rang staire inné nuair a dúirt mo mhúinteoir go raibh sí ag tabhairt scrúdaithe dúinn. Tá an scrúdú staire agam Dé hAoine. **Caithfidh mé** fanacht sa bhaile chun staidéar a dhéanamh mar níl **faic ar eolas** agam. Níl aon staidéar déanta agam ó thús na bliana! Tá díomá an domhain orm. Rachaidh mé leat go cluiche uair éigin eile.

Slán go fóill!

Do chara buan,
Peadar.

Mo scoil

Gluais

fadhb	problem
caithfidh mé	I must
faic	nothing / anything
ar eolas	to know (information)

Ceisteanna:
1. An féidir le Peadar dul go dtí an cluiche le Liam?
2. Cén fáth nach féidir le Peadar dul?
3. Conas a mhothaíonn Peadar faoi sin?
4. Cén t-ábhar scoile a luaitear thuas?

Teachtaireacht ríomhphoist chuig do Mham

Is tusa Lísa sna pictiúir thíos. Ní féidir leat d'obair bhaile a dhéanamh agus cuireann tú glao ar do chara Máire chun cabhrú leat. Scríobh teachtaireacht ríomhphoist ag insint an scéil do do Mham.

Pictiúr 1
Lísa ag déanamh obair bhaile

Pictiúr 2
cuireann Lísa glao ar Mháire

Pictiúr 3
teachtaireacht ríomhphoist

Pictiúr 4
Lísa agus Máire sa leabharlann

Luaigh i do **theachtaireacht**:
- Cad a bhí á dhéanamh agat **(Pictiúr 1)**
- Cad a tharla ansin **(Pictiúr 2)**
- Cá bhfuil sibh imithe agus cad atá ar siúl agaibh **(Pictiúr 4)**

Aois na Glóire 2

Teachtaireacht ríomhphoist

A Mham,

Thosaigh mé ar m'obair bhaile níos luaithe ach ní raibh mé ábalta í a chríochnú. Ní raibh mé in ann m'obair bhaile a dhéanamh mar bhí sé ródheacair. Tá a fhios agam go bhfuil tú ag obair go dtí a seacht a chlog. Mar sin, chuir mé glao ar mo chara Máire mar tá an t-ábhar éasca di. Táim imithe go dtí an leabharlann anois chun bualadh le Máire. Tabharfaidh sí cabhair dom m'obair bhaile a dhéanamh. Beidh mé ar ais níos déanaí ag a naoi. Feicfidh mé ar ball thú.

Slán!

D'iníon dhil,
Lísa.

Cuntas / Blag samplach:

Is tusa Aoife sna pictiúir thíos. Bhí cóisir bhreithlá agat le déanaí. Scríobh cuntas / blag chuig do chara faoin lá.

Pictiúr 1
Na hullmhúcháin a rinne tú don chóisir

Pictiúr 2
Na daoine a tháinig chuig an gcóisir

Pictiúr 3
Déan cur síos ar an gcóisir

Pictiúr 4
Cuntas / Blag

Mo scoil

Luaigh sa chuntas / blag:
- Na hullmhúcháin (*preparations*) a rinne tú le haghaidh na cóisire **(Pictiúr 1)**
- Cé a tháinig chuig an gcóisir **(Pictiúr 2)**
- Déan cur síos ar an gcóisir **(Pictiúr 3)**.

Cóisir

Bhí cóisir agam chun mo bhreithlá a **cheiliúradh** Dé Sathairn seo caite. Bhí mé ceithre bliana déag d'aois. Chuaigh me féin agus mo Mham amach ag siopadóireacht chun bia agus **deochanna** a cheannach don chóisir. Chuamar go dtí **an t-ollmhargadh** agus cheannaíomar burgair, **lasáinne**, **sceallóga**, pizza, **cnaipíní sicín**, cóc, oráiste agus líomanáid. Chuir Mam balúin thuas ar fud an tí freisin.

Thug mé **cuireadh** do mo chairde go léir ón scoil agus do chuid de mo **ghaolta** freastal ar an gcóisir. Tháinig ceathrar de mo chol ceathracha atá ar comhaois liom agus **formhór** de mo chairde chuig an gcóisir.

Thosaigh an chóisir ag a sé a chlog. Bhí mo chara Aogán ag obair mar **cheirneoir** don oíche ar an iPod. D'ith gach duine mórán agus d'ól siad mórán freisin. Bhí gach duine ag canadh, ag damhsa agus ag caint le chéile. Bhí an-chraic againn! D'imríomar cluichí damhsa agus karaoke ar an Xbox agus bhí gach duine **sna trithí gáire**! Fuair mé a lán bronntanais dheasa, mar shampla, DVDanna, éadaí, smideadh, seoda agus cluichí ríomhaire. Thógamar a lán grianghraf freisin agus chuir mé suas iad ar mo phroifíl ar Facebook.

Go dtí an chéad uair eile,

Aoife

Gluais

ceiliúradh	celebration	cuireadh	invitation
deochanna	drinks	gaolta	relatives
an t-ollmhargadh	the supermarket	formhór	majority
sceallóga	chips	ceirneoir	DJ
cnaipíní sicín	chicken nuggets	sna trithí gáire	in stitches laughing
lasáinne	lasagne		

Léigh an cuntas thuas agus freagair na ceisteanna seo a leanas:
1. Cathain a bhí an chóisir ar siúl?
2. Conas a d'ullmhaigh Aoife agus a Mam le haghaidh na cóisire?
3. Cé a tháinig chuig an gcóisir?
4. Cén saghas bia a bhí ag an gcóisir?
5. Cén t-am a thosaigh an chóisir?
6. Cad a bhí á dhéanamh ag Aogán i rith na cóisire?
7. Cén saghas cluichí a bhí á n-imirt acu ag an gcóisir?

Obair Bhaile

Is tusa Caitlín sna pictiúir thíos. Faigheann tú cuireadh chun dul go díospóireacht scoile. Scríobh cuntas / blag faoin lá.

Pictiúr 1
Cuireadh dul go dtí an díospóireacht scoile

Pictiúr 2
Glacadh leis an gcuireadh

Pictiúr 3
Eolas faoin díospóireacht

Pictiúr 4
Cuntas / Blag

Mo scoil

Luaigh i do **bhlag**:
- an cuireadh a thug Seán do Chaitlín **(Pictiúr 1)**
- glacann Caitlín leis an gcuireadh **(Pictiúr 2)**
- cur síos ar an díospóireacht **(Pictiúr 3)**.

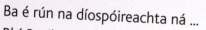

Focail agus nathanna chun cabhrú leat:

fuair mé cuireadh dul go dtí …	I got an invitation to go to …
ghlac mé leis	I accepted it
díospóireacht	debate
foireann	team
buaigh	to win
an babhta ceannais	the final round
i gcoinne	against
an rún	the motion
ar son an rúin	in favour of the motion
caill	to lose

Ba é rún na díospóireachta ná …	The motion of the debate was …
Bhí Scoil Loreto i gcoinne an rúin …	Scoil Loreto was against the motion
Bhí Scoil Naomh Sheáin ar son an rúin …	St Seán's School was in favour of the motion
Chailleamar / Bhuamar	We lost / We won
Bhí áthas an domhain orainn	We were very happy
Bhí díomá an domhain orainn	We were very disappointed
Chuamar amach ag ceiliúradh	We went out celebrating

Céim 12: Athbhreithniú ar Aonad 3

A: Líon na bearnaí seo a leanas leis an bhfocal is oiriúnaí:

1. Táim ag freastal _____ scoil chailíní.
2. Táim ag déanamh _____ ar thrí ábhar déag.
3. Is _____ liom Fraincis mar is aoibhinn liom fuaim na teanga.
4. Ní maith liom Gaeilge mar tá an ghramadach an-_____.
5. Tá a lán áiseanna i mo scoil, mar _____ faiche haca, cúirt leadóige, cúirt cispheile, saotharlann, cistin, leabharlann agus halla ceoil.
6. Is breá liom m'éide _____.
7. Níl cead _____ bheith déanach don scoil.
8. Tá _____ ar dhrugaí ar scoil.

cosc   scoile   shampla   deacair   staidéir   ar   againn   breá

B: Cuir Gaeilge ar na habairtí seo a leanas:

1. I attend an all girls' school.
2. My favourite subject is English because it is inspiring and challenging.
3. I study 14 subjects at school.
4. I don't like science because it is boring.
5. My school uniform is nice — we wear a black skirt, a black jumper, a white shirt and a stripy tie.
6. Alcohol is forbidden in school.
7. My sister attends a boarding school.
8. We are not allowed to run in the corridor.
9. My brother studies business in university.
10. There are a lot of facilities in my school including a hockey pitch, a tennis court, a science laboratory, a kitchen, a music room, an art room and a sports hall.

Aonad 4

Spórt

Céim 1:	Focail agus nathanna a bhaineann le spórt	88
Céim 2:	Nathanna le foghlaim	92
Céim 3:	Sliocht: 'Rory McIlroy'	94
Céim 4:	Cleachtadh cainte agus obair bheirte	95
Céim 5:	Crosfhocal	96
Céim 6:	Achoimre ar an Aimsir Láithreach	97
Céim 7:	Teachtaireacht ríomhphoist	99
Céim 8:	Fógra	101
Céim 9:	Litir	102
Céim 10:	Meaitseáil na litreacha leis na huimhreacha	104
Céim 11:	Sliocht: 'Ronan O'Gara'	105
Céim 12:	Athbhreithniú ar Aonad 4	107

Féach ar thriail a ceathair (lch 315)

Aois na Glóire 2

Céim 1: Focail agus nathanna a bhaineann le spórt

Cineálacha spóirt:

haca	hockey	peil Ghaelach	football (Gaelic football)
leadóg	tennis	sacar	soccer
leadóg bhoird	table tennis	rugbaí	rugby
badmantan	badminton	iománaíocht / iomáint	hurling
cispheil	basketball	snámh	swimming
eitpheil	volleyball	rothaíocht	cycling
líonpheil	netball	dreapadóireacht	climbing
lúthchleasaíocht / lúthchleasa	athletics	galf	golf
		dornálaíocht	boxing
seoltóireacht	sailing	bogshodar	jogging
tonnmharcaíocht	surfing		

Meaitseáil na pictiúir leis an nGaeilge:

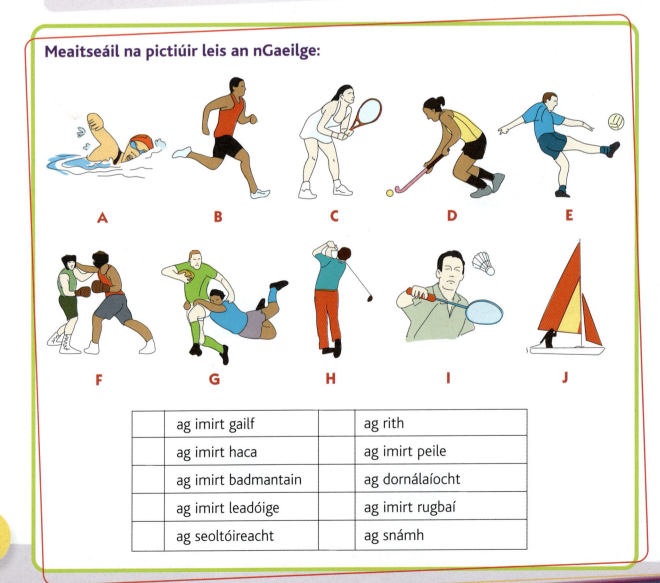

ag imirt gailf	ag rith
ag imirt haca	ag imirt peile
ag imirt badmantain	ag dornálaíocht
ag imirt leadóige	ag imirt rugbaí
ag seoltóireacht	ag snámh

Spórt

Pointe Gramadaí

Nuair a bhíonn **ainmfhocal agat i ndiaidh 'ag + briathar'**, athraíonn **litriú** an ainmfhocail go dtí an **Tuiseal Ginideach**. *When you have a **noun after 'ag + verb'**, the **spelling** of the noun changes to the **Genitive Case**.*

⭐ **Mar shampla**

leadóg	ag imirt leadóige
peil	ag imirt peile
badmantan	ag imirt badmantain

Téarmaí a bhaineann le spórt agus cluichí:

foireann	team	maide gailf	golf stick
cúl	goal	maide haca	hockey stick
cúilín	point	liathróid rugbaí	rugby ball
úd	try	raicéad leadóige	tennis racket
scóráil	to score	an bainisteoir	the manager
imir	to play	an lucht leanúna	the supporters / fans
cúlaí	defender	bonn óir / airgid / cré-umha	gold / silver / bronze medal
tosaí	forward	glac (*verb*) páirt i	to take part in
imreoir lár páirce	midfield player	an scór	the score
cúl báire	goalkeeper	na buaiteoirí	the winners
réiteoir	referee	cúirt leadóige	tennis court
sraithchomórtas	league	faiche haca	hockey pitch
i gcoinne / in aghaidh	against	peileadóir	a footballer
raobh	championship	cimreoir	player
Craobh na hÉireann	The Irish Championship /All-Ireland	an fhoireann	the team
		an chéad leath	the first half
Corn an Domhain	The World Cup	leath-am	half-time
Cumann Lúthchleas Gael	the Gaelic Athletic Association (GAA)	an dara leath	the second half
chun tosaigh	ahead		

Aois na Glóire 2

Briathra agus frásaí a bhaineann le spórt:

Imir	To play (sport)	Buaigh	To win
D'imir mé	I played	Bhuaigh mé	I won
D'imir tú	You played	Bhuaigh tú	You won
D'imir sé	He played	Bhuaigh sé	He won
D'imir sí	She played	Bhuaigh sí	She won
D'imríomar	We played	Bhuamar	We won
D'imir sibh	You played	Bhuaigh sibh	You won
D'imir siad	They played	Bhuaigh siad	They won
Imríodh an cluiche	The match was played	Buadh an cluiche	The game was won
Níor imir mé	I didn't play	Níor bhuaigh mé	I didn't win
Ar imir tú?	Did you play?	Ar bhuaigh tú?	Did you win?

Caill	To lose
Chaill mé	I lost
Chaill tú	You lost
Chaill sé	He lost
Chaill sí	She lost
Chailleamar	We lost
Chaill sibh	You lost
Chaill siad	They lost
Cailleadh an cluiche	The match was lost
Níor chaill mé	I didn't lose
Ar chaill tú?	Did you lose?

Cuir na briathra seo a leanas san Aimsir Láithreach sa ghreille thíos:

imrím	I play	buaim	I win
	you play		you win
	he plays		he wins
	she plays		she wins
imrímid	we play	buaimid	we win
	you (plural) play		you (plural) win
	they play		they win
imrítear cluiche gach Satharn	a match is played every Saturday	buaitear an cluiche i gcónaí	the game is always won
Ní	I don't play		I don't win
An tú?	Do you play?		Do you win?

Spórt

Cuir Gaeilge ar na habairtí seo a leanas:
1. Do you play sport?
2. I play a lot of sport.
3. I love swimming.
4. He loves sailing.
5. She is a member of the golf club.
6. My Dad bought me a new tennis racket yesterday.
7. Donegal won the match yesterday.
8. I play Gaelic football with the G.A.A.
9. I am on the school hockey team.
10. We take part in the hockey league every year.

Freagair na ceisteanna a bhaineann leis na daoine thíos:

Is mise Aogán. Is breá liom dornálaíocht. Bím ag traenáil gach Luan agus Céadaoin.

Is mise Áine. Taitníonn haca go mór liom. Táim ar fhoireann na scoile. Imrímid i sraithchomórtais go minic.

Haigh! Dónall is ainm dom. Imrím rugbaí le m'fhoireann scoile. Is spórt spraíúil é.

Colm an t-ainm atá orm. Imrím iománaíocht. Is ball mé den Chumann Lúthchleas Gael.

Aois na Glóire 2

Is mise Sorcha. Is breá liom snámh. Tá linn snámha ollmhór san ionad spóirt.

Daithí is ainm dom. Is breá liom galf. Is ball mé den chlub gailf áitiúil. Is é an phearsa spóirt is fearr liom ná Darren Clarke.

Gluais

ag traenáil	training	ollmhór	massive / huge
taitin le	to enjoy	áitiúil	local
spraíúil	fun	ball	member
Cumann Lúthchleas Gael	G.A.A.	pearsa spóirt	sports person

Ceisteanna:
1. Cén saghas spóirt is fearr le hAogán?
2. Cathain a théann sé ag traenáil?
3. Cén saghas spóirt a thaitníonn le hÁine?
4. Cén saghas comórtais a nglacann a foireann páirt ann?
5. Cén saghas spóirt é rugbaí, dar le Dónall?
6. Cé leis a n-imríonn Colm iománaíocht?
7. Cá dtéann Sorcha ag snámh?
8. Cé hé an phearsa spóirt is fearr le Daithí?

Ceim 2: Nathanna le foghlaim

Is breá liom / is aoibhinn liom / is maith liom	I like
Is fearr liom	I prefer
Is fearr liom haca ná leadóg	I prefer hockey to tennis
Is é an spórt is fearr liom ná	My favourite sport is
Ní maith liom	I don't like
Is fuath liom	I hate

Pointe Gramadaí

Taitin le (*to like*)

- Chun an nath seo a úsáid, cuireann tú an briathar (taitin) in oiriúint don aimsir.
- Cuireann tú an réamhfhocal 'le' in oiriúint don duine atá ag déanamh an ghnímh.
- Cuireann tú cuspóir (*the object*) na habairte i lár na habairte.

An Aimsir Láithreach	
Taitníonn spórt liom	I enjoy sport
Taitníonn rugbaí leat	You enjoy rugby
Taitníonn galf leis	He enjoys golf
Taitníonn camógaíocht léi	She enjoys camogie
Taitníonn sacar linn	We enjoy soccer
Taitníonn peil ghaelach libh	You (plural) enjoy gaelic football
Taitníonn leadóg leo	They enjoy tennis

An Aimsir Chaite:	
Thaitin an cluiche liom	I enjoyed the match
Thaitin an cluiche leat	You enjoyed the match
Thaitin an cluiche leis	He enjoyed the match
Thaitin an cluiche léi	She enjoyed the match
Thaitin an cluiche linn	We enjoyed the match
Thaitin an cluiche libh	You (plural) enjoyed the match
Thaitin an cluiche leo	They enjoyed the match

Cleachtadh Scríofa

Cuir Gaeilge ar na habairtí seo a leanas:

1. I like tennis.
2. He enjoys golf.
3. Her favourite sport is hockey.
4. We enjoy badminton.
5. They enjoy soccer.
6. I prefer horseriding to athletics.
7. I enjoyed the match last night.
8. I love basketball.
9. Seán hates sport.
10. I don't like swimming.

Céim 3: Sliocht

Léigh an sliocht seo a leanas agus freagair na ceisteanna a ghabhann leis:

Rory McIlroy

1. Rugadh agus tógadh Rory McIlroy in Holywood, ceantar beag cois farraige i ngar do Bhéal Feirste i d**Tuaisceart** Éireann. Dar lena athair, thosaigh sé ag imirt gailf nuair a bhí sé aon bhliain go leith d'aois. Gerry is ainm dá Dhaid agus Rosie is ainm dá Mham. Is **galfaire** maith é a Dhaid agus thosaigh Rory ag traenáil leis nuair a bhí sé óg.

2. D'fhreastail Rory ar bhunscoil Naomh Pádraig agus ansin ar mheánscoil Uí Shúilleabháin. Ba é an **ball** ab óige den chlub gailf in Holywood é. Tar éis tamaill, thosaigh sé ag traenáil le Michael Bannon ag an gclub gailf in Holywood. Is é Michael a mhúinteoir agus a thraenálaí fós.

3. Bhuaigh sé an Chraobh Dhomhanda san **aoisghrúpa** 9 go 10 mbliana d'aois agus bhí a fhios ag a thuismitheoirí go raibh **tallann** iontach aige. Bhí trí phost ag a Dhaid chun **íoc as forbairt** Rory sa ghalf. D'oibrigh a Mham san oíche freisin chun cabhrú leis an gcostas den traenáil agus taisteal.

4. Bhí **bród** an domhain ar thuismitheoirí Rory nuair a bhuaigh sé an US Open s**na Stáit Aontaithe** i Meitheamh 2011. Scaip a **chlú agus cháil** ar fud na hÉireann agus ar fud an domhain go tapaidh. I 2010, bhuaigh Rory an PGA i Meiriceá. Ba é Tiger Woods an t-aon duine eile a bhí chomh hóg le Rory nuair a bhuaigh sé an comórtas sin. Leis sin, d'imir Rory ar son na hEorpa nuair a bhuaigh an fhoireann **Eorpach** an Ryder Cup anuraidh. Is galfaire **den chéad scoth** é!

5. Is duine **umhal** agus deas é Rory agus tá muintir na hÉireann an-bhródúil as. Tá súil ag gach duine go **lean**faidh sé ar aghaidh chun níos mó comórtais a bhuachan amach anseo!

Spórt

Gluais

tuaisceart	north	bród	pride
galfaire	golfer	na Stáit Aontaithe	The United States
ball	member	clú agus cáil	claim and fame
traenálaí	trainer	Eorpach	European
tallann	talent	den chéad scoth	first rate
íoc as	to pay for	umhal	humble
forbairt	development	lean	to continue / follow

Ceisteanna:

1. Cár rugadh agus tógadh Rory? **(Alt 1)**
2. Cad is ainm do thraenálaí Rory? **(Alt 2)**
3. Cad a rinne a thuismitheoirí chun a ghairm mar ghalfaire a fhorbairt? **(Alt 3)**
4. Cad a bhuaigh Rory i Meitheamh 2011? **(Alt 4)**
5. Cen saghas duine é Rory? **(Alt 5)**

Céim 4: Cleachtadh cainte agus obair bheirte

Múinteoir: Haigh, a Éamoinn! Conas atá tú?
Éamonn: Táim go breá, go raibh maith agat.
Múinteoir: An imríonn tú spórt?
Éamonn: Imrím spórt **gan amhras**. Is breá liom spórt!
Muinteoir: Cén saghas spóirt a imríonn tú?
Éamonn: Imrím peil Ghaelach, iománaíocht agus cispheil.
Múinteoir: Cé mhéad uair **sa tseachtain** a bhíonn tú ag traenáil?
Éamonn: Bím ag traenáil cúig lá sa tseachtain.
Múinteoir: An imríonn tú cluichí go minic?
Éamonn: Imrím cispheil le m'fhoireann scoile agus imrímid i sraithchomórtais gach bliain. Imrím iománaíocht agus peil Ghaelach leis an m**brainse** áitiúil den Chumann Lúthchleas Gael. Bíonn cluichí againn gach Sathran agus gach Domhnach.
Muinteoir: Is cuid mhór é an spórt de do shaol mar sin! Cén fáth a dtaitníonn spórt leat?

Éamonn: Tugann spórt sos deas dom ó **bhrú** na scoile. Foghlaimíonn tú **scileanna foirne** agus sóisialta agus déanann tú mórán cairde freisin. Sin iad na fáthanna arb aoibhinn liom spórt!

Muinteoir: **Go raibh maith agat as ucht caint liom** a Éamoinn.

Éamonn: Tá fáilte romhat. Slán leat!

Gluais

gan amhras	without a doubt	brú	pressure
sa tseachtain	per week	scileanna foirne	team skills
brainse	branch	Go raibh maith agat as ucht caint liom	Thank you for talking to me

Cuir na ceisteanna seo ar an duine in aice leat.

1. An maith leat spórt?
2. Cén saghas spóirt a imríonn tú?
3. Cé mhéad uair sa tseachtain a bhíonn tú ag traenáil?
4. An nglacann tú páirt i gcomórtais go minic?
5. Cad iad na buntáistí a bhaineann le spórt i do thuairim?

Céim 5: Crosfhocal

Trasna

2. an duine a chuireann rialacha an chluiche i bhfeidhm
6. imríonn Katie Taylor an spórt seo
9. imríonn tú haca leis an ngléas seo

Síos

1. nuair a bhíonn sraith cluichí i gceist
3. an duine a chosnaíonn na cuaillí
4. tá Brian O'Driscoll cáiliúil le haghaidh an spóirt seo
5. imríonn Rory McIlroy an spórt seo
7. imríonn tú leadóg san áit seo
8. an duine a scórálann na cúil

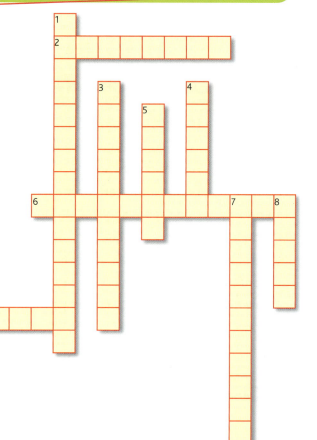

Céim 6: Achoimre ar an Aimsir Láithreach

An Chéad Réimniú

Briathra a bhfuil siolla amháin iontu agus briathra a bhfuil dhá shiolla iontu agus síneadh fada ar an dara siolla atá sa chéad réimniú.

Is iad na foircinn (*endings*) seo a leanas a chuirimid le briathra sa chéad réimniú san aimsir láithreach:

Más consan leathan é consan deiridh an bhriathair	Más consan caol é consan deiridh an bhriathair
–aim	–im
–ann tú	–eann tú
–ann sé / sí	–eann sé / sí
–aimid	–imid
–ann sibh	–eann sibh
–ann siad	–eann siad
–tar (saorbhriathar)	–tear (saorbhriathar)

⭐ Mar shampla

fanaim	coimeádaim	brisim	úsáidim
fanann tú	coimeádann tú	briseann tú	úsáideann tú
fanann sé / sí	coimeádann sé / sí	briseann sé / sí	úsáideann sé / sí
fanaimid	coimeádaimid	brisimid	úsáidimid
fanann sibh	coimeádann sibh	briseann sibh	úsáideann sibh
fanann siad	coimeádann siad	briseann siad	úsáideann siad
fantar	coimeádtar	bristear	úsáidtear

An fhoirm dhiúltach

Más briathar é a bhfuil consan mar thús leis	Más briathar é a bhfuil guta mar thús leis
ní + *séimhiú*	**ní**

 Mar shampla

ní fhanaim	**ní** úsáidim

An fhoirm cheisteach

Más briathar é a bhfuil consan mar thús leis	Más briathar é a bhfuil guta mar thús leis
an + *urú*	**an**

 Mar shampla

an bhfanann tú?	**an** úsáideann tú?

An Dara Réimniú

Briathra a bhfuil dhá shiolla iontu agus a bhfuil **–igh**, **–il**, **–in**, **–ir** nó **–is** mar chríoch orthu (chomh maith le grúpa beag eile) atá sa dara réimniú.

1. Maidir leis na briathra a bhfuil **–igh** nó **–aigh** mar chríoch orthu, bainimid an chríoch sin chun an fhréamh a fháil.

2. Maidir leis na briathra a bhfuil **–il** nó **–ail**, **–in** nó **–ain**, **–ir** nó **–air** nó **–is** mar chríoch orthu, bainimid an **i** nó an **ai** chun an fhréamh a fháil.

Ansin, cuirimid na foircinn seo a leanas leis an bhfréamh san aimsir láithreach:

Más consan leathan é consan deiridh na fréimhe	Más consan caol é consan deiridh na fréimhe
–aím	–ím
–aíonn tú	–íonn tú
–aíonn sé / sí	–íonn sé / sí
–aímid	–ímid
–aíonn sibh	–íonn sibh
–aíonn siad	–íonn siad
–aítear (saorbhriathar)	–ítear (saorbhriathar)

⭐ Mar shampla

tosaím	codlaím	bailím	imrím
tosaíonn tú	codlaíonn tú	bailíonn tú	imríonn tú
tosaíonn sé / sí	codlaíonn sé / sí	bailíonn sé / sí	imríonn sé / sí
tosaímid	codlaímid	bailímid	imrímid
tosaíonn sibh	codlaíonn sibh	bailíonn sibh	imríonn sibh
tosaíonn siad	codlaíonn siad	bailíonn siad	imríonn siad
tosaítear	codlaítear	bailítear	imrítear

An fhoirm dhiúltach

Más briathar é a bhfuil consan mar thús leis	Más briathar é a bhfuil guta mar thús leis
ní + *séimhiú*	**ní**

⭐ Mar shampla

ní thosaím	**ní** imrím

An fhoirm cheisteach

Más briathar é a bhfuil consan mar thús leis	Más briathar é a bhfuil guta mar thús leis
an + *urú*	**an**

⭐ **Mar shampla**

an dtosaíonn sibh?	**an** imríonn sibh?

Céim 7: Teachtaireacht ríomhphoist

Is tusa Brian sna pictiúir thíos. Tá do Mham ag obair agus ní bheidh sí abhaile go dtí a hocht a chlog. Fuair tú cuireadh ó do chara dul go cluiche peile leis. Cuir **teachtaireacht ríomhphoist** chuig do Mham ag míniú an scéil di.

Féach ar aonad 10 agus foghlaim na briathra neamhrialta ar leathanach 254.

Pictiúr 1
An teilifís

Pictiúr 2
Glao ó do chara Colm

Pictiúr 3
Teachtaireacht ríomhphoist

Pictiúr 4
Ag freastal ar an gcluiche peile le Colm

Luaigh i do **theachtaireacht:**
- Cad a bhí ar siúl agat sa seomra suí (**Pictiúr 1**)
- Cad a tharla ansin (**Pictiúr 2**)
- Cá bhfuil tú imithe agus cad atá ar siúl agaibh (**Pictiúr 4**).

Aois na Glóire 2

Teachtaireacht ríomhphoist

A Mham,

Bhí mé ag féachaint ar an teilifís sa seomra suí go dtí a cúig a chlog nuair a bhuail an teileafón. Colm a bhí ann. Thug sé **cuireadh** dom dul go cluiche peile ar scoil a bhí ag tosú ag a seacht a chlog. Tá an **fhoireann** scoile ag imirt **i gcoinne** Scoil Naomh Pádraig sa **chluiche peile leathcheannais** agus cluiche an-**tábhachtach** atá ann. Tá sé ar siúl ag an scoil. Beidh an cluiche críochnaithe ag leathuair tar éis a hocht. Mar sin beidh mé **ar ais** abhaile ag a naoi; **más féidir leat** an dinnéar a choimeád dom, bheadh sin ar fheabhas.

Feicfidh mé thú níos déanaí.

Do mhac buan,
Brian.

Gluais

cuireadh	*invitation*	leathcheannais	*semi-final*
foireann	*team*	tábhachtach	*important*
i gcoinne	*against*	ar ais	*back*
cluiche peile	*football game*	más féidir leat	*if you can*

Ceisteanna:

1. Cad a bhí á dhéanamh ag Brian nuair a bhuail an teileafón?
2. Cé a chuir glao ar Bhrian?
3. Cén cuireadh a thug an duine sin dó?
4. Cén t-am a thosaigh an cluiche?
5. Cén scoil a bhí ag imirt i gcoinne scoil Bhriain?

Céim 8: Fógra

Linn Snámha nua ar oscailt!
In ionad spóirt Chathair na Mart ar an 24 Iúil, 2012

Cóisir: chun an linn snámha a oscailt go hoifigiúil ar a 4 pm, ar an 24 Iúil

Ballraíocht ar fáil: €200 sa bhliain

Aoi speisialta: Beidh an tAire Spóirt ann mar aoi speisialta chun an linn snámha nua a oscailt!

Bia agus deochanna saor in aisce do gach duine!

Bígí linn!

Gluais

Cathair na Mart	Westport	aoi speisialta	special guest
cóisir	party	bia	food
go hoifigiúil	officially	deochanna	drinks
ballraíocht	membership	saor in aisce	free

Ceisteanna:
1. Cad a bheidh á oscailt ar an 24 Iúil, 2012?
2. Cá bhfuil an t-ionad spóirt suite?
3. Cé mhéad a chosnóidh an bhallraíocht?
4. Cén aoi speisialta a bheidh ann chun an linn snámha a oscailt?
5. Cad a bheidh saor in aisce ag an gcóisir?

Aois na Glóire 2

Céim 9: Litir

Bhí cluiche ar siúl Dé Sathairn seo caite agus bhí tú ar an bhfoireann. Scríobh litir chuig do pheannchara faoin gcluiche. I do litir, luaigh:

- cathain a bhí an cluiche ar siúl
- an ról a bhí agat ar an bhfoireann
- rud éigin a tharla le linn an chluiche.

---

12 Ascaill na Fuinseoige
Cnoc Mhuirfean
Gaillimh

12 Márta, 2012

A Aindrias,

Cén chaoi a bhfuil tú? Tá súil agam go bhfuil tú i mbarr na sláinte. Abair le do mhuintir go raibh mé ag cur a dtuairisce. Bhí mé ag imirt cluiche sacair Dé Céadaoin seo caite leis an bhfoireann scoile.

Faoi mar is eol duit, is tosaí mé ar an bhfoireann. Thosaigh an cluiche ag a trí a chlog. Bhí slua ollmhór ag an gcluiche. Tar éis cúig nóiméad, **scóráil** mo chara Risteard cúl! Bhí an slua **ar mire**! Ansin, rith imreoir ón bhfoireann eile ar nós na gaoithe i dtreo ár **gcuaillí** agus scóráil sé cúl! **Bhí mo chroí ag dul amach as mo bhéal**!

Nuair a tháinig leatham, bhí na foirne ar comhscór. Chuamar isteach sa **seomra feistis** agus thug ár dtraenálaí **óráid** mhór dúinn. Nuair a ritheamar amach ar an bpáirc sacair, d'imríomar le **neart** agus **crógacht**. Nuair a bhí an liathróid ag mo chara Séamas, rinne imreoir ón bhfoireann eile calaois air! Leag sé go talamh é agus bhuail Séamas a cheann ar an talamh. Bhí an slua ag screadaíl. Thug an réiteoir cárta dearg don imreoir sin agus tugadh Séamas ar **shínteán** chuig seomra an dochtúra.

Sa deireadh, bhuamar an cluiche agus bhí áthas an domhain orainn! Chuamar amach **ag ceiliúradh** an oíche sin.

Scríobh chugam go luath le do nuacht!

Slán go fóill,

Aogán

Gluais

faoi mar is eol duit	as you know	óráid	speech
scóráil	to score	neart	strength
ar mire	crazy	crógacht	bravery
cuaillí	goalposts	sínteán	stretcher
bhí mo chroí ag dul amach as mo bhéal	my heart was in my mouth	sa deireadh	in the end
seomra feistis	changing room	ag ceiliúradh	celebrating

Spórt

Ceisteanna:

1. Cathain a bhí an cluiche ar siúl?
2. Cén áit a bhí ag Aogán ar an bhfoireann?
3. Cad a tharla tar éis cúig nóiméad?
4. Cén scór a bhí ann nuair a tháinig leatham?
5. Cad a tharla do chara Aogáin sa dara leath?
6. Cad a rinne an réiteoir?
7. Cen toradh a bhí ann ag deireadh an chluiche?
8. Cad a rinne Aogán agus a chairde an oíche sin?

Is tusa Lorcán, duine de na daoine óga sna pictiúir thíos. Tá tú ar fhoireann Scoil Iosaf. Scríobh an scéal atá léirithe sa tsraith pictiúr. Is tusa atá ag insint an scéil.

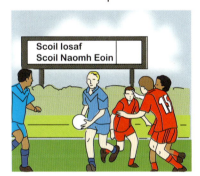

Pictiúr 1

Pictiúr 2

Pictiúr 3

Pictiúr 4

Aois na Glóire 2

Céim 10: Meaitseáil na litreacha leis na huimhreacha

1.	**Ionad spóirt nua ar oscailt** ón a naoi go dtí a sé gach la	A	
2.	**Cluiche Ceannais na hÉireann sa Pheil** ar siúl i bPáirc an Chrócaigh Dé Domhnaigh, 24 Meán Fomhair	B	
3.	**Craobh cispheile na hÉireann** ar siúl i staid Thamhlachta Dé Sathairn, 5 Meitheamh	C	
4.	**Na Cluichí Oilimpeacha i Londain** ticéid ar fáil ar Ticketmaster.ie	D	
5.	**Díolachán saothair** raicéid leadóige, sliotair, liathróidí agus maidí gailf ar díol	E	
6.	**Seomra Feistis na mBuachaillí**	F	
7.	**Corn sacair an domhain!** Ar RTÉ a 2, oíche Dé Sathairn Ag a hocht a chlog	G	
8.	**Cluiche rugbaí: Laighin vs Mumhain** i staid Aviva, 2 a chlog Dé Sathairn, 21 Lúnasa	H	
9.	**Cleachtadh peile** gach Luan ag 5 pm	I	
10.	**Club Seoltóireachta Chionn tSáile** Fáilte roimh bhaill nua	J	

1	2	3	4	5	6	7	8	9	10

Céim 11: Sliocht

Léigh an sliocht thíos agus freagair na ceisteanna a ghabhann leis:

Ronan O'Gara

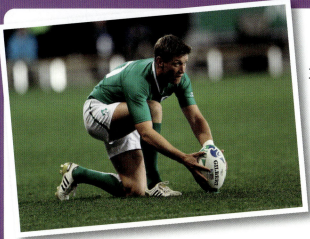

1. Is imreoir rugbaí **den chéad scoth** é Ronan O'Gara. Rugadh Ronan O'Gara i 1977 in San Diego, Meiriceá mar bhí a athair, Fergal, ag obair mar **ollamh bitheolaíochta** in San Diego. D'aistrigh a theaghlach ar ais go Corcaigh nuair a bhí sé óg. D'fhreastail sé ar **Mheánscoil na Toirbhirte** i gCorcaigh agus d'fhreastail sé ar Ollscoil Chorcaí ina dhiaidh sin. Rinne sé staidéar ar **eacnamaíocht gnó** agus bhain sé **céim** agus **máistreacht** amach.

2. Is **leathchúlaí** é Ronan O'Gara ar fhoireann rugbaí Laighean agus ar fhoireann rugbaí na hÉireann. Ba é an duine a scóráil na pointí is mó sna Sé Náisiúin i 2005, 2006 agus 2007.

3. **Chabhraigh** sé go mór **leis** an m**bua** ar an m**Breatain Bheag** chun an 'Grand Slam' a bhuachan i 2009 nuair a scóráil sé cúl ag deireadh an chluiche. Ba é an chéad uair a bhuaigh Éire an 'Grand Slam' le haon bhliain is seasca anuas! Ba é an ceathrú huair a bhuaigh O'Gara agus an fhoireann **an Choróin Thriarach**.

4. I Márta, 2009, thóg Ronan O'Gara áit Johnny Wilkinson mar an t-imreoir a scóráil na pointí is mó sna Sé Náisiúin riamh. Ba é an chéad fhear Éireannach é chun **níos mó ná** míle pointe a scóráil i gcluichí idirnáisiúnta. Tharla sin i 2011.

5. Phós Ronan a chailín Jessica Daly i 2006 agus sheol sé a **dhírbheathaisnéis** 'Ronan O'Gara: my Autobiography' i 2008. Tá triúr leanaí aige anois — **cúpla, mac** agus **iníon darb ainm** Molly agus Rory, agus mac níos óige darb ainm J.J.

Aois na Glóire 2

Gluais

den chéad scoth	first class	bua	victory
ollamh	professor	an Bhreatain Bheag	Wales
bitheolaíocht	biology	An Chóróin Triarach	The Triple Crown
Meánscoil na Toirbhirte	Presentation Secondary School	níos mó ná	more than
eacnamaíocht gnó	business economics	i gcoinne	against
céim	degree	dírbheathaisnéis	autobiography
máistreacht	masters	mac	son
leathchúlaí	half-back	iníon	daughter
cabhraigh le	to help	darb ainm	by the name of

Ceisteanna:

1. Cár rugadh Ronan O'Gara?
2. Cad is ainm don scoil ar fhreastail sé uirthi?
3. Cad a rinne sé san ollscoil?
4. Cé na foirne a n-imríonn O'Gara orthu?
5. Cén áit atá aige ar na foirne sin?
6. Conas a chabhraigh sé le foireann na hÉireann na Sé Náisiún a bhuachan sa chluiche i gcoinne na Breataine Bige?
7. Cén éacht (*achievement*) a bhain sé amach i 2011?
8. Cathain a phós sé a bhean chéile?
9. Cad is ainm dá leanaí?
10. Cad is ainm don leabhar a scríobh sé?

Céim 12: Athbhreithniú ar Aonad 4

A: Cuir Gaeilge ar na habairtí seo a leanas:

1. I love sport, especially soccer.
2. I am a defender on the team.
3. I train three times a week.
4. We take part in a hockey league every year.
5. Our school won the All-Ireland Championship last year.
6. Mary goes swimming in the local swimming pool every Saturday.
7. Seán is a member of the local golf club.
8. There are many advantages associated with sport.
9. You learn social skills and team skills when you play sport.
10. Manchester United won the match last night.

B: Líon isteach an greille thíos:

An phearsa spóirt is fearr liom

Ainm: _____

Sloinne: _____

Aois: _____

Cad as dó / di?: _____

Dath na súl: _____

Dath na gruaige: _____

An spórt: _____

Na gradaim atá buaite aige / aici: _____

Aonad 5

Ceol

Céim 1: Focail a bhaineann le ceol — 110
Céim 2: Cleachtadh cainte agus obair bheirte — 112
Céim 3: Achoimre ar an Aimsir Fháistineach — 114
Céim 4: Teachtaireacht ríomhphoist: Samplaí — 116
Céim 5: Sliocht: 'Lady Gaga' — 120
Céim 6: Fógra fada — 121
Céim 7: Alt / Cuntas: 'Ceolchoirm' — 122
Céim 8: Meaitseáil na litreacha leis na huimhreacha — 124
Céim 9: Sliocht: 'Justin Bieber' — 125
Céim 10: Athbhreithniú ar Aonad 5 — 126

Féach ar thriail a cúig (lch 320)

Aois na Glóire 2

Céim 1:

Focail a bhaineann le ceol

ceol traidisiúnta	traditional music (Irish)
ceol tíre	folk music
ceol clasaiceach	classical music
snagcheol	jazz
ceol tuaithe	country music (American)
rithim agus gormacha	rhythm and blues
popcheol	pop music
rac-cheol	rock music
miotal trom	heavy metal
rapcheol	rap music

Gléasanna ceoil

pianó	piano	vióla	viola
giotár	guitar	dordveidhil	cello
na drumaí	the drums	olldord	double bass
sacsafón	saxophone	cruit / cláirseach	harp
méarchlár	keyboard	cláirnéid	clarinet
giotár leictreach	electric guitar	óbó	oboe
dordghiotár	bass guitar	basún	bassoon
an fheadóg stáin	the tin whistle	trumpa	trumpet
bainseó	banjo	trombón	trombone
an fhliúit	the flute	tiúba	tuba
an veidhlín / an fhidil	the violin / the fiddle	corn francach	french horn

Meaitseáil na pictiúir leis na hainmneacha

A	pianó
	giotár
	veidhlín / fidil
	óbó
	an fhliúit
	bainseó
	na drumaí

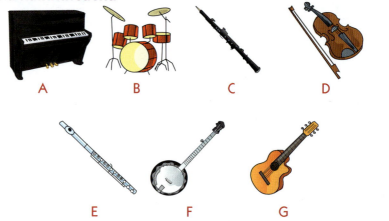

A   B   C   D

E   F   G

Ceol

Tuilleadh téarmaí a bhaineann le ceol

amhrán	song	lipéad	label
amhránaí	singer	léiritheoir ceoil	music producer
glór /guth	voice	innealtóir fuaime	sound engineer
can / cas	to sing	ceolfhoireann	orchestra
port	tune	ceolfhoireann shiansach	symphony orchestra
liricí	lyrics		
comhcheol	harmony	an Ceoláras Náisiúnta	the National Concert Hall
cór	choir		
seinn	to play (music)	ceoldráma	an opera
seinn ar	to play (an instrument)	ceolsiamsa	a musical
banna	band	cumadóir	composer
banna tacaíochta	support band	léiriú	performance
bainisteoir	manager	trialacha	auditions
ceirneoir	DJ	moltóir	adjudicator, judge
comhlacht taifeadta	recording company / record company	lucht leanúna	followers, fans
		lucht féachana / lucht éisteachta	audience
dlúthcheirnín / dlúthdhiosca	CD		

Briathra úsáideacha san aimsir láithreach a bhaineann le ceol

seinnim	I play		seinntear ceol	music is played
seinneann tú	you play		seinnim sa cheolfhoireann	I play in the orchestra
seinneann sé / sí	he / she plays		seinnimid i mbanna	we play in a band
seinnimid	we play			
seinneann sibh	you play			
seinneann siad	they play			

canaim sa chór	I sing in the choir
cantar an t-amhrán sin gach oíche	that song is sung every night

Aois na Glóire 2

Cuir Gaeilge ar na habairtí seo a leanas:
1. I play the guitar.
2. We play in the school orchestra.
3. They play in a band.
4. I love watching *The X Factor*.
5. We sing in the choir.
6. We love watching *The X Factor*.
7. My favourite judge on *The X Factor* is Gary Barlow.
8. I love musicals.
9. I often go to the National Concert Hall with my family.
10. Síle plays the violin.

Céim 2: Cleachtadh cainte agus obair bheirte

Comhrá samplach

Múinteoir: An maith leat ceol?

Seoirse: Is aoibhinn liom ceol.

Múinteoir: Cén saghas ceoil is fearr leat?

Seoirse: Is fearr liom rac-cheol agus ceol traidisiúnta.

Múinteoir: Cé hé an banna is fearr leat?

Seoirse: Is é 'The Script' an banna is fearr liom. Tá glór breá ag an b**príomhamhránaí**. Tá an banna go hiontach ar **an stáitse** agus is ceoltóirí iontacha iad. **Chomh maith leis sin** scríobhann siad a gcuid amhrán féin. Is é Séamas Begley an ceoltóir traidisiúnta is fearr liom. Is breá liom bheith ag éisteacht le ceol ar m'iPod.

Múinteoir: An ndeachaigh tú chuig ceolchoirm riamh?

Seoirse: Chuaigh mé chuig ceolchoirm le Snowpatrol san O2. Bhí siad **dochreidte**. Bhí na ticéid **daor**, ach **b'fhiú iad**. Bhain mé taitneamh as an oíche.

Múinteoir: An seinneann tú gléas ceoil tú féin?

Seoirse: Seinnim. Táim ag foghlaim an bhosca ceoil agus an bhainseó le seacht mbliana anuas. Tá grúpa traidisiúnta againn ar scoil agus seinnim leo.

Múinteoir: An raibh tú i gcomórtas ceoil riamh?

Seoirse: Bhí. **Ghlac mé páirt** sa **Fhleá Cheoil** i Lios Tuathail anuraidh agus bhuaigh mé an chéad áit sa chomórtas bainseó. Bhí bród an domhain ar mo thuismitheoirí agus bhí áthas orm.

Ceol

Múinteoir: An bhféachann tú ar chláir cheoil ar an teilifís?

Seoirse: Féachaim. Is fuath liom *The X Factor* mar ní maith liom Simon Cowell. Thug mé mo vóta do *Rage against the Machine* ar Facebook cúpla bliain ó shin nuair a bhí siad ag iarraidh uimhir a haon a bhaint amach i g**cairteacha** na Nollag **i gcoinne** *The X Factor*. Is breá liom féachaint ar chláir cheoil, mar shampla an clár *Imeall* ar TG4.

Múinteoir: An gceannaíonn tú **dlúthdhioscaí** go minic?

Seoirse: Ní cheannaím dlúthdhioscaí ach **íoslódálaim** amhráin ón Idirlíon ar m'iPod.

Múinteoir: Go hiontach ar fad. **Go raibh maith agat as ucht caint liom** a Sheoirse. Slán leat.

Seoirse: Slán agat.

Gluais

príomhamhránaí	main singer	fleá cheoil	musical festival
stáitse / ardán	stage	cairteacha	charts
chomh maith leis sin	as well as that	i gcoinne	against
dochreidte	unbelievable	dlúthdhioscaí	CDs
daor	expensive	íoslódáil	to download
b'fhiú iad	they were worth it	go raibh maith agat as ucht caint liom	thank you for talking to me
glac páirt i	take part in		

Cuir na ceisteanna seo a leanas ar an duine in aice leat:
1. An maith leat ceol?
2. Cén saghas ceoil is fearr leat?
3. Cé hé an phearsa cheoil / an banna is fearr leat?
4. An bhfaca tú an duine sin / an banna sin i gceolchoirm riamh?
5. An seinneann tú gléas ceoil?
6. An gcanann tú i gcór na scoile nó i mbanna?
7. An seinneann tú i gceolfhoireann na scoile, nó an bhfuil tú ag freastal ar ranganna ceoil?
8. An bhfuil ceol tábhachtach i do shaol? Cén fáth?
9. An bhféachann tú ar chláir cheoil? Cé na cláir?
10. An éisteann tú le ceol ar iPod nó ar raidió cluaise?
11. An gceannaíonn tú dlúthdhioscaí, nó an ndéanann tú ceol a íoslódáil ón idirlíon?

Céim 3: Achoimre ar an Aimsir Fháistineach

An Chéad Réimniú

Briathra a bhfuil siolla amháin iontu agus briathra a bhfuil dhá shiolla iontu agus síneadh fada ar an dara siolla atá sa chéad réimniú.

Is iad na foircinn seo a leanas a chuirimid le briathra an chéad réimniú san aimsir fháistineach:

Féach ar na nótaí ar an aimsir fháistineach in aonad 10, leathanach 259.

Más consan leathan é consan deiridh an bhriathair	Más consan caol é consan deiridh an bhriathair
–faidh mé	–fidh mé
–faidh tú	–fidh tú
–faidh sé / sí	–fidh sé / sí
–faimid	–fimid
–faidh sibh	–fidh sibh
–faidh siad	–fidh siad
–far	–fear

⭐ Mar shampla

glanfaidh mé	coimeádfaidh mé	cuirfidh mé	tiomáinfidh mé
glanfaidh tú	coimeádfaidh tú	cuirfidh tú	tiomáinfidh tú
glanfaidh sé / sí	coimeádfaidh sé / sí	cuirfidh sé / sí	tiomáinfidh sé / sí
glanfaimid	coimeádfaimid	cuirfimid	tiomáinfimid
glanfaidh sibh	coimeádfaidh sibh	cuirfidh sibh	tiomáinfidh sibh
glanfaidh siad	coimeádfaidh siad	cuirfidh siad	tiomáinfidh siad
glanfar	coimeádfar	cuirfear	tiomáinfear

An fhoirm dhiúltach

Más briathar é a bhfuil consan mar thús leis	Más briathar é a bhfuil guta mar thús leis
ní + *séimhiú*	ní

⭐ Mar shampla

ní ghlanfaidh mé	**ní** ólfaidh mé

An fhoirm cheisteach

Más briathar é a bhfuil consan mar thús air	Más briathar é a bhfuil guta mar thús air
an + *urú*	an

⭐ Mar shampla

an nglanfaidh tú?	**an** ólfaidh tú?

An Dara Réimniú

Briathra a bhfuil dhá shiolla iontu agus a bhfuil **–igh**, **–il**, **–in**, **–ir** nó **–is** mar chríoch orthu (chomh maith le grúpa beag eile) atá sa dara réimniú.

1. Maidir leis na briathra a bhfuil **–igh** nó **–aigh** mar chríoch orthu, bainimid an chríoch sin chun an fhréamh a fháil.
2. Maidir leis na briathra a bhfuil **–il** nó **–ail**, **–in** nó **–ain**, **–ir** nó **–air** nó **–is** mar chríoch orthu, bainimid an **i** nó an **ai** chun an fhréamh a fháil.

Ansin, cuirimid na foircinn seo a leanas leis an bhfréamh san aimsir fháistineach:

Más consan leathan é consan deiridh na fréimhe	Más consan caol é consan deiridh na fréimhe
–óidh mé	–eoidh mé
–óidh tú	–eoidh tú
–óidh sé / sí	–eoidh sé / sí
–óimid	–eoimid
–óidh sibh	–eoidh sibh
–óidh siad	–eoidh siad
–ófar (saorbhriathar)	–eofar (saorbhriathar)

⭐ **Mar shampla**

ceannóidh mé	osclóidh mé	baileoidh mé	imreoidh mé
ceannóidh tú	osclóidh tú	baileoidh tú	imreoidh tú
ceannóidh sé / sí	osclóidh sé / sí	baileoidh sé / sí	imreoidh sé / sí
ceannóimid	osclóimid	baileoimid	imreoimid
ceannóidh sibh	osclóidh sibh	baileoidh sibh	imreoidh sibh
ceannóidh siad	osclóidh siad	baileoidh siad	imreoidh siad
ceannófar	osclófar	baileofar	imreofar

An fhoirm dhiúltach

Más briathar é a bhfuil consan mar thús leis	Más briathar é a bhfuil guta mar thús leis
ní + *séimhiú*	**ní**

 Mar shampla

ní thosóidh mé	**ní** imreoidh mé

Aois na Glóire 2

An fhoirm cheisteach

Más briathar é a bhfuil consan mar thús leis	Más briathar é a bhfuil guta mar thús leis
an + *urú*	**an**

⭐ **Mar shampla**

an dtosóidh tú?	**an** imreoidh tú?

Foghlaim na briathra neamhrialta ar leathanach 266.

Céim 4: Teachtaireacht ríomhphoist: Samplaí

Ag tabhairt cuiridh

Is tusa Liam sna pictiúir thíos. Ba mhaith leat cuireadh a thabhairt do do chara Áine dul go ceolchoirm san O2 oíche Dhomhnaigh seo chugainn. Cuir **teachtaireacht ríomhphoist** chuig do chara ag tabhairt cuiridh d'Áine.

Pictiúr 1
Chonaic tú fógra ar an teilifís ag fógairt na ceolchoirme

Pictiúr 2
Chuardaigh tú praghas na dticéad

Pictiúr 3
Teach Áine

Pictiúr 4
Teachtaireacht ríomhphoist

Ceol

Luaigh i do **theachtaireacht:**
- cá bhfaca tú an fógra don cheolchoirm
- cá bhfaca tú praghas na dticéad
- cathain agus cén áit a bheidh an cheolchoirm ar siúl.

Teachtaireacht ríomhphoist

A Áine, a chara

Chonaic mé fógra ar an teilifís **le haghaidh** ceolchoirme le 'Kings of Leon'. Beidh an cheolchoirm ar siúl san O2 Dé Domhnaigh seo chugainn an 25 Feabhra. Beidh sí ag tosú ag leathuair tar éis a naoi. D'fhéach mé ar **shuíomh** Ticketmaster ar an **Idirlíon** agus cosnaíonn na ticéid caoga euro. Thug mé cuairt ar do theach **níos luaithe** ach ní raibh aon duine sa bhaile. Ba bhreá liom dul ann, ar mhaith leat teacht in éineacht liom? Tabharfaidh mo mham **síob** dúinn. Cuirfidh mé glao ort **níos déanaí**.

Slán tamall

Do chara

Liam

Gluais

le haghaidh	for	níos luaithe	earlier
suíomh	site	síob	a lift
Idirlíon	Internet	níos déanaí	later

Ceisteanna:
1. Cá bhfaca Liam an fógra le haghaidh na ceolchoirme?
2. Cén banna atá i gceist?
3. Cé mhéad a chosnaíonn na ticéid?
4. Cad a dhéanfaidh a Mham?
5. Cad a dhéanfaidh Liam níos déanaí?

Ag glacadh le cuireadh

Is tusa Áine sna pictiúir thíos. Fuair tú cuireadh dul chuig ceolchoirm a bheidh ar siúl san amharclann O2 oíche Dhomhnaigh seo chugainn. Cuir **teachtaireacht ríomhphoist** chuig do chara ag glacadh leis an gcuireadh sin.

Pictiúr 1
Ag déanamh obair bhaile

Pictiúr 2
Cuireadh chuig ceolchoirm

Pictiúr 3
Teachtaireacht ríomphoist

Pictiúr 4
Ag baint taitnimh as an gceolchoirm

Luaigh i do **theachtaireacht**:
- cad a bhí ar siúl agat sa seomra suí
- cad a tharla ansin
- tá tú sásta glacadh leis an gcuireadh.

Ceol

Teachtaireacht ríomhphoist

A Liam, a chara

Tá brón orm nach raibh mé sa bhaile níos luaithe — bhí mé ag siopadóireacht le mo Mham. Fuair mé do theachtaireacht ríomhphoist ar maidin. Go raibh míle maith agat. Bhí mé ag déanamh obair bhaile sa seomra suí nuair a fuair mé do theachtaireacht ríomhphoist ar m'I-fón. Bhí áthas an domhain orm nuair a léigh mé do chuireadh. **Táim an-bhuíoch duit**. Ba bhreá liom dul go dtí an cheolchoirm ... d'iarr mé ar mo Mham agus dúirt sí go bhfuil cead agam dul. **Cuirfidh mé glao ort** amárach agus feicfidh mé thú Dé Domhnaigh mar sin ag mo theach. Tabhair mo bhuíochas do do Mham as an tsíob. **Táim ag tnúth go mór leis** an gceolchoirm — beidh an-chraic againn!

Slán go fóill!

Do chara buan,
Áine.

Gluais

tá brón orm	I am sorry
táim an-bhuíoch duit	I am very grateful to you
cuirfidh mé glao ort	I will ring you
táim ag tnúth go mór leis	I am greatly looking forward to it

Ceisteanna:
1. Cathain a fuair Áine an teachtaireacht ó Liam?
2. Cén saghas fóin atá ag Áine?
3. An nglacann Áine le cuireadh Liam?
4. Cad a dhéanfaidh Áine amárach?
5. Cathain a fheicfidh sí Liam?

Aois na Glóire 2

Céim 5: Sliocht

Lady Gaga

1. **Baist**eadh an t-amhránaí Lady Gaga mar Stefani Joanne Angelica Germanotta nuair a rugadh í i 1986 i Nua-Eabhrac, Meiriceá. Is amhránaí agus **scríbhneoir** popcheoil í. Canann sí, scríobhann sí amhráin agus seinneann sí ar an bpianó.

2. **Sheol** sí a halbam *The Fame* i 2008 agus bhí **mórchnag** aici leis na singlí *Just Dance* agus *Poker Face*. **Shroich** a halbam uimhir a haon **sna cairteacha** i sé thír ar fud an domhain. I 2009, chuir sí amach an dara halbam *The Fame Monster* agus bhí an-**rath** ar an albam sin chomh maith. Chuir sí amach a halbam *Born this Way* i 2011 agus shroich an t-albam **barr** na gcairteacha ar fud an domhain arís.

3. Spreag amhránaithe amhail Freddy Mercury agus David Bowie í, chomh maith le ceoltóirí **amhail** Madonna agus Michael Jackson. Tá faisean agus éadaí an-**tábhachtach** di agus tá **tionchar** mór ag Grace Jones agus ag Madonna uirthi **maidir le**na stíl faisin.

4. Bíonn Lady Gaga **i mbéal an phobail** go minic mar caitheann sé **feistis aisteacha neamhghnácha**. Uair amháin, chaith sí gúna déanta d'fheoil! **Déistineach** — nach ea? Is bean ghnó **chliste** í agus tá a fhios aici conas **aird** an phobail a fháil.

5. Leis sin, tá mórán **gradam** buaite aici, ina measc cúig ghradam ag *The Grammys*. Tá timpeall dhá mhilliún is fiche d'albaim díolta aici go dtí seo agus bhuaigh sí an teideal *Artist of the Year* i 2011.

Gluais

baist	to baptise	tionchar	influence
scríbhneoir	writer	maidir le	with regard to
seol	to launch	i mbéal an phobail	being talked about
mórchnag	big hit	feistis	outfits
sroich	to reach	aisteach	strange
cairteacha	charts	neamhghnách	unusual
rath	success	déistinach	disgusting
barr	top	cliste	clever
amhail	like, such as	aird	attention
tábhachtach	important	gradam	award

Ceisteanna:
1. Cén t-ainm a bhí ar Lady Gaga nuair a baisteadh í i 1986? **(Alt 1)**
2. Conas a d'éirigh lena céad albam sna cairteacha? **(Alt 2)**
3. Cé na ceoltóirí agus na hamhránaithe a spreag Lady Gaga? **(Alt 3)**
4. Cén fáth a mbíonn Lady Gaga i mbéal an phobail go minic? **(Alt 4)**
5. Cén saghas gradam atá buaite aici go dtí seo? **(Alt 5)**

Céim 6: Fógra fada

Féile Lios Tuathail 2012
Lios Tuathail, Co. Chiarraí, 03-06 Deireadh Fómhair

Dé Luain
6:00 p.m.   Oscailt oifigiúil na féile in Ionad an tSeanchaí le Jimmy Deenihan, Aire Ealaíon agus na Gaeltachta
8:00 p.m.   Dráma: *The Field* le John B. Keane san amharclann

Dé Máirt
5:30 pm   Léacht filíochta ag an bhfile Brendan Kennelly in Ionad an tSeanchaí
8:00 pm   Oíche amhránaíochta ar an Sean-Nós in Óstán na Sionainne

Dé Céadaoin
6:00 pm   Céilí do dhéagóirí in Óstán na hAbhann
8:00 pm   Ceolchoirm le ceoltóirí traidisiúnta mór le rá de chéin is de chóngar

Déardaoin
6:00 pm   Díospóireacht: 'Cad tá i ndán d'amhránaíocht ar an sean-nós?' i dTigh Uí Shé
8:00 pm   Comórtas scríbhneoireachta in Ionad an tSeanchaí

Ceisteanna:
1. Cén polaiteoir cáiliúil a bheidh i láthair Dé Luain? Cad a bheidh ar siúl aige?
2. Is breá leat ceol. Luaigh dhá rud a bheidh ar siúl duit le linn Fhéile 2012.
3. Luaigh dhá imeacht a bhainfidh le filíocht agus scríbhneoireacht.

Céim 7: Alt / Cuntas: Ceolchoirm

Is tusa Aoife nó Nuala, duine de na daoine óga sna pictiúir thíos. Scríobh an sceal atá leírithe sa tsraith pictiúr. Is tusa atá ag insint an scéil.

Pictiúr 1

Pictiúr 2

Pictiúr 3

Pictiúr 4

Ceol

Ceolchoirm

An samhradh seo caite chuaigh mé go ceolchoirm *Snowpatrol*. Bhí an cheolchoirm ar siúl sa RDS i mBaile Átha Cliath. Chuamar ann maidin Sathairn ar an traein. Fuaireamar tacsaí ón stáisiún traenach go hóstán Bewleys.

Bhí an t-óstán dochreidte agus bhí sé suite díreach in aice leis an RDS. Thosaigh an cheolchoirm ar a seacht a chlog tráthnóna Dé Domhnaigh.

Bhí an banna ceoil *Royseven* ag seinm ann ar feadh uair an chloig. Bhí siad ar fheabhas. Ansin tháinig **baill** *Snowpatrol* amach ar an stáitse. Bhí atmaisféar leictreach **le brath**.

Thosaigh siad ag canadh na seanamhrán ar dtús agus ansin cúpla amhrán ón albam nua. Bhí gach duine ag canadh **in ard a gcinn is a ngutha** agus **ag luascadh anonn is anall** leis an gceol.

Thóg Gary Lightbody duine amháin ón **slua** ar an ardán leis. Ba bheag nár bhuail **taom croí** an duine sin. Chríochnaigh an cheolchoirm ar a haon déag a chlog. D'itheamar béile breá i mbialann dheas a bhí suite **cóngarach don** óstán. Bhí mé **tuirseach traochta** an tráthnóna sin agus **chodail mé go sona sámh** an oíche sin.

Gluais

baill	members	slua	crowd
le brath	to be felt	taom croí	heart attack
in ard a gcinn is a ngutha	at the top of their voices	cóngarach do	near
ag luascadh	swaying	tuirseach traochta	exhausted
anonn is anall	back and forth	chodail mé go sona sámh	I slept happily and soundly

Ceisteanna:

1. Cá raibh an cheolchoirm ar siúl?
2. Conas a thaistil Aoife agus Nuala go Baile Átha Cliath?
3. Cén banna a bhí ag seinm?
4. Cén banna a bhí ag tacú leo?
5. Cad a rinne Aoife agus Nuala tar éis na ceolchoirme?

Aois na Glóire 2

Céim 8: Meaitseáil na litreacha leis na huimhreacha

1.	Teach Lóistín na Mara Bricfeasta den chéad scoth €40 san oíche	A	
2.	Seó Faisin In Óstán na Páirce Dé Sathairn ag a hocht	B	
3.	Teach Tábhairne Uí Shé ar díol Cuir glao ar 061 234574	C	
4.	Siopa éadaigh Bhean Uí Neachtáin Sladmhargadh ag tosú amárach!	D	
5.	An Ceoldráma 'Hairspray' Ar siúl anocht i Scoil Naomh Peadar Ag tosú ag a hocht a chlog anocht!	E	
6.	Cuir ort do chrios sábhála!	F	
7.	Seoladh Leabhar Filíochta Dánta Mhuiris Ó Sé Ar siúl anocht in Óstán na Trá ag a hocht	G	
8.	Teach Saoire ar cíos I nGaeltacht Chonamara €400 in aghaidh na seachtaine	H	
9.	Ranganna Rince Latino I halla an phobail Gach Luan ag a hocht a chlog	I	
10.	Aire! Bóthar sleamhain! Tiomáin go mall	J	

1	2	3	4	5	6	7	8	9	10

Gluais

teach lóistín	B & B	seoladh	launch
seó faisin	fashion show	ar cíos	for rent
ar díol	for sale	halla an phobail	community hall
sladmhargadh	sale	aire	attention
ceoldráma	musical	sleamhain	slippy

Ceol

Céim 9: Sliocht

Justin Bieber

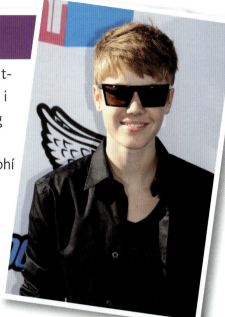

Rugadh Justin Drew Bieber ar an aonú lá de mhí an Mhárta 1994. Is as Stratford, Ontario i gCeanada é. Is amhránaí popcheoil é Justin. Bhí **suim** mhór aige i haca, i sacar agus i bh**ficheall** nuair a bhí sé óg. D'fhoghlaim sé an giotár, an pianó, an **trumpa** agus na drumaí a sheinm nuair a bhí sé ag éirí aníos. Chuir a Mham **físeáin** de Justin ag canadh suas ar Youtube. Chan sé amhráin rithim agus gormacha agus thaitin na físeáin le go leor daoine.

Bhí glór iontach aige agus bhí sé go hiontach ag damhsa. Chonaic fear **darb ainm** Scooter Braun an físeán. Thosaigh Scooter Braun ag obair do Justin mar **bhainisteoir** agus bhuail an bheirt acu le Usher. Le **cabhair** ó Usher agus Scooter Braun, fuair Bieber **conradh taifeadta** le Island Records.

D'eisigh Justin an t-amhrán *One Time* i 2009. Bhí **cnag** ag Justin leis an amhrán sin agus bhí an t-amhrán sna **cairteacha** ar fud an domhain. D'**eisigh** sé an t-albam *My World* i 2009.

I 2010, d'eisigh Bieber an t-albam *My World 2.0*. Shroich sé uimhir a haon sna cairteacha. I 2011, ghlac Bieber páirt i scannán faoina shaol darbh ainm *Justin Bieber: Never Say Never*. Is amhránaí an-**rathúil** é Justin Bieber.

Gluais

suim	interest	cabhair	help
ficheall	chess	conradh taifeadta	recording contract
trumpa	trumpet	cnag	hit
físeán	video	cairteacha	charts
darb ainm	by the name of	eisigh	to issue
bainisteoir	manager	rathúil	successful

Ceisteanna:

1. Cathain a rugadh Justin Bieber?
2. Cad as dó?
3. Cé na huirlisí ceoil a sheinn sé?
4. Cad a chuir a Mham ar Youtube?
5. Cad is ainm do bhainisteoir Justin?
6. Cad is ainm don albam a d'eisigh Justin i 2009?
7. Cén albam a d'eisigh sé i 2010?
8. Cén scannán a rinne se i 2011?

Céim 10: Athbhreithniú ar Aonad 5

A: Freagair na ceisteanna seo a leanas:

1. Cén saghas ceoil is fearr leat?
2. Cé hé an t-amhránaí is fearr leat?
3. Cé hé an banna ceoil is fearr leat?
4. An ndeachaigh tú go ceolchoirm riamh?
5. Déan cur síos ar an gceolchoirm sin.
6. Cathain a bhí sí ar siúl?
7. Cá raibh sí ar siúl?
8. Cé a bhí ag canadh?
9. Cé na huirlisí ceoil a bhí sa bhanna?
10. Conas a bhí an t-atmaisféar?
11. An gcanann tú nó an seinneann tú ceol?
12. An íoslódálann tú ceol ón Idirlíon?
13. An gceannaíonn tú dlúthcheirníní sa siopa ceoil?

B: Líon isteach an ghreille thíos.

An Phearsa Cheoil is fearr leat

Ainm: _____

Dath na Súl: _____

Dath Gruaige: _____

Cad as don duine sin?: _____

Eolas faoi theaghlach an amhránaí: _____

An t-amhrán is fearr leat: _____

An t-albam is fearr leat: _____

A stíl faisin: _____

Gradaim buaite ag an duine sin: _____

Aonad 6

Na meáin chumarsáide, scannáin agus leabhair

Céim 1: Focail agus nathanna a bhaineann leis na meáin chumarsáide — 128

Céim 2: Caitheamh aimsire — 128

Céim 3: Focail agus nathanna a bhaineann le scannáin — 129

Céim 4: Sliocht: 'Scannáin agus an phictiúrlann' — 131

Céim 5: Teachtaireacht ríomhphoist: Ag scríobh teachtaireacht ríomhphoist chuig Mam — 132

Céim 6: Cineálacha leabhar — 133

Céim 7: Fógra — 133

Céim 8: Sliocht: 'An Leabhar is fearr liom' — 134

Céim 9: Cláir theilifíse — 135

Céim 10: Léamhthuiscintí — 137

Céim 11: Pointe gramadaí — 138

Céim 12: Meaitseáil na litreacha leis na huimhreacha — 139

Céim 13: Athbhreithniú ar Aonad 6 — 140

Féach ar thriail a sé (lch 325)

Aois na Glóire 2

Céim 1: Focail agus nathanna a bhaineann leis na meáin chumarsáide

iris	magazine	suíomh Idirlín	internet site
nuachtán	newspaper	iriseoir	journalist
an teilifís	the television	láithreoir	presenter
an raidió	the radio	léiritheoir	producer
an tIdirlíon	the Internet	stiúrthóir	director
an Gréasán Domhanda	The World-Wide Web	scríbhneoir	writer

Céim 2: Caitheamh aimsire

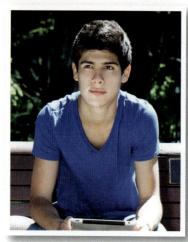

Is mise Aogán. **Taitníonn cluichí ríomhaire** go mór **liom**. Is é an cluiche is fearr liom ná 'Medal of Honour'.

Is mise Síle. Freastalaím ar ranganna drámaíochta. Is í an ban-aisteoir is fearr liom ná Eva Mendes.

Haigh! Méadhbh is ainm dom. Is breá liom bheith ag léamh. Is fearr liom **leabhair rómánsúla**.

Dia daoibh! Séamas an t-ainm atá orm. Is aoibhinn liom bheith ag féachaint ar an teilifís. Is fearr liom cláir spóirt.

Na meáin chumarsáide, scannáin agus leabhair

Dia daoibh! Is mise Cillian. Is aoibhinn liom **teicneolaíocht** agus bheith ag caint ar Facebook le mo chairde.

Máire is ainm dom. Téim go dtí an club óige go minic. Bíonn go leor **imeachtaí** ar siúl sa chlub i gcónaí agus bainim taitneamh as!

Gluais

taitin le	to enjoy	leabhair rómánsúla	romantic books
cluichí ríomhaire	computer games	teicneolaíocht	technology
ban-aisteoir	actress	imeachtaí	events

Ceisteanna:

1. Cén caitheamh aimsire a thaitníonn le hAogán?
2. Cad is ainm don bhan-aisteoir is fearr le Síle?
3. Cén saghas leabhar is fearr le Méadhbh?
4. Cén saghas clár is fearr le Séamas?
5. Cad a dhéanann Cillian ar Facebook?

Céim 3: Focail agus nathanna a bhaineann le scannáin

scannáin uafáis	horror films
scannáin rómánsúla	romantic films
scannáin eachtraíochta	action films
scannáin ficsean eolaíochta	science fiction films
scannáin ghrinn	comedy films
scannáin bhleachtaireachta	detective films
scannáin eipice	epic films

Aois na Glóire 2

Focail agus frásaí a bhaineann le scannáin

aisteoir	actor
aisteoireacht	acting
réalt scannáin	film star
na pearsana	the characters
an phríomhphearsa	the main character
an phríomhpháirt	the main role
an léiritheoir	the producer
maisíocht	special effects
tá an scannán bunaithe ar . . . / bunaíodh an scannán ar . . .	the film is based on . . .
an scéal	the plot, story

Cuir Gaeilge ar na habairtí seo a leanas:
1. I love romantic films.
2. The plot of the film is very good.
3. The special effects in 'Transformers' are excellent.
4. The film is based on a true story.
5. She hates science fiction films.
6. The main character in the film is a young girl.
7. The acting in that film is excellent.
8. Seán likes funny films.

Na meáin chumarsáide, scannáin agus leabhair

Céim 4: Sliocht

Scannáin agus an phictiúrlann

Is aoibhinn liom dul go dtí an phictiúrlann le mo chairde. Téim **uair sa mhí** go dtí an **phictiúrlann áitiúil** i Stigh Lorgan, Co. Bhaile Átha Cliath. Is fearr liom scannáin ghrinn.

Chonaic mé an scannán *Horrible Bosses* Dé Sathairn seo caite. Cheannaigh mé féin agus mo chara **grán rósta** agus **deochanna** sular thosaigh an scannán. Chosnaigh na ticéid ocht euro. Thosaigh an scannán ag a hocht a chlog agus **mhair** sé **uair go leith**.

Bhí an aisteoireacht ar fheabhas sa scannán agus ghlac a lán **aisteoirí mór le rá** páirt sa scannán, ina measc Kevin Spacey, Colin Farrell agus Jennifer Aniston. Bhí scéal an scannáin **bunaithe ar** thriúr fear a bhí ag obair do dhaoine gránna. Bhí **bulaíocht** ar siúl san **áit oibre** i gcás na dtriúr fear. Bhí an triúr ag iarraidh na **daoine gránna** a mharú! Chuaigh a bpleananna ar strae, **afách**. Bhí an scannán **an-ghreannmhar** ar fad. Bhain mé taitneamh as. Is aoibhinn liom scannáin!

Gluais

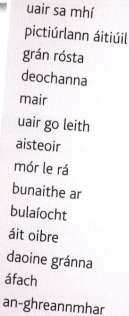

uair sa mhí	once a month
pictiúrlann áitiúil	local cinema
grán rósta	popcorn
deochanna	drinks
mair	to last
uair go leith	an hour and a half
aisteoir	actor
mór le rá	famous
bunaithe ar	based on
bulaíocht	bully
áit oibre	workplace
daoine gránna	horrible people
afách	however
an-ghreannmhar	very funny

Ceisteanna:
1. Cá dtéann Clíona go dtí an phictiúrlann?
2. Cén saghas scannán is fearr le Clíona?
3. Cad a cheannaigh Clíona sular thosaigh an scannán?
4. Cén scannán a chonaic sí Dé Sathairn seo caite?
5. Cá fhad a mhair an scannán?
6. Cé na haisteoirí mór le rá a bhí sa scannán?
7. Cén saghas scéil a bhí sa scannán?
8. Cé mhéad a chosnaigh na ticéid?

Céim 5: Teachtaireacht ríomhphoist: Ag scríobh teachtaireacht ríomhphoist chuig Mam

Is tusa Lísa sna pictiúir thíos. Faigheann tú cuireadh ó do chara Máire dul go dtí an phictiúrlann. Tá do Mham ag obair agus seolann tú teachtaireacht ríomhphoist chuici.

Pictiúr 1
Lísa ag déanmah obair bhaile

Pictiúr 2
Cuireann Máire glao ar Lísa

Pictiúr 3
Teachtaireacht ríomhphoist

Pictiúr 4
Lísa agus Máire ag an bpictiúrlann

Luaigh i do **theachtaireacht**:
- Cad a bhí á dhéanamh agat (**Pictiúr 1**)
- Cad a tharla ansin (**Pictiúr 2**)
- Cá bhfuil sibh imithe agus cad tá ar siúl agaibh (**Pictiúr 4**)

Teachtaireacht ríomhphoist

A Mham,

Bhí mé ag déanamh obair bhaile níos luaithe nuair a chuir mo chara Máire glao orm. Thug sí cuireadh dom dul go dtí an phictiúrlann léi. Tá a fhios agam go bhfuil tú ag obair go dtí a seacht.

Táim imithe go dtí an phictiúrlann anois chun bualadh le Máire. Tá an scannán ag tosú ar a seacht a chlog. Beidh mé ar ais níos déanaí ag leathuair tar éis a naoi. Feicfidh mé ar ball thú.

Slán!
D'iníon dhil,
Lísa.

Na meáin chumarsáide, scannáin agus leabhair

Céim 6: Cineálacha leabhar

beathaisnéis	biography
dírbheathaisnéis	autobiography
úrscéalta uafáis	horror novels
úrscéalta rómánsúla	romance novels
leabhair eachtraíochta	adventure books
leabhair ficsean eolaíochta	science fiction books
leabhair ghrinn	humorous books
leabhair bhleachtaireachta	detective books
úrscéalta eipice	epic novels

Téarmaí a bhaineann le leabhair

scríbhneoir	writer
údar	author
úrscéal	novel
úrscéalaí	novelist
an scéal	the story, the plot
na pearsana	the characters
file	poet
filíocht	poetry
cnuasach filíochta	poetry collection
dán	poem
drámadóir	playwright, dramatist
seoladh leabhair	book launch
léirmheas	review

Céim 7: Fógra

Leabharlann nua ar oscailt in Inis, Co. an Chláir

Ballraíocht ar fáil: €200 in aghaidh na bliana

ar oscailt: gach lá ó Luan go Satharn:
óna 9 go dtí a 6 a chlog

Seoladh leabhar filíochta ar siúl Dé Sathairn seo chugainn leis an bhfile cáiliúil Nuala Ní Dhomhnaill

Sólaistí ar fáil saor in aisce ag léacht filíochta ag a 4 p.m.

Gluais

ballraíocht	membership	cáiliúil	famous
seoladh leabhair	book launch	sólaistí	refreshments
filíocht	poetry	saor in aisce	free
file	poet	léacht	lecture

Aois na Glóire 2

Ceisteanna:

1. Cá bhfuil an leabharlann nua seo ar oscailt?
2. Cé mhéad a chosnaíonn ballraíocht le haghaidh bliana?
3. Cén file a bheidh ag seoladh leabhar nua filíochta?
4. Cén t-am a bheidh an léacht filíochta ar siúl?
5. Cad a bheidh ar fáil ag an léacht?

Céim 8: Sliocht

An leabhar is fearr liom

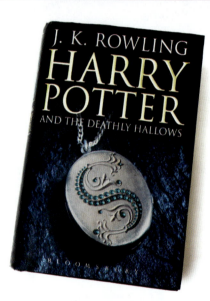

Dia daoibh! Is mise Róisín. Is é an leabhar is fearr liomsa ná *Harry Potter and the Deathly Hallows*. Is úrscéal fantaisíochta é agus is é an leabhar **deireanach** é sa t**sraith leabhar** ar Harry Potter leis an **údar** J. K. Rowling.

Sa leabhar *Harry Potter and the Deathly Hallows*, tá Harry ag troid **in aghaidh** an **olcais**. Is pearsa mhaith é Harry agus is é príomhphearsa an leabhair é. Is **draoi** é. Is droch-charachtar é an draoi Voldemort.

Tá plota an leabhair an-suimiúil. Teastaíonn ó Voldemort **cumhacht** a fháil ar an domhan uilig. **Filleann** Harry agus a chairde ar ais go dtí a sean**scoil draíochta** agus cabhraíonn na múinteoirí agus na daltaí leo sa **chath** in aghaidh Voldemort. Sa deireadh, buann Harry **ar ndóigh**! Is aoibhinn liom plota an scéil agus **na pearsana** suimiúla sa leabhar.

Ag deireadh an scéil, titeann Hermione agus Ron, (cairde le Harry), i ngrá le chéile agus **pósann** siad. Pósann Harry cailín eile. Bíonn leanaí acu agus **seol**ann siad a leanaí go léir go dtí an scoil chéanna is ar fhreastail siad féin uirthi! Is úrscéal **cumasach** é gan amhras.

Tá an-**díomá** orm go bhfuil an tsraith leabhar go léir **léite** agam anois, ach sin é an saol! Ar ámharaí an tsaoil, tá **suíomh Idirlín** nua ag J.K. Rowling darb ainm www.pottermore.com le h**eolas breise** ar Harry Potter agus ar a dhomhan draíochta! Mar sin, beidh rud éigin **fiúntach** le léamh agam!

Na meáin chumarsáide, scannáin agus leabhair

Gluais

deireanach	last	ar ndóigh	of course
sraith leabhar	series of books	na pearsana	the characters
údar	author	pós	to marry
in aghaidh	against	seol	to sail / send / launch
olcas	evil	cumasach	powerful
draoi	wizard	díomá	disappointment
cumhacht	power	léite	read
fill	to return	suíomh Idirlín	Internet site
scoil draíochta	magic school	eolas breise	extra information
cath	battle	fiúntach	worthwhile

Ceisteanna:

1. Cad is ainm don leabhar is fearr le Róisín? (**Alt 1**)
2. Cé hé príomhphearsa an scéil? (**Alt 2**)
3. Cad é plota an scéil? (**Alt 3**)
4. Cad a tharlaíonn ag deireadh an leabhair? (**Alt 4**)
5. Cén rud a chuir J. K. Rowling ar bun le déanaí? (**Alt 5**)

Céim 9: Cláir theilifíse

Teilifís agus cláir theilifíse

clár nuachta	news programme	clár ceistiúcháin / quiz	quiz programme
clár cúrsaí reatha	current affairs programme	clár grinn	comedy
clár faisnéise	documentary	clár faisin	fashion programme
clár oideachais	educational programme	clár spóirt	sports programme
clár dúlra	nature programme	beochan	animation
clár ceoil	music programme	cartún	cartoon
clár siamsa	entertainment programme	clár 'réaltachta'	'reality' programme
irischlár	magazine programme	sraith	series
clár taistil agus saoire	travel and holiday programme	sraithchlár	serial
		clár leantach	sequel

Meaitseáil na pictiúir leis an nGaeilge.

A

B

C

D

E

F

Scríobh isteach an saghas cláir atá i gceist sa ghreille thíos.

A	
B	
C	
D	
E	
F	

Na meáin chumarsáide, scannáin agus leabhair

Téarmaí a bhaineann le teilifís

craoltóir	broadcaster	stiúrthóir	director
léiritheoir	producer	fógraíocht	advertising
láithreoir	presenter	fógra	advertisement
léitheoir nuachta	newsreader	réamhaisnéis na haimsire	weather forecast

Céim 10: Léamhthuiscintí

Is mise Proinsias. Is aoibhinn liom bheith ag féachaint ar chláir spóirt.

Póilín is ainm dom. Is breá liom bheith ag féachaint ar chláir cheoil. Is é *The X-Factor* an clár ceoil is fearr liom.

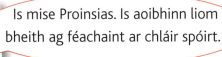

Haigh! Is mise Padraig. Is fearr liom cláir thaistil agus shaoire.

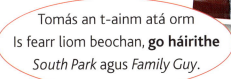

Tomás an t-ainm atá orm Is fearr liom beochan, **go háirithe** *South Park* agus *Family Guy*.

Nóilín is ainm dom. Is maith liom cláir nuachta. Tá an-**suim** agam i b**polaitíocht**.

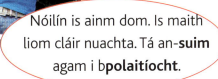

Muiris is ainm dom. Is breá liom cláir chainte. Is é an **láithreoir** is fearr liom Daithí Ó Sé mar tá sé greannmhar.

Gluais

suim	interest
go háirithe	especially
polaitíocht	politics
láithreoir	presenter

Ceisteanna:
1. Cén saghas clár is fearr le Proinsias?
2. Cad é an clár is fearr le Póilín?
3. Cén saghas clár is fearr le Nóilín?
4. Luaigh dhá bheochan a luann Tomás.
5. Cé hé an láithreoir is fearr le Muiris?

Céim 11:

Pointe Gramadaí

Nuair a bhímid ag rá 'very good', 'great craic' srl., deirimid 'an-mhaith', 'an-chraic' as Gaeilge. Cuireann tú fleiscín (*hyphen*) isteach i ndiaidh an fhocail 'an'.

- Nuair a thosaíonn an focal le consan, cuirimid séimhiú tar éis na chéad litreach i ndiaidh 'an-'.
    - **Mar shampla** e.g. maith ... an-mhaith (*very good*), grianmhar ... an-ghrianmhar (*very sunny*)

- **Eisceachtaí:** Má chríochnaíonn focal amháin le **d, n, t, l, s** agus má thosaíonn an chéad fhocal eile le **d, n, t, l, s**, ní féidir linn séimhiú a chur ar an bhfocal.
    - **Mar shampla** e.g. deas ... a**n-d**eas, torannach ... a**n-t**orannach

Leis sin, ní féidir linn séimhiú a chur ar fhocail a thosaíonn le st, r, sm, sp, sc.

- Má thosaíonn an focal le **guta**, ní dhéanaimid aon athrú ar an bhfocal.
    - **Mar shampla** e.g.   ard ... an-ard
            íseal ... an-íseal

Cuir Gaeilge ar na nathanna seo a leanas:
1. (greannmhar) *very funny*
2. (deas) *very nice*
3. (ard) *very tall*
4. (grámhar) *very loving*
5. (torannach) *very noisy*
6. (iargúlta) *very remote*
7. (íseal) *very small*
8. (ciúin) *very quiet*
9. (maith) *very good*
10. (cliste) *very clever*

Nuair a bhímid ag iarraidh a rá 'too late', 'too hot' agus mar sin de, úsáidimid an focal 'ró'.

- De ghnáth ní chuirimid fleiscín (*hyphen*) i ndiaidh 'ró' nuair a thosaíonn an focal le **consan**. De ghnáth, cuirimid séimhiú i ndiaidh ró.
    - **Mar shampla** e.g. te ... ró-the, deas ... ródheas, déanach ... ródhéanach, dian ...ródhian

Na meáin chumarsáide, scannáin agus leabhair

- **Eisceachtaí:**
  Ní féidir linn séimhiú a chur ar fhocail a thosaíonn le st, l, n, r, sm, sp, sc.
  ⭐ Mar shampla e.g. leisciúil ... róleisciúil

- Cuirimid fleiscín i ndiaidh ró nuair a thosaíonn an chéad fhocal eile le **guta**.
  ⭐ Mar shampla e.g. ard ... ró-ard (too tall)
  íseal ... ró-íseal (too small)

Cuir Gaeilge ar na nathanna seo a leanas:

1. too hot
2. too small
3. too tall
4. too late
5. too nice
6. too quiet
7. too chatty
8. too lazy
9. too giddy
10. too strict

Céim 12: Meaitseáil na litreacha leis na huimhreacha

Meaitseáil na litreacha leis na huimhreacha sa ghreille thíos.

A	Ná siúil ar an bhféar!	1.	
B	Oibreacha Bóthair!	2.	
C	Tiomáin go mall! Bóithre cama!	3.	
D	Scrúduithe ar siúl! Ciúnas le do thoil	4.	
E	Tá cosc ar thobac anseo!	5.	
F	Aire! Leanaí ag trasnú anseo	6.	
G	Fón póca caillte! Cuir glao ar 089 245367	7.	
H	Ceolchoirm i halla na scoile anocht! 8:00 p.m.- 10:00 p.m.	8.	
I	Éadaí den fhaisean is déanaí!	9.	
J	Tógálaí ar fáil! Do jabanna móra agus beaga	10.	

A	B	C	D	E	F	G	H	I	J

Gluais

oibreacha	works	cam	bendy
ar siúl	going on	cosc	ban
aire!	take care!	caillte	lost
ceolchoirm	concert	is déanaí	latest
tógálaí	builder	jab	job

Céim 13 : Athbhreithniú ar Aonad 6

A: Cuir Gaeilge ar na habairtí seo a leanas:

1. Seán loves adventure films.
2. Síle loves reading — especially romantic books.
3. I love going to the cinema.
4. I watch music programmes every week.
5. My favourite programme is *The X-Factor*.
6. Oisín goes to the cinema every weekend.
7. The membership in the local library is very dear.
8. The plot of that book is very interesting.

B: Líon na bearnaí leis an bhfocal is oiriúnaí ón liosta thíos:

Is aoibhinn liom _____ go dtí an phictiúrlann gach deireadh seachtaine.

Ní maith liom scannáin _____.

Is é Harry Potter an _____ sa tsraith úrscéalta *Harry Potter*.

Féachaim ar _____ dhúlra go minic.

Is í Gráinne Seoige an _____ is fearr liom.

An dtaitníonn scannáin eachtraíochta _____?

chláir   láithreoir   phríomhphearsa   uafáis   leat   dul

Aonad 7

Laethanta saoire, taisteal agus na séasúir

- **Céim 1:** Tíortha — 142
- **Céim 2:** Téarmaí a bhaineann le laethanta saoire — 145
- **Céim 3:** Alt / Cuntas: 'Saoire cois farraige' — 151
- **Céim 4:** Cleachtadh cainte agus obair bheirte — 152
- **Céim 5:** Fógra fada — 154
- **Céim 6:** Cárta poist: 'Turas scoile thar lear' — 154
- **Céim 7:** Cleachtadh cainte — 156
- **Céim 8:** Litir phearsanta: 'An Ghaeltacht' — 157
- **Céim 9:** An aimsir — 159
- **Céim 10:** Na séasúir: 'An t-earrach' — 162
- **Céim 11:** Sliocht: 'An samhradh' — 166
- **Céim 12:** An fómhar — 168
- **Céim 13:** An geimhreadh — 170
- **Céim 14:** Athbhreithniú ar Aonad 7 — 172

Féach ar thriail a seacht (lch 330)

Aois na Glóire 2

Céim 1: Tíortha

Éire	Ireland	an Tuirc	Turkey
Sasana	England	an Ghréig	Greece
Albain	Scotland	an Rúis	Russia
an Bhreatain Bheag	Wales	an tSín	China
an Fhrainc	France	an tSeapáin	Japan
an Ghearmáin	Germany	an Astráil	Australia
an Spáinn	Spain	na Stáit Aontaithe / Meiriceá	the United States / America
an Ostair	Austria		
an Eilvéis	Switzerland		

Mór-Ranna

an Eoraip	Europe
an Áis	Asia
an Afraic	Africa
Meiriceá Thuaidh	North America
Meiriceá Theas	South America

Pointe Gramadaí

Más cuid den ainm é **an** nó **na**, deirimid **go dtí** agus **sa** nó **san** (roimh ghuta) nó **sna** (uimhir iolra).

⭐ Mar shampla

an Spáinn	Beidh mé ag dul **go dtí an** Spáinn.	Táim **sa** Spáinn.
an Eilvéis	Beidh mé ag dul **go dtí an** Eilvéis.	Táim **san** Eilvéis.
na Stáit Aontaithe	Beidh mé ag dul **go dtí na** Stáit Aontaithe.	Táim **sna** Stáit Aontaithe

An tuiseal ginideach

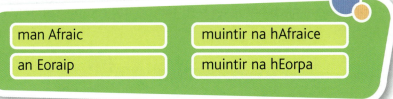

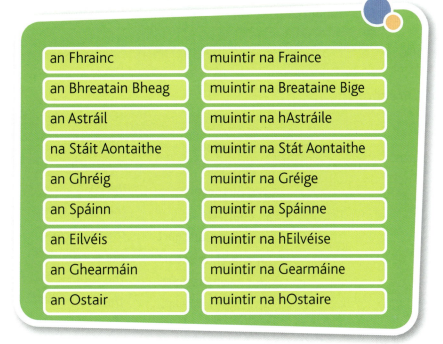

Mura bhfuil **an** nó **na** roimh ainm na tíre, deirimid **go** agus **i** nó **in** (roimh ghuta).

| Sasana | Beidh mé ag dul **go** Sasana. | Táim **i** Sasana. |
| Albain | Beidh mé ag dul **go h**Albain. | Táim **in** Albain. |

An tuiseal ginideach

Aois na Glóire 2

Eisceachtaí

Maidir le roinnt bheag logainmneacha nach bhfuil an t-alt (**an** nó **na**) rompu, cuirimid an t-alt rompu sa tuiseal ginideach.

in Éirinn — muintir **na h**Éireann
in Albain — muintir **na h**Alban

Airde (*directions*)

an tuaisceart	the north
an deisceart	the south
an t-oirthear	the east
an t-iarthar	the west
an t-oirthuaisceart	the north-east
an t-iarthuaisceart	the north-west
an t-oirdheisceart	the south-east
an t-iardheisceart	the south-west

Cuir Gaeilge ar na habairtí seo a leanas:
1. I go to Spain every summer.
2. My Dad lives in England.
3. She is in America.
4. We go to Greece every year.
5. The people of Ireland are very friendly.
6. My uncle lives in Northern Ireland.
7. Germany is in Europe.
8. My Mom went to China last year.
9. My family goes to Scotland every year.
10. My sister is in Africa.

Laethanta saoire, taisteal agus na séasúir

Céim 2: Téarmaí a bhaineann le laethanta saoire

An ndeachaigh tú ar saoire an samhradh seo caite?

Chuaigh mé ar saoire thar lear.	I went on a holiday abroad.
Chuaigh mé go dtí an Spáinn.	I went on a holiday to Spain.
Tá teach saoire againn ann.	We have a holiday home there.
Chuaigh mé ar saoire in Éirinn.	We went on a holiday in Ireland.
Tá gaolta againn i gContae Chiarraí.	We have relatives in County Kerry.

Cá raibh tú ar saoire?

Bhí mé ar saoire …

cois farraige i ndeisceart na Spáinne	by the sea in the south of Spain
cois farraige i ndeisceart na Fraince	by the sea in the south of France
i lár na cathrach i Maidrid	in the city centre in Madrid
i lár na cathrach i Nua-Eabhrac	in the city centre in New York
faoin tuath i gContae na Gaillimhe	in the countryside in County Galway
i gContae Aontroma	in County Antrim
i Luimneach	in Limerick

Conas a bhí an ceantar?

Bhí an ceantar dochreidte.	The area was unbelievable.
Bhí na radhairc go hálainn.	The views were beautiful.
Bhí an tírdhreach go hálainn.	The landscape was beautiful.
Bhí an trá in aice láimhe go hálainn.	The beach nearby was beautiful.
Bhíomar i ngar do na sléibhte.	We were near the mountains.
Bhí a lán rudaí le déanamh sa chathair.	There were lots of things to do in the city.
Bhí gailearaí ealaíne / iarsmalann / amharclann / mórán séadchomharthaí ann.	There was an art gallery / a museum / a theatre / lots of monuments there.
Bhí a lán foirgnimh stairiúla sa bhaile mór.	There were lots of historic buildings in the town.
Ba cheantar iargúlta é.	It was a remote area.
Bhí an t-ionad saoire plódaithe le turasóirí.	The holiday resort was packed with tourists.

Aois na Glóire 2

Cá raibh tú ag fanacht?

Bhí mé ag fanacht …

le mo ghaolta	with my relatives
i mbrú óige	in a youth hostel
in ionad campála	in a campsite
in árasán	in an apartment
in óstán	in a hotel
i dteach saoire	in a holiday home

Conas a bhí na háiseanna ann?

Óstán mór galánta compordach a bhí ann.
Bhí linn snámha, cúirt leadóige, bialann agus giomnáisiam ann.
Bhí an t-ionad campála an-áisiúil, agus bhí na háiseanna go hiontach.
Bhí seomra teilifíse, linn snámha agus cúirteanna leadóige ann.
Tá ár dteach saoire gleoite agus áisiúil.
Tá sé i ngar don trá, agus tá linn snámha faoin aer ann.
Bhí an t-árasán glan agus compordach.
Bhí sé i ngar don trá, agus bhí linn snámha faoin aer in aice leis an gceap árasán.

It was a big, luxurious and comfortable hotel.
There was a swimming pool, a tennis court, a restaurant and a gym there.
The campsite was very convenient, and the facilities were great.
There was a television room, a swimming pool and tennis courts there.
Our holiday home is attractive and convenient.
It is near the beach, and there is an open-air swimming pool there.
The apartment was clean and comfortable.
It was near the beach, and there was an open-air swimming pool beside the apartment block.

Conas a thaistil sibh?

Chuamar …

ar eitleán
by plane

i veain champála
in a camper van

ar long farantóireachta
on a ferry

ar an traein
on the train

sa charr
in the car

Laethanta saoire, taisteal agus na séasúir

Conas a bhí an turas?

Bhí an turas …

taitneamhach	enjoyable
fada	long
compordach	comfortable
míchompordach	uncomfortable
gearr	short
tuirsiúil	tiring
uafásach	awful
corraitheach	exciting

Conas a bhí an aimsir?

Bhí an aimsir grianmhar agus te	The weather was sunny and hot
Bhí an ghrian ag taitneamh gach lá	The sun was shining every day
Bhí an aimsir go hainnis	The weather was awful
Bhí an aimsir fliuch agus gaofar	The weather was wet and windy
Bhí sé ag cur báistí	It was raining
Bhí sé ag cur sneachta	It was snowing
Bhí sé fuar	It was cold
Ní raibh scamall sa spéir	There wasn't a cloud in the sky

Cén saghas ruda a rinne tú gach lá?

Chuaigh mé ag snámh gach lá.
I went swimming every day.

D'imir mé leadóg agus eitpheil ar an trá.
I played tennis and volleyball on the beach.

Lig mé mo scíth.   I relaxed.

Chonaic mé na radhairc.
I saw the sights.

Chonaic mé na foirgnimh stairiúla.
I saw the historic buildings.

D'éist mé le m'iPod, agus léigh mé úrscéalta agus irisí.
I listened to my Ipod, and I read novels and magazines.

Aois na Glóire 2

Cad a rinne tú gach oíche?

 Chuaigh mé go bialann.
I went to a restaurant.

 Chuaigh mé chuig seó.
I went to a show.

 Chuaigh mé chuig dioscó.
I went to a disco.

 Chuamar chuig ceolsiamsa.
We went to a musical.

 Chuaigh mé chuig céilí.
I went to a céilí.

 Chuaigh mé go dtí an gailearaí ealaíne / iarsmalann / amharclann.
I went to the art gallery / museum / theatre.

Conas a bhí an bia?

Bhí an bia …

an-deas	very good
blasta	tasty
do-ite	inedible
déistineach	disgusting

Bhain mé triail as roinnt de na miasa áitiúla.   *I tried some of the local dishes.*
Bhain mé triail as paella / gazpacho / …   *I tried paella / gazpacho / …*

Conas a bhí na daoine?

Bhí muintir na háite …

cairdiúil	*friendly*
fáilteach	*hospitable, welcoming*
fiosrach	*inquisitive*
doicheallach	*inhospitable*
drochbhéasach	*bad-mannered, rude*

Crosfhocal
Laethanta saoire

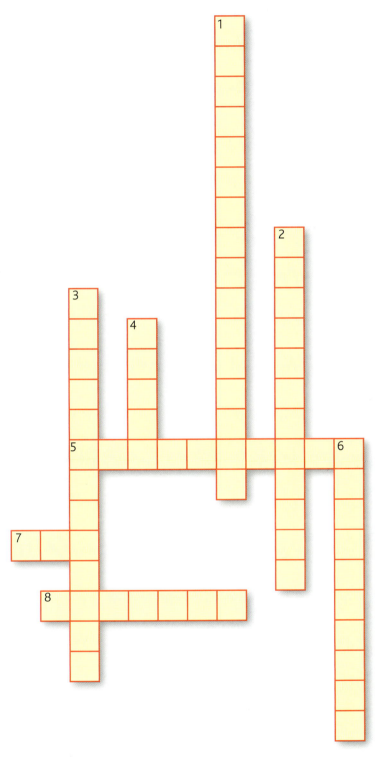

Trasna
5. téann tú ag snámh anseo de ghnáth nuair a théann tú ar saoire faoin ngrian
7. téann tú ag taisteal sa rud seo ar an bhfarraige
8. téann tú ag taisteal sa rud seo san aer

Síos
1. bíonn taispeántas ealaíne san áit seo
2. fanann tú i bpuball san áit seo
3. imríonn tú leadóg san áit seo
4. fanann a lán daoine anseo nuair a bhíonn siad ar saoire
6. bíonn drámaí agus ceoldrámaí ar siúl anseo

Aois na Glóire 2

Conas a chaith tú an samhradh seo caite?

Briathra tábhachtacha san aimsir chaite

Chuaigh mé go dtí an Spáinn an samhradh seo caite.	I went to Spain last summer.
Chaith mé seachtain / coicís / mí ann.	I spent a week / a fortnight / a month there.
D'fhan mé in árasán / in óstán / i dteach saoire.	I stayed in an apartment / a hotel / a holiday home.
Chuaigh mé go dtí an trá gach lá.	I went to the beach every day.
Chonaic mé na radhairc.	I saw the sights.
Lig mé mo scíth.	I relaxed.
Bhain mé an-taitneamh as.	I enjoyed it greatly.
Chaith mé a lán ama le mo chairde.	I spent a lot of time with my friends.
D'oibrigh mé i mbialann / i siopa.	I worked in a restaurant / in a shop.
Chaith mé a lán ama ag imirt spóirt / ag seinm ceoil.	I spent a lot of time playing sport / playing music.
Chuaigh mé ag siopadóireacht go minic.	I went shopping often.
Bhí beárbaiciú againn ar an bpaitió / lasmuigh	We had a barbecue on the patio / outside

Cleachtadh Scríofa

Cuir Gaeilge ar na habairtí seo a leanas:

1. I went on holiday to Spain last summer.
2. I stayed in a luxurious hotel.
3. My family went on holiday to Italy last year.
4. We stayed on a campsite.
5. We travelled by plane.
6. The people of Italy were very friendly.
7. The weather was beautiful and the sun shone every day.
8. My family were on holiday in the south of France.
9. The beach was nearby and the area was beautiful.

Laethanta saoire, taisteal agus na séasúir

Céim 3: Alt / Cuntas: Saoire cois farraige

Is tusa Áine, an déagóir lena teaghlach sna pictiúir thíos. Scríobh an scéal atá léirithe sa tsraith pictiúr. Is tusa atá ag insint an scéil.

Pictiúr 1

Pictiúr 2

Pictiúr 3

Pictiúr 4

Alt samplach:

Is mise Áine. Chuaigh mé ar saoire le mo mhuintir coicís ó shin. Chuamar ar saoire go dtí an Spáinn. Chuamar go dtí an t-aerfort le chéile ag a deich a chlog ar maidin ar an Satharn. Thaistil mé féin agus mo mhuintir ar eitleán. **Mhair** an turas trí huaire. Ní raibh an bia ar an eitleán ródheas! Shroicheamar an t-aerfort sa Spáinn ag a haon déag agus chuamar go dtí an **ceap árasán**. D'fhanamar ansin ar feadh coicíse. Bhí an t-árasán go hálainn agus bhí linn snámha faoin aer ann chomh maith. Bhí an aimsir go hálainn agus bhí an ghrian ag taitneamh gach lá. Ní raibh scamall sa spéir.

Chuamar ag snámh san fharraige go minic i rith na saoire. D'imir mé féin agus mo dheartháir leadóg agus eitpheil ar an trá. Lig mo Dhaid agus mo Mham a scíth. Léigh siad leabhair agus d'éist siad le ceol. Leis sin, chonaiceamar **na radhairc** agus na **foirgnimh stairiúla** sa bhaile mór áitiúil. San oíche, chuamar go bialanna deasa agus bhí bia na Spáinne an-bhlasta.

Ag deireadh na saoire, chuamar abhaile ar an eitleán go sona sásta. Bhí dath na gréine orm tar éis na saoire!

Gluais

mair	to last
ceap árasán	apartment block
na radhairc	the views
foirgnimh stairiúla	historical buildings

Aois na Glóire 2

Obair Bhaile

alt / cuntas (15 líne nó mar sin)

Is tusa Seán, duine den teaghlach thíos. Scríobh an scéal atá léirithe sa tsraith pictiúr. Is tusa atá ag insint an scéil.

Pictiúr 1

Pictiúr 2

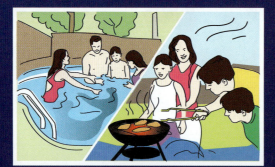

Pictiúr 3

Pictiúr 4

Céim 4: Cleachtadh cainte agus obair bheirte

Saoire cois trá

Múinteoir: Cén chaoi a bhfuil tú?

Máire: Táim go maith, míle buíochas.

Múinteoir: Cad a rinne tú an samhradh seo caite?

Máire: Chuaigh mé ar saoire le mo mhuintir. Chuamar go dtí an Iodáil.

Múinteoir: Go hiontach! Cén áit san Iodáil?

Máire: Chuamar go hAmalfi, i ndeisceart na hIodáile.

Múinteoir: Conas a bhí an turas go dtí an Iodáil?

Máire: Chuamar ar eitleán. Bhí an turas compordach. Níor mhair sé ach trí huaire go leith; ach bhí an bia ar an eitleán go huafásach.

Laethanta saoire, taisteal agus na séasúir

Múinteoir: Cén áit ar fhan sibh?

Máire: D'fhanamar in **óstán** cois farraige. Bhí **linn snámha** mhór, cúirt leadóige agus bialann san óstán.

Múinteoir: Conas a bhí an aimsir?

Máire: Bhí an aimsir go hálainn. Bhí an ghrian **ag taitneamh** gach lá, agus ní raibh **scamall** sa spéir.

Múinteoir: Cad a rinne tú gach lá?

Máire: Chuaigh mé ag snámh go minic sa linn snámha. Bhí trá in aice láimhe. Chuamar ag snámh san fharraige chomh maith. D'imir mé eitpheil agus leadóg ar an trá le mo dheirfiúr. Lá amháin chuamar ag **seoltóireacht**. Chuamar go dtí an t-oileán de Capri agus an baile mór álainn Positano. Gach oíche chuaigh an teaghlach go léir go bialann, ach uaireanta chuaigh mise agus mo dheirfiúr chuig dioscó.

Múinteoir: Conas a bhí na daoine ann?

Máire: Bhí siad **cairdiúil** agus **cainteach**. Bhain mé an-taitneamh as an tsaoire.

Múinteoir: Go hiontach! Go raibh maith agat, a Mháire. Slán leat.

Máire: Slán agat.

Gluais

óstán	hotel
linn snámha	swimming-pool
ag taitneamh	shining
scamall	cloud
seoltóireacht	sailing
cairdiúil	friendly
cainteach	talkative, chatty

Obair bheirte

Cleachtadh cainte san aimsir chaite.
An ndeachaigh tú ar saoire an samhradh seo caite?

1. Cén áit ar fhan tú?
2. Cé a bhí ar saoire leat?
3. Déan cur síos ar an gceantar ina raibh tú.
4. Conas a thaistil tú go dtí an áit?
5. Conas a bhí an aimsir?
6. Cén saghas ruda a rinne tú gach lá?
7. Cén saghas ruda a rinne tú gach oíche?
8. An bhfaca tú aon rud ar leith?
9. Ar bhain tú taitneamh as an tsaoire?

Céim 5: Fógra fada

OIFIG THAISTIL UÍ MHURCHÚ
Saoire Phacáiste iontacha ar díol! Lascaine de 20% ar fáil ar shaoire sna hOileáin Chanáracha

Saoire choicíse – Mí Lúnasa
Beirt daoine fásta agus beirt pháistí – €2,500

Áiseanna:
Club do leanaí
2 linn snámha faoin aer
Cúirt leadóige
Teilifís satailíte i ngach árasán
5 nóiméad ón trá

Tuilleadh eolais: cuir glao ar Shinéad san oifig ar 066 71 42356
Suíomh Gréasáin — www.gníomhaireuimhurchú.ie

Gluais
lascaine — discount
gníomhaire — agent

Ceisteanna:
1. Cá háit ar féidir an tsaoire seo a cheannach?
2. Cén áit atá i gceist san fhógra?
3. Cén tairiscint speisialta (*special offer*) atá i gceist?
4. Cén saghas áise atá ar fáil sna hárasáin?
5. Conas is féidir leat tuilleadh eolais a fháil más mian leat?

Céim 6: Cárta poist: Turas scoile thar lear

Tá tú ar thuras scoile i mBarcelona. Scríobh cárta poist chuig do chara faoi. I do chárta poist, luaigh:
- cá bhfuil tú
- an áit ina bhfuil tú ag fanacht
- na rudaí a rinne tú go dtí seo
- an aimsir
- cathain a fheicfidh tú do chara arís.

Laethanta saoire, taisteal agus na séasúir

A Bhreandáin,

Conas atá tú? Táim anseo i mBarcelona ar thuras scoile ar feadh seachtaine. Tá mé féin agus mo rang ag fanacht i **mbrú óige** i lár na cathrach.

Tá **an chóiríocht bunúsach** go leor, ach tá sé suite in áit **áisiúil** i lár na cathrach. Chuamar ar thuras bus inné timpeall na cathrach. Chonaiceamar a lán **foirgneamh stairiúla** — ina measc séipéal, páirc phoiblí agus foirgnimh go leor leis an **ailtire** Gaudi. Tá an aimsir go hálainn ar fad anseo. Tá trá álainn sa chathair freisin agus chuamar ag siúl ar an trá ar maidin.

Beidh mé abhaile Dé Máirt seo chugainn. Feicfidh mé thú ansin.

Slán go fóill,
Séamas

Breandán de Gallaí

14 Bóthar na Trá

Rann na Feirste

Co. Dhún na nGall

Gluais

brú óige	youth hostel
an chóiríocht	the accommodation
bunúsach	basic
áisiúil	convenient
foirgnimh stairiúla	historical buildings
ailtire	architect

Aois na Glóire 2

Meaitseáil an Ghaeilge leis an mBéarla.

A	Chuaigh mé ar saoire faoin ngrian anuraidh.	1.	We saw the sights and the historical buildings.
B	Bhí an ghrian ag scoilteadh na gcloch gach lá.	2.	I read my books and listened to music on the beach.
C	D'fhanamar in árasán.	3.	My parents relaxed.
D	Chonaiceamar na radhairc agus na foirgnimh stairiúla.	4.	We went to the museum and the art gallery in the town.
E	Bhain me triail as na miasa áitiúla, mar shampla paella agus tortilla.	5.	We went to the theatre one night.
F	Chuamar go dtí an amharclann oíche amháin.	6.	I went on a sun holiday last year.
G	Chuamar go dtí na músaeim agus an gailearaí ealaíne sa bhaile mór.	7.	I lay out under the sun every day and I got a tan.
H	Luigh mé faoin ngrian gach lá agus fuair mé dath na gréine.	8.	I tried out the local dishes such as paella and tortilla.
I	Lig mo thuismitheoirí a scíth.	9.	The sun was splitting the stones every day.
J	Léigh mé mo leabhair agus d'éist mé le ceol ar an trá.	10.	We stayed in an apartment.

1	2	3	4	5	6	7	8	9	10

Céim 7: Cleachtadh cainte

Cad a dhéanfaidh tú an samhradh seo chugainn?

Laethanta saoire, taisteal agus na séasúir

Briathra úsáideacha san aimsir fháistineach

Rachaidh mé ar saoire.
Beidh mé ag snámh gach lá.
Caithfidh mé am ag léamh.
Buailfidh mé le mo chairde gach lá.
Feicfidh mé na radhairc.
Oibreoidh mé i mbialann / i siopa.
Ligfidh mé mo scíth.
Bainfidh mé taitneamh as.

I will go on a holiday.
I will be swimming every day.
I will spend time reading.
I will meet my friends every day.
I will see the sights.
I will work in a restaurant / in a shop.
I will relax.
I will enjoy it.

Ceisteanna san aimsir fháistineach

1. Cad a dhéanfaidh tú an samhradh / an Cháisc / an sos lár téarma seo chugainn?
2. Cé a rachaidh leat?
3. Cén sórt áite í? An mbeidh tú thar lear, in Éirinn, faoin tuath, nó i gcathair?
4. Cá bhfanfaidh tú?
5. Conas a bheidh tú ag taisteal go dtí an áit?
6. Cad a dhéanfaidh tú gach lá?
7. Conas a chaithfidh tú gach tráthnóna?
8. An ndéanfaidh tú aon rud ar leith? An dtabharfaidh tú cuairt ar iarsmalann / ar dhánlann / ar amharclann?
9. An bhfeicfidh tú séadchomharthaí nó foirgnimh stairiúla?
10. An gceannóidh tú bronntanais do ghaolta nó do do chairde?

Obair bheirte

Céim 8: Litir phearsanta: An Ghaeltacht

Tá tú ag freastal ar chúrsa Gaeilge sa Ghaeltacht i gConamara. Scríobh litir chuig do chara faoi. I do litir luaigh:
- cá bhfuil tú ag fanacht
- cad a dhéanann tú gach lá
- an aimsir
- rud ba mhaith leat a dhéanamh sula rachaidh tú abhaile
- cathain a fheicfidh tú do chara arís.

Aois na Glóire 2

An Cheathrú Rua
Conamara
Co. na Gaillimhe
25 Iúil 2010

A Oisín, a chara,
Conas atá tú? Tá súil agam go bhfuil tú féin is do mhuintir i mbarr na sláinte. Tabhair mo bheannacht dóibh.

Táim ag freastal ar chúrsa Gaeilge sa Ghaeltacht i gConamara **faoi láthair**. Táim ag fanacht le bean an tí agus a clann sa Cheathrú Rua. Is **cócaire** iontach í bean an tí. Bíonn sí ag caint as Gaeilge liom gach lá agus tá sé sin **ag cur feabhais** ar mo chuid Gaeilge.

Bíonn ranganna Gaeilge againn gach maidin sa choláiste. Déanaimid gramadach, comhrá, léamhthuiscint agus imrímid cluichí as Gaeilge. **San iarnóin**, imrímid spóirt. Tá **raon an-leathan** de spóirt **ar fáil** sa choláiste. Imrímid eitpheil, cispheil, peil Ghaelach, iománaíocht, leadóg agus sacar. Tá an fharraige in aice láimhe agus, mar sin, téimid ag snámh agus ag surfáil.

Tá an aimsir anseo go hálainn inniu. Tá an ghrian ag taitneamh agus tá sé te. Bhí sé ag cur báistí an tseachtain seo caite, áfach, agus bhí orainn na cluichí a imirt laistigh. Ba mhaith liom cuairt a thabhairt ar **cheannáras TG4** atá i ngar dúinn.

Feicfidh mé thú an tseachtain seo chugainn. An féidir leat teacht ar cuairt orm Dé Céadaoin seo chugainn? Tá bean an tí ag glaoch orm anois mar tá an dinnéar réidh.

Slán go fóill!
Mise do chara,
Liam

Gluais

faoi láthair	at present	raon	range / choice
cócaire	cook	leathan	wide
ag cur feabhais	improving	ar fáil	available
san iarnóin	in the afternoon	ceannáras	headquarters

Laethanta saoire, taisteal agus na séasúir

Ceisteanna:
1. Cá bhfuil Liam?
2. Cá bhfuil sé ag fanacht?
3. Cad a dhéanann sé gach maidin sa choláiste?
4. Cad a dhéanann sé san iarnóin?
5. Conas tá an aimsir?
6. Cad ba mhaith le Liam a dhéanamh sula rachaidh sé abhaile?
7. Cathain a fheicfidh sé a chara arís?

Obair Bhaile

Tá tú ag freastal ar chúrsa Gaeilge. Scríobh cárta poist chuig do chara faoi.

Sa chárta poist, luaigh:
- an áit ina bhfuil tú ag fanacht
- an aimsir
- conas a chaitheann tú gach lá
- cara nua a rinne tú
- cathain a bheidh tú abhaile arís.

Céim 9: An aimsir

Frásaí a bhaineann leis an aimsir

tá an ghrian ag taitneamh	the sun is shining	tá an ghaoth ag séideadh	the wind is blowing
tá sé te / grianmhar	it is hot / sunny	tá sé gaofar	it is windy
tá sé ag cur báistí	it is raining	tá tintreach agus toirneach ann	there is thunder and lightning
tá sé fliuch	it is wet	tá sé scamallach	it is cloudy
tá sé ag cur sneachta	it is snowing	tá sé stoirmiúil	it is stormy
tá sé fuar	it is cold	bogha báistí	rainbow
beidh ceathanna ann	there will be showers	tá sé ceomhar	it is misty / foggy
sioc	frost	leac oighir	ice

Aois na Glóire 2

Scríobh an Ghaeilge faoi na pictiúir:

A

Tá sé _____.

B

Tá sé ag _____ _____.

C

Tá _____ _____ ar an loch.

D

Is lá _____ é.

E

Tá sé _____.

F

Tá _____ agus _____ sa spéir.

An teocht: *the temperature*

aon chéim	sé chéim	aon chéim déag	sé chéim déag
dhá chéim	seacht gcéim	dhá chéim déag	seacht gcéim déag
trí chéim	ocht gcéim	trí chéim déag	ocht gcéim déag
ceithre chéim	naoi gcéim	ceithre chéim déag	naoi gcéim déag
cúig chéim	deich gcéim	cúig chéim déag	fiche céim

Laethanta saoire, taisteal agus na séasúir

Treoracha: Réamhaisnéis na haimsire:

Léigh an sliocht seo a leanas agus freagair na ceisteanna a ghabhann leis.

(Féach ar na nótaí ar an Aimsir Fháistineach i gCéim 3, Aonad 10 chun cabhrú leat.)

Seo réamhaisnéis na haimsire, á léamh ag Lísa Ní Chárthaigh. Beidh sé te agus grianmhar inniu ar fud na tíre. Maidin amárach, beidh sé níos teo ach beidh sé scamallach sa Deisceart. Beidh an teocht idir ocht gcéim déag agus ceithre chéim is fiche Celsius. Sa Tuaisceart, leathnóidh ceathanna báistí ar fud na háite maidin amárach agus éireoidh sé ceomhar tráthnóna amárach. Beidh sé fliuch agus scamallach san Iarthar agus beidh an teocht idir cúig chéim déag agus fiche céim Celsius.

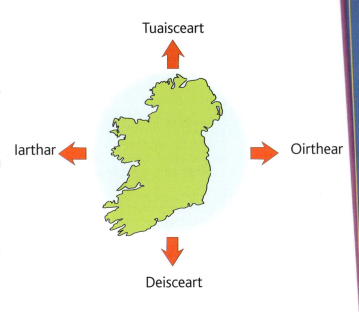

Ceisteanna:
1. Cé tá ag léamh réamhaisnéis na haimsire?
2. Conas a bheidh an aimsir inniu ar fud na tíre?
3. Conas a bheidh an aimsir sa Deisceart maidin amárach?
4. Cad a tharlóidh don aimsir sa Tuaisceart maidin amárach?
5. Conas a bheidh an aimsir san Iarthar?
6. Cén teocht a bheidh ann san Iarthar maidin amárach?

Aidiachtaí: céimeanna comparáide a bhaineann leis an aimsir

geal	bright	níos gile	brighter	is gile	brightest
te	hot	níos teo	hotter	is teo	hottest
fuar	cold	níos fuaire	colder	is fuaire	coldest
fliuch	wet	níos fliche	wetter	is fliche	wettest
ard	high	níos airde	higher	is airde	highest
íseal	low	níos ísle	lower	is ísle	lowest

Meaitseáil an Ghaeilge leis an mBéarla.

A	Beidh an aimsir grianmhar agus te.	1.	It will be windy and stormy in the East in the afternoon.
B	Beidh sé ag cur sneachta agus beidh sé fuar amárach.	2.	It will be misty.
C	Beidh sioc agus leac oighir ar na bóithre.	3.	Rain and showers are promised for tomorrow.
D	Beidh sé ceomhar.	4.	It will be stormy and there will be thunder and lightning in the sky.
E	Éireoidh sé níos fuaire agus níos gile amárach.	5.	The temperature will be between 13 and 19 degrees.
F	Beidh an teocht idir trí chéim déag agus naoi gcéim déag.	6.	It will be become colder and brighter tomorrow.
G	Beidh sé stoirmiúil agus beidh tintreach agus toirneach sa spéir.	7.	It will be snowing and it will be cold tomorrow.
H	Tá báisteach agus ceathanna geallta amárach.	8.	It will become cloudy in the afternoon and the temperature will fall.
I	San iarnóin, beidh sé an-ghaofar agus stoirmiúil san Oirthear.	9.	The weather will be sunny and hot.
J	Éireoidh sé scamallach sa tráthnóna agus titfidh an teocht.	10.	There will be frost and ice on the roads.

A	B	C	D	E	F	G	H	I	J

Céim 10: Na séasúir: An t-earrach

Pointe Gramadaí

Tar éis réamhfhocal comhshuite (*compound preposition*), ar nós **i rith**, bíonn an t-ainmfhocal sa tuiseal ginideach.

Laethanta saoire, taisteal agus na séasúir

an t-earrach	spring	i rith an earraigh	during the spring
an samhradh	summer	i rith an tsamhraidh	during the summer
an fómhar	autumn	i rith an fhómhair	during the autumn
an geimhreadh	winter	i rith an gheimhridh	during the winter

Gluais

bachlóga	buds
síolta	seeds
uain	lambs
gamhna	calves
níos faide	longer
níos gile	brighter

An t-earrach:

Meaitseáil an Ghaeilge leis an mBéarla.

A	Is breá liomsa an t-earrach.	1.	The days get longer and brighter.
B	Is iad Feabhra, Márta agus Aibreán míonna an earraigh.	2.	St. Patrick's Day falls on the 17th of March.
C	Fásann na bachlóga ar na crainn agus tosaíonn na bláthanna ag fás i rith an earraigh.	3.	I love watching the parade on St. Patrick's Day.
D	Cuireann na feirmeoirí a síolta i rith an earraigh.	4.	I love Spring.
E	Tagann ainmhithe nua ar an saol, ina measc uain agus gamhna.	5.	The buds start to grow on the trees and the flowers grow during Spring.
F	Éiríonn na laethanta níos faide agus níos gile.	6.	February, March and April are the months of Spring.
G	Lá Fhéile Bríde is ea an chéad lá de mhí Feabhra.	7.	The farmers sow seeds during spring.
H	Is breá liom Máirt na bPancóg.	8.	New animals come into the world, including lambs and calves.
I	Titeann Lá Fhéile Pádraig ar an seachtú lá déag de Mhárta.	9.	St. Brigid's Day is the first day of February.
J	Is aoibhinn liom féachaint ar an bparáid ar Lá Fhéile Pádraig.	10.	I love Pancake Tuesday.

A	B	C	D	E	F	G	H	I	J

Aois na Glóire 2

Cárta Poist

Tá tú ag fanacht i dteach d'uncail. Scríobh cárta poist chuig do chara. Luaigh na pointí seo a leanas:

- cá bhfuil d'uncail ina chónaí?
- an chabhair a thugann tú do d'uncail
- rud a tharla inné
- an aimsir
- cathain a bheidh tú ag filleadh abhaile.

A Chaitríona,

Táim ag fanacht le m'uncail agus m'aintín i gContae Chiarraí. Faoi mar is eol duit, tá feirm acu i gCiarraí. Bím ag cabhrú le m'uncail gach lá ar an bhfeirm. Cuirimid na síolta le chéile gach lá.

Rugadh dhá uan agus trí ghamhain inné! Bhí sé dochreidte! Leis sin, crúimid na ba agus glanaimid amach stáblaí na gcapall. Tá an obair deacair ach bainim taitneamh as mar bím amuigh faoin aer gach lá. Tá an aimsir fuar ach tirim gach lá.

Beidh mé ar ais i Luimneach Dé Sathairn seo chugainn. Cuir glao orm ansin agus buailfidh mé leat sa chathair.

Slán go fóill,
Liam

Caitríona Ní Mhurchú

73 Sráid Uí Chonaill

Luimneach.

Gluais

síolta	seeds
uan	lamb
gamhain	calf
dochreidte	unbelievable
crúigh	to milk
na ba	the cows
deacair	difficult
cuir glao ar	to phone

Ceisteanna:

1. Cá bhfuil Liam ar saoire?
2. Cad a dhéanann sé lena uncail gach lá?
3. Cad a tharla inné?
4. Cén fáth a dtaitníonn an obair le Liam?
5. Cathain a fheicfidh Liam a chara arís?

Laethanta saoire, taisteal agus na séasúir

Féilte an earraigh

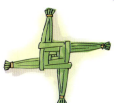

Haigh! Is mise Áine. Is breá liom Lá Fhéile Bríde. Titeann sé ar an gcéad lá de mhí Feabhra. Déanaimid cros Bhríde as luachair sa rang ealaíne gach bliain ar scoil. Bainim taitneamh as.

Dia daoibh. Tomás is ainm dom. Is breá liomsa Lá Fhéile Pádraig. Téimid ar Aifreann ar maidin agus caitheann an teaghlach go léir seamróg agus éadaí glasa. Tar éis é sin bíonn an lón againn agus téimid go dtí an pharáid. Is aoibhinn liom féachaint ar na flótaí, na rinceoirí agus na bannaí mairseála.

Conas atá sibh? Is mise Aogán Ó Rathaille. Is aoibhinn liom Domhnach na Cásca. De ghnáth, fanaim amach ón tseacláid i rith an Charghais. Ansin, ithim timpeall cúig ubh seacláide tar éis mo dhinnéir ar Dhomhnach na Cásca!

Gluais

féile / féilte	festival / festivals	na bannaí mairseála	marching bands
cros Bhríde	St Brigid's cross	Domhnach na Cásca	Easter Sunday
as luachair	from rushes	de ghnáth	usually
seamróg	shamrock	fanaim amach ó	I keep away from
na flótaí	floats	an Carghas	Lent
na rinceoirí	the dancers	ubh seacláide	chocolate egg

Ceisteanna:
1. Cad í an fhéile is fearr le hÁine?
2. Cén rud a dhéanann sí ar an lá sin?
3. Cad í an fhéile is fearr le Tomás?
4. Cén saghas ruda a bhíonn sa pharáid ar an lá sin?
5. Cad é an lá a thaitníonn le hAogán?
6. Cad a itheann sé ar an lá sin?

Céim 11: Sliocht: An samhradh

Is mise Pádraig Ó Broin agus táim cúig bliana déag d'aois. Is breá liom an samhradh mar bím **saor** ón scoil agus ó **bhrú na scrúduithe**. Bíonn an aimsir i bhfad níos fearr ná an chuid eile den bhliain. Is aoibhinn liom bheith amuigh **faoin aer** nuair a bhíonn an aimsir grianmhar agus tirim.

Sa samhradh, caithim níos mó ama ag imirt spóirt. Is breá liom spórt! Imrím iománaíocht agus peil Ghaelach le **Cumann Lúthchleas Gael**. Tá teach saoire againn sa Spáinn agus gach Iúil téann mo theaghlach **thar lear** ar saoire. Téimid ag snámh gach lá mar tá an fharraige **i ngar don** teach. Is aoibhinn le mo Dhaid dul **ag seoltóireacht** agus téimid go léir amach ar an **mbád** leis go minic.

Uaireanta téimid ag campáil sna sléibhte atá i ngar don teach chomh maith. Tá ionad campála deas ann. Fanaimid i **bpubaill** agus bíonn **beárbaiciú** againn faoin aer. Bainim an-taitneamh as. Is aoibhinn liom an samhradh!

Gluais

saor	free	i ngar do	near
brú na scrúduithe	pressure of exams	ag seoltóireacht	sailing
faoin aer	outdoor	bád	boat
Cumann Lúthchleas Gael	G.A.A.	pubaill	tents
thar lear	abroad	beárbaiciú	barbecue

Ceisteanna:

1. Cén fáth ar maith le Pádraig an samhradh?
2. Conas a bhíonn an aimsir?
3. Cén saghas spóirt a imríonn sé?
4. Cad atá i ngar don teach saoire?
5. Cá bhfanann siad san ionad campála?

Laethanta saoire, taisteal agus na séasúir

An samhradh

Meaitseáil an Ghaeilge leis an mBéarla.

A	Is é an samhradh an séasúr is fearr liom.	1.	I lie out under the sun and I swim in the sea.
B	Is iad Bealtaine, Meitheamh agus Iúil míonna an tsamhraidh.	2.	I go on holidays usually during the summer.
C	Bíonn na laethanta níos faide agus na hoícheanta níos giorra i rith an tsamhraidh.	3.	It is sunnier and drier.
D	Bíonn an aimsir i bhfad níos fearr i rith an tsamhraidh.	4.	I have more time to meet my friends during the summer.
E	Bíonn sé níos grianmhaire agus níos tirime.	5.	The days are longer and the nights are shorter during summer.
F	Téim ar saoire de ghnáth i rith an tsamhraidh.	6.	May, June and July are the months of summer.
G	Luím faoin ngrian agus téim ag snámh san fharraige.	7.	Summer is my favourite season.
H	Bíonn níos mó ama agam chun bualadh le mo chairde i rith an tsamhraidh.	8.	The weather is much better during the summer.

A	B	C	D	E	F	G	H

Céim 12: An fómhar

Meaitseáil an Ghaeilge leis an mBéarla.

A	Is breá liom an fómhar.	1.	We wear masks and wigs and we go to a fancy-dress party.
B	Is iad Lúnasa, Meán Fómhair agus Deireadh Fómhair míonna an fhómhair.	2.	The weather gets colder, windier and wetter.
C	Éiríonn na laethanta níos giorra agus na hoícheanta níos faide san fhómhar.	3.	Every Halloween, myself and my friends dress up.
D	Bíonn na feirmeoirí ag baint an fhómhair i mí Lúnasa.	4.	The children collect sweets, fruit and money on Halloween night.
E	Éiríonn an aimsir níos fuaire, níos gaofaire, agus níos fliche.	5.	August, September and October are the months of autumn.
F	Fillimid ar scoil ag deireadh mhí Lúnasa.	6.	The children dress up as ghosts, witches and monsters.
G	Gach Oíche Shamhna, mé féin agus mo chairde, gléasaimid suas.	7.	The days get shorter and the nights get longer in Autumn.
H	Caithimid maisc agus peiriúicí, agus téimid chuig cóisir chulaith bhréige.	8.	I love Autumn.
I	Bíonn na leanaí gléasta mar phúcaí, mar chailleacha nó mar arrachtaí.	9.	We return to school at the end of August.
J	Bailíonn na leanaí milseáin, torthaí agus airgead ar Oíche Shamhna.	10.	The farmers harvest the crops in the month of August.

A	B	C	D	E	F	G	H	I	J

Laethanta saoire, taisteal agus na séasúir

Pointe Gramadaí

Céimeanna comparáide na haidiachta

gearr	short	níos giorra	shorter
fada	long	níos faide	longer
fliuch	wet	níos fliche	wetter
gaofar	windy	níos gaofaire	windier

Gluais

Oíche Shamhna	Halloween	cóisir chulaith bhréige	fancy dress party
gléas	to dress	púca(í)	ghost(s)
maisc	masks	cailleach(a)	witches
peiriúic(í)	wig(s)	arrachtaí	monsters

Aois na Glóire 2

Céim 13: An geimhreadh

Meaitseáil an Ghaeilge leis an mBéarla.

A	Is iad mí na Samhna, mí na Nollag agus mí Eanáir míonna an gheimhridh.	1.	I get a lot of presents at Christmas.
B	Éiríonn sé fliuch, fuar, gaofar agus stoirmiúil.	2.	Sometimes there is frost on the ground and on the cars in winter.
C	Uaireanta bíonn sioc ar an talamh agus ar na cairr sa gheimhreadh.	3.	The trees are bare without leaves on them in winter.
D	Anois is arís bíonn sneachta agus leac oighir againn.	4.	I love sitting by the fire when the weather is bad
E	Bíonn na crainn lom, gan duilleoga orthu sa gheimhreadh.	5.	I love Christmas. We put decorations around the house.
F	Is aoibhinn liom suí cois tine nuair a bhíonn an aimsir go dona.	6.	Now and again, we have snow and ice.
G	Is breá liom an Nollaig. Cuirimid maisiúcháin timpeall an tí.	7.	It becomes wet, cold, windy and stormy.
H	Faighim mórán bronntanas um Nollaig.	8.	November, December and January are the months of winter.

A	B	C	D	E	F	G	H

Léamhthuiscint: an Nollaig

Is mise Nóirín Ní Cheallaigh agus is aoibhinn liom an Nollaig! Cuireann mo Mham **maisiúcháin** timpeall an tí. Cuirimid **cuileann** agus **eidhneán** suas chun an teach a mhaisiú. Bíonn crann Nollag againn sa seomra suí. Cuirimid **soilse sí** agus **tinsil** ar an gcrann gach bliain. Ceannaím bronntanais do mo mhuintir agus, **dar ndóigh**, faighim bronntanais freisin.

Is breá liom dinnéar na Nollag: an turcaí rósta, **liamhás** agus **bachlóga Bruiséile**. Déanann mo sheanmháthair **maróg Nollag** agus **císte Nollag**, agus tagann mo sheantuismitheoirí chun dinnéir linn.

Laethanta saoire, taisteal agus na séasúir

Gluais

maisiúcháin	decorations
cuileann	holly
eidhneán	ivy
bronntanais	presents
soilse sí	fairy lights
tinsil	tinsel
dar ndóigh	of course
liamhás	ham
bachlóga Bruiséile	Brussel sprouts
maróg Nollag	Christmas pudding
císte Nollag	Christmas cake

Ceisteanna:

1. Cad a dhéanann máthair Nóirín gach Nollaig?
2. Cad a chuireann siad ar an gcrann Nollag?
3. Cad a bhíonn ag Nóirín le haghaidh dhinnéar na Nollag?
4. Cad a dhéanann a seanmháthair gach Nollaig?

Téarmaí breise le foghlaim

coinneal, coinnle	a candle, candles
Daidí na Nollag	Santa Claus
Oíche Nollag	Christmas Eve
Lá Nollag	Christmas Day
Oíche Chinn Bliana	New Year's Eve
Lá Caille	New Year's Day

Cleachtadh Cainte agus Obair Bheirte

Cuir na ceisteanna seo a leanas ar an duine in aice leat, agus ansin freagair na ceisteanna tú féin:

1. Cad é an séasúr is fearr leat? Cén fáth?
2. Cad iad míonna an tséasúir sin?
3. Conas a bhíonn an aimsir sa séasúr sin?
4. Déan cur síos ar an nádúr sa séasúr sin.
5. Cad iad na rudaí a dhéanann tú sa séasúr sin?
6. Cén fhéile is fearr leat sa bhliain?
7. Cén saghas siamsa a bhíonn agat le linn na féile sin?
8. Cad a dhéanann tú de ghnáth gach Lá Nollag?

Céim 14 : Athbhreithniú ar Aonad 7

A: Líon na bearnaí leis an bhfocal is oiriúnaí:
1. Chuaigh mé _____ saoire ar feadh coicíse anuraidh.
2. D'fhan mé san óstán _____ _____ seachtaine.
3. Bhí an aimsir ar _____.
4. Bhain mé an-taitneamh _____ an tsaoire.
5. Is aoibhinn _____ an ghrian.
6. Fuair mé dath na _____ mar bhí an aimsir an-ghrianmhar.
7. Chuamar _____ _____ an Spáinn an samhradh seo caite.
8. D'fhanamar _____ óstán galánta.
9. Chonaiceamar na _____ sa cheantar agus na foirgnimh stairiúla.
10. Chuaigh mé ag snámh _____ fharraige gach uile lá.

as   radhairc   ar feadh   san   ar   fheabhas   go dtí   as   in   gréine   liom

B: Cuir tionscnamh (*project*) le chéile ar shaoire a chaith tú le do mhuintir in Éirinn nó thar lear. Scríobh alt faoin tsaoire agus tarraing pictiúir nó cuir grianghraif ann. San alt, luaigh:
- cé a bhí leat
- conas a thaistil sibh
- an áit ina raibh sibh ar saoire
- cá fhad a chaith sibh ar saoire
- cár fhan sibh
- déan cur síos ar an gceantar
- conas a bhí an aimsir
- cad a rinne sibh gach lá
- cad a rinne sibh san oíche
- aon rud suimiúil a chonaic tú
- ar cheannaigh tú aon rud?
- ar bhain tú taitneamh as an tsaoire?

Aonad 8

Bia, sláinte agus truailliú an imshaoil

- **Céim 1:** Téarmaí a bhaineann le bia agus deoch — 174
- **Céim 2:** Dráma sa rang — 178
- **Céim 3:** Cleachtadh cainte agus obair bheirte — 179
- **Céim 4:** Fógra fada — 180
- **Céim 5:** Meaitseáil — 181
- **Céim 6:** Focail agus nathanna a bhaineann leis an gcorp — 182
- **Céim 7:** Focail agus frásaí a bhaineann le timpistí — 184
- **Céim 8:** Alt / Cuntas: 'Timpiste bhóthair' — 185
- **Céim 9:** Meaitseáil — 187
- **Céim 10:** Fógra fada — 188
- **Céim 11:** Teachtaireacht ríomhphoist: 'Cara san ospidéal' — 189
- **Céim 12:** Litir: 'Tine' — 190
- **Céim 13:** Truailliú na timpeallachta — 192
- **Céim 14:** Athbhreithniú ar Aonad 8 — 194

Féach ar thriail a hocht (lch 335)

Aois na Glóire 2

Céim 1: Téarmaí a bhaineann le bia agus deoch

Cén saghas bia a thaitníonn leat?

Is maith liom …

bia Iodálach	Italian food
bia Indiach	Indian food
bia Téalannach	Thai food
bia Síneach	Chinese food
bia Seapánach	Japanese food
bia Éireannach	Irish food
mearbhia	fast food

Cé na deochanna a thaitníonn leat?

Is breá liom …

sú oráiste	orange juice
cóla	cola
sú úill	apple juice
líomanáid	lemonade
bainne	milk
uisce	water
tae	tea
caife	coffee

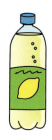

Cad é an béile is fearr leat?   **Cad í an mhias is fearr leat?**

Is fearr liom …

bricfeasta	breakfast
lón	lunch
dinnéar	dinner
suipéar	supper

Is fearr liom …

bagún agus cabáiste	bacon and cabbage
stobhach	stew
casaról	casserole
lasagne	lasagne
píotsa	pizza
curaí	curry

Bia, sláinte agus truailliú an imshaoil

An maith leat cócaireacht?

Is breá liom cócaireacht

cuireann sí ar mo shuaimhneas mé	it relaxes me
is caitheamh aimsire deas í	it's a pleasant pastime
is breá liom béile a ullmhú nuair a bhíonn aíonna sa teach	I love preparing a meal when there are guests in the house

Is fuath liom cócaireacht

nílim go maith chuici	I'm not good at it
níl aon suim agam i gcócaireacht	I have no interest in cooking

Leagan amach an bhéile

biachlár	menu
cúrsa tosaigh	starter
príomhchúrsa	main course
milseog	dessert

Téarmaí a bhaineann le feoil

feoil	meat	bagún	bacon
mairteoil	beef	uaineoil	lamb
stéig	steak	circeoil	chicken
muiceoil	pork	turcaí	turkey
liamhás	ham	burgair	burgers

Téarmaí a bhaineann le bricfeasta

leite	porridge
gránach	cereal
calóga arbhair	corn flakes
tósta	toast
im	butter
marmaláid	marmalade
subh	jam
uibheacha	eggs
ispíní	sausages
slisíní	rashers
putóg bhán	white pudding
putóg dhubh	black pudding
pancóga	pancakes

Aois na Glóire 2

Téarmaí a bhaineann le héisc

bradán	salmon
trosc	cod
tuinnín	tuna

Téarmaí a bhaineann le torthaí agus glasraí

gairleog	garlic
práta(í)	potato(es)
cairéad	carrot
oinniún	onion
leitís	lettuce
beacán	mushroom
piseanna	peas
pónairí	beans
piobar	pepper
brocailí	broccoli
cabáiste	cabbage
bachlóga Bruiséile	Brussels sprouts
tornapa	turnip
piorra	pear
torthaí	fruit (plural)
úll	apple
oráiste	orange
mealbhacán	melon
banana	banana

Téarmaí a bhaineann le cúrsaí tosaigh

sailéad	salad
anraith	soup
manglam cloicheán	prawn cocktail

Téarmaí a bhaineann le harán

arán	bread
císte / cáca	cake
muifín	muffin
brioscaí	biscuits

Téarmaí a bhaineann le milseoga

milseog	dessert
cáis agus craicir	cheese and crackers
iógart	yoghurt
glóthach	jelly
uachtar reoite	ice cream
císte cáise	cheesecake
sailéad torthaí	fruit salad
cáca milis / císte milis	cake
maróg Nollag	Christmas pudding
seacláid	chocolate

Bia, sláinte agus truailliú an imshaoil

Mearbhia

mearbhia	fast food
burgair	burgers
burgar circeola	chicken burger
sceallóga	chips
fáinní oinniúin	onion rings
circeoil fhriochta	fried chicken
anlann curaí	curry sauce
ispín	sausage
iasc friochta	fried fish
trosc agus sceallóga	cod and chips
cnaipíní circeola	chicken nuggets
creathán bainne	milkshake

Cleachtadh

Cuir na pictiúir agus na hainmneacha le chéile

	Anraith
	Sailéad
	Píotsa
	Bagún agus cabáiste
	Buidéal uisce
	Seacláid
	Burgar agus sceallóga
	Uachtar reoite
	Cáca milis
	Brioscaí
	Úll
	Oráiste
	Leitís
	Ceapaire

177

Aois na Glóire 2

Obair Bhaile

Lig ort go bhfuil do bhialann féin agat. Le cabhair na bhfocal ar lch 177, scríobh an biachlár a bheadh agat faoi na ceannteidil seo a leanas:
- cúrsa tosaigh
- príomhchúrsa
- milseog
- deochanna.

Céim 2: Dráma sa rang

Lig ort gur tusa Jamie Oliver nó Rachel Allen. Déan biachlár amach agus scríobh script do do chlár teilifíse. Sa script:
- cuir fáilte roimh an lucht féachana
- luaigh an cúrsa tosaigh a dhéanfaidh tú
- luaigh na rudaí a chuirfidh tú isteach ann
- mínigh conas an cúrsa tosaigh a dhéanamh
- ainmnigh an príomhchúrsa a dhéanfaidh tú
- luaigh na rudaí a chuirfidh tú isteach ann
- mínigh conas an príomhchúrsa a dhéanamh
- cuir deireadh leis an gclár.

Gluais

Is mise Jamie Oliver / Rachel Allen	I am Jamie Oliver / Rachel Allen
Fáilte romhaibh go léir chuig ár gclár anocht	You are all welcome to our programme tonight
Anocht, beimid ag déanamh …	Tonight we will be making …
Chun an mhias sin a dhéanamh, beimid ag úsáid …	In order to make that dish, we will be using …
Bhuel, sin deireadh leis an gclár anocht	Well, that's the end of the programme tonight
Feicfidh mé sibh ag an am céanna an tseachtain seo chugainn	I will see you (plural) at the same time next week

Bia, sláinte agus truailliú an imshaoil

Déan suirbhé sa rang faoi bhia.
1. Cén saghas bia is fearr le daoine?
2. An ndéanann siad cócaireacht?
3. Cá mhinice a dhéanann siad cócaireacht?
4. An dtéann siad go bialann go minic? Cén saghas bialainne?
5. An itheann siad mórán mearbhia?
6. An ndeachaigh siad thar lear riamh? Cad a cheap siad faoin mbia sa tír sin?

Céim 3: Cleachtadh cainte agus obair bheirte

Cuir na ceisteanna seo a leanas ar an duine in aice leat, agus ansin freagair na ceisteanna tú féin:
1. Cén saghas bia a thaitníonn leat?
2. An maith leat cócaireacht?
3. Cad é an béile is fearr leat sa lá?
4. An maith leat feoil? Cén saghas feola?
5. Cad í an mhias is fearr leat thar aon cheann eile?
6. Cad í an bhialann is fearr leat?
7. An maith leat milseoga nó rudaí milse? Cén saghas?
8. Cén duine a dhéanann an chócaireacht sa bhaile?
9. An maith leat glasraí agus torthaí? Cén saghas?
10. Cén saghas dí a thaitníonn leat?

Céim 4: Fógra fada

BIALANN NA MARA
suite ar Bhóthar na Trá, Gaillimh, Co. na Gaillimhe
Biachlár an tSamhraidh: Buail isteach orainn!

Cúrsa Tosaigh: manglam cloicheáin ar fáil ar 4 euro
anraith: €3.50
sailéad circeola: €4.00

Príomhchúrsaí: stéig agus sceallóga: €15
curaí circeola agus rís: €10
trosc agus sceallóga €8.0
casaról mairteola agus prátaí: €10
píotsa agus sailéad: €8

Milseoga: toirtín úll agus custard: €4
císte cáise: €4
glóthach agus uachtar reoite: €2.50
Tae agus caifé saor in aisce le réamhchúrsa agus dinnéar
Lascaine de 20% do ghrúpaí de níos mó ná fiche

Tuilleadh Eolais: Cuir glao ar an mbainisteoir Norman de Bláca ar 085 2893274
nó féach ar ár suíomh idirlín www.bialannuíshé.ie

Gluais

biachlár	*menu*
buail isteach ar	*to call in to*
saor in aisce	*free*
tuilleadh eolais	*extra information*
lascaine	*discount*
bainisteoir	*manager*

Ceisteanna:
1. Cad is ainm don bhialann san fhógra sin?
2. Cá bhfuil sí suite?
3. Cé na cúrsaí tosaigh atá ar fáil sa bhialann?
4. Cé na príomhchúrsaí atá ar fáil sa bhialann?
5. Cé na milseoga atá ar fáil?
6. Conas is féidir leat tae nó caifé a fháil saor in aisce?
7. Cén lascaine atá ar fáil do ghrúpaí?
8. Conas is féidir le daoine tuilleadh eolais a fháil?

Bia, sláinte agus truailliú an imshaoil

Céim 5: Meaitseáil

Meaitseáil na litreacha leis na huimhreacha.

1.	**Cosc ar Ghuma Coganta**!	A	
2.	**Bóthar dainséarach**! Tiomáin go mall	B	
3.	**Dioscó anocht** sa chlub óige ar Shráid Uí Cheallaigh 8 pm – 12 pm	C	
4.	**Bí cúramach** Tarbh sa pháirc	D	
5.	**Ag dul ar saoire?** Is féidir linn cabhrú leat Buail isteach ar Oifig Taistil Uí Néill	E	
6.	**Taispeántas Ealaíne** i ndánlann an bhaile mhóir Pictiúir le Picasso	F	
7.	**Iarnród Éireann** Clár ama an tsamhraidh Ar fáil san oifig	G	
8.	**An Ceoldráma 'Les Miserables'** in Amharclann na Pointe Dé Sathairn ag 8pm	H	
9.	**Turas go dtí an Fhrainc** á eagrú ag an gclub seoltóireachta Tuilleadh eolais ó Pheadar ag 01 2548754	I	
10.	**Bláthanna do gach ócáid**! Ar fáil ag siopa an bhláthadóra Cuir glao ar 091 687324	J	

1	2	3	4	5	6	7	8	9	10

Céim 6: Focail agus nathanna a bhaineann leis an gcorp

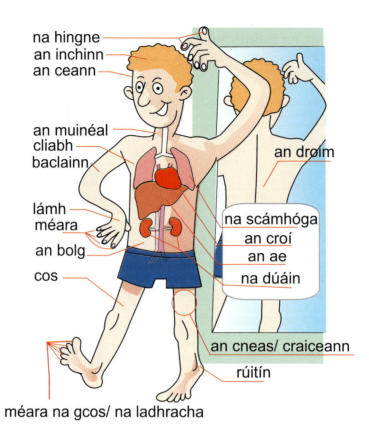

- na hingne
- an inchinn
- an ceann
- an muinéal
- cliabh
- baclainn
- lámh
- méara
- an bolg
- cos
- méara na gcos/ na ladhracha
- an droim
- na scámhóga
- an croí
- an ae
- na dúáin
- an cneas/ craiceann
- rúitín

Focail agus frásaí a bhaineann le tinneas

Nílim ar fónamh	I'm not well
Táim tinn / breoite	I'm ill, I'm sick
Tá pian agam / Táim i bpian	I have a pain, I'm in pain
Tá pian i mo bholg	I have a pain in my stomach
Tá tinneas cinn orm	I have a headache
Tá tinneas fiacaile orm	I have a toothache
Tá slaghdán / fliú orm	I have a cold, the flu
Tá piachán orm	I'm hoarse
Bím ag casacht i gcónaí	I'm always coughing
Bím ag sraothartach an t-am ar fad	I'm sneezing constantly
Bím ag tochas	I scratch
Bím ag aiseag / ag cur amach / ag caitheamh aníos	I vomit

Bia, sláinte agus truailliú an imshaoil

Tá mo cheann ina roithleán	My head is spinning
Níl aon ghoile agam	I have no appetite
Táim ag cur allais	I'm sweating
Tá fiabhras orm	I have a fever
Ní féidir liom codladh	I can't sleep
Tá an plucamas / an bhruitíneach / asma orm	I have the mumps / the measles / asthma
galar	illness, disease
deilgneach	chickenpox
an triuch	whooping cough
an plucamas	mumps
an bhruitíneach	measles
meiningíteas	meningitis
plúchadh / asma	asthma
Táim ag dul i bhfeabhas / Tá biseach orm	I'm improving, getting better
Tá sí bán san aghaidh	She is pale
Tá sí go dona tinn	She is seriously ill
Fuair sí bás	She died
Bhain timpiste dom	I had an accident
Ghortaigh mé mo chos	I injured my leg
Táim ag cur fola	I'm bleeding
Thit mé i laige	I fainted
Bhí mé gan mheabhair	I was unconscious
Bhris mé mo chos	I broke my leg
Bhris mé an chnámh	I broke the bone
Tá mo chos i bplástar	My leg is in plaster

Cuir Gaeilge ar na habairtí seo a leanas:
1. I broke my leg last week.
2. Seán injured his head last night.
3. When I hit my head, I was unconscious on the road.
4. I had a headache last night.
5. Mary had the flu last week.
6. I have a cold and am always coughing and sneezing.
7. My sister had chicken pox last month.
8. Séamas fell on the ground yesterday and his leg was bleeding.
9. I'm getting better now.
10. My uncle died last Monday.

Céim 7: Focail agus frásaí a bhaineann le timpistí

Frásaí mar chabhair duit

bádh é	he was drowned
gortaíodh é	he was injured
thit mé	I fell
leag carr mé	a car knocked me down
bhuail mé mo cheann	I hit my head
leon mé mo rúitín	I sprained my ankle
tá mo rúitín leonta	my ankle is sprained
tá mo rúitín ata	my ankle is swollen
scall mé mo lámh le huisce beirithe	I scalded my arm with boiling water

Focail agus frásaí a bhaineann le dochtúirí agus le hospidéil

dochtúir	doctor
banaltra	nurse
othar	patient
oideas	prescription
táibléid	tablets
instealladh	injection
leigheas	cure, medicine
otharcharr	ambulance
bindealán	bandage
sínteán	stretcher
scuainí	queues
Rannóg Timpistí agus Éigeandála	Accident and Emergency Department
x-gha	x-ray
barda	ward
obráid	operation
obrádlann	operating theatre

Céim 8: Alt / Cuntas: Timpiste bhóthair

Alt / Cuntas:

Pictiúr 1

Pictiúr 2

Pictiúr 3

Pictiúr 4

Lá gaofar fliuch ba ea é. Dhúisigh mé ag ceathrú tar éis a hocht a chlog ar maidin. Bhí mé déanach don scoil! Amach an doras liom. **Bhí mo chroí ag dul amach as mo bhéal**. Bhí an ghaoth ag séideadh go láidir, agus bhí sé ag stealladh báistí. Bhí duilleoga ag eitilt i ngach áit.

Chuala mé Aindrias, cara liom, ag screadach trasna an bhóthair. Bhí a mháthair **ag tabhairt síbe** dó. Bhí faoiseamh an domhain orm. Ní bheinn déanach! Rith mé trasna an bhóthair gan féachaint **ar dheis ná ar chlé**.

Ní fhaca mé an carr a bhí ag tiomáint go tapaidh i mo threo. **Thug mé iarracht ar bhogadh as an tslí**, ach bhuail an carr mé agus leag sé go talamh mé. Bhuail mé mo cheann ar an talamh. Bhí an phian **dochreidte**, agus bhí eagla an domhain orm.

Chuir an tiománaí glao ar an **otharcharr**, agus tugadh ar **shínteán** mé go dtí an t-ospidéal. **Ní cuimhin liom** aon rud eile go dtí gur dhúisigh mé i leaba san ospidéal. Bhí mo mháthair agus m'athair ann. Bhí an-imní orthu, agus bhí áthas an domhain orthu nuair a dhúisigh mé!

Bhí mo chos briste, agus bhí sí i bplástar. Chuir an dochtúir **bindealán** mór ar mo cheann. Bhí tinneas cinn orm. Thug an bhanaltra táibléid dom chun an phian a laghdú.

Bhí orm fanacht sa **bharda** ar feadh seachtaine. Cé go raibh sé leadránach, thug na banaltraí aire mhaith dom, agus thug mo mhuintir agus mo chairde cuairt orm gach lá. Tar éis seachtaine chuaigh mé abhaile agus bhí áthas an domhain orm. **Ní dhéanfaidh mé dearmad ar an lá sin go deo**!

Aois na Glóire 2

Gluais

bhí mo chroí ag dul amach as mo bhéal	my heart was in my mouth	sínteán	stretcher
ag tabhairt síbe	giving a lift	ní cuimhin liom	I don't remember
ar dheis ná ar chlé	right nor left	bindealán	bandage
thug mé iarracht ar bhogadh as an tslí	I made an effort to move out of the way	barda	ward
dochreidte	unbelievable	ní dhéanfaidh mé dearmad ar an lá sin go deo	I won't ever forget that day
otharcharr	ambulance		

Ceisteanna:

1. Cén t-am a dhúisigh an dalta san alt thuas?
2. Conas a bhí an aimsir?
3. Cad a tharla nuair a rith an dalta amach ar an mbóthar?
4. Cé a chuir glao ar an otharcharr?
5. Cad a tharla don chos?
6. Cad a chuir an dochtúir ar a cheann?
7. Cad a thug an bhanaltra dó chun an phian a laghdú?
8. Cá fhad a chaith an dalta sa bharda?

Obair Bhaile

Scríobh alt / cuntas ar thimpiste a tharla duit. Is tusa Nuala sna pictiúir thíos. Scríobh an scéal atá léirithe sa tsraith pictiúr. Is tusa atá ag insint an scéil.

Pictiúr 1

Pictiúr 2

Pictiúr 3

Pictiúr 4

Bia, sláinte agus truailliú an imshaoil

Céim 9: Meaitseáil

Meaitseáil na litreacha agus na huimhreacha thíos.

1.	**Ciúnas sa leabharlann**	A	
2.	**Rabhadh**! Bóthar faoi uisce	B	
3.	**Dainséar**! Sreanga beo - Ná téigh isteach	C	
4.	**Coimeád do scoil glan**! Cuir an bruscar sna boscaí bruscair atá ar fáil	D	
5.	**Bialann nua Shíneach**! Ar oscailt ar phríomhshráid Dhún Dealgan	E	
6.	**Ceolchoirm anocht** Ag a seacht a chlog i halla na scoile	F	
7.	**Piscín ar díol!** Cuir glao ar 091 2984465	G	
8.	**Traenáil haca** Gach Máirt 4:00-5:00 p.m.	H	
9.	**Ionad Sláinte nua ar oscailt!** Ar oscailt ó 9:00-5:00 p.m. ar Shráid Uí Shé	I	
10.	**Comórtas Gailf – fáilte roimh gach duine** Dé Domhnaigh: 2 p.m.- 5 p.m.	J	

1	2	3	4	5	6	7	8	9	10

Céim 10: Fógra fada

Léigh an fógra seo a leanas agus freagair na ceisteanna a ghabhann leis.

> # COMHAIRLE ÓN IONAD SLÁINTE NUA
> ## Bí sláintiúil agus cuir fad le do shaol!
> **Ith bia folláin agus déan aclaíocht go rialta!**
>
> **Seachain:** mearbhia, bia próiseáilte leis an iomarca siúcra agus salainn!
> Bígí socair ar bhur ndóthain glasraí agus torthaí a ithe.
> **Béilí:** Ith bricfeasta, lón agus dinnéar
> Má bhíonn ocras ort idir bhéilí ith torthaí, iógart nó cnónna
>
> Ith circeoil, turcaí agus iasc agus ná ith feoil dhearg níos mó ná dhá uair sa tseachtain
> **Fan amach:** ó sheacláid, mhilseáin agus mhianraí
> **Aclaíocht:** Déan idir 40 agus 50 nóiméad gach lá más féidir

Gluais

comhairle	*advice*	seachain	*avoid*
ionad sláinte	*health centre*	mearbhia	*fast food*
sláintiúil / folláin	*healthy*	bia próiseáilte	*processed food*
fad	*length*	an iomarca	*too much*
aclaíocht	*exercise*	cnónna	*nuts*

Ceisteanna:
1. Cé tá ag tabhairt na comhairle san fhógra seo?
2. Cén saghas bia ba cheart do dhaoine a sheachaint?
3. Cad a deirtear mar gheall ar bhéilí?
4. Cen sórt bia ba cheart do dhaoine a ithe idir bhéilí?
5. Cad a deir an t-ionad sláinte mar gheall ar aclaíocht?

Bia, sláinte agus truailliú an imshaoil

Céim 11: Teachtaireacht ríomhphoist: Cara san ospidéal

Is tusa Tomás sna pictiúir thíos. Tá do chara san ospidéal. Tá ríomhaire glúine aici.
Cuir **teachtaireacht ríomhphoist** chuig do Mham fúithi.

Pictiúr 1
Clár teilifíse

Pictiúr 2
Máire san ospidéal

Pictiúr 3
Teachtaireacht ríomhphoist

Pictiúr 4
Ag dul go dtí an t-ospidéal

Luaigh i do theachtaireacht:
- cad a bhí á dhéanamh agaibh (**Pictiúr 1**)
- cá bhfuil Máire (**Pictiúr 2**)
- cá bhfuil sibh imithe agus cad tá ar siúl agaibh (**Pictiúr 4**).

Teachtaireacht ríomhphoist

A Mham,

Bhí mé ag féachaint ar chlár teilifíse níos luaithe le hÁine nuair a fuair mé teachtaireacht ríomhphoist ó mo chara Máire. Faraor, tá Máire san ospidéal! Bhris sí a cos inné i gcluiche haca. Tá an t-ospidéal an-leadránach agus chuir sí teachtaireacht ríomhphoist chugam. D'iarr sí orm cuairt a thabhairt uirthi. Tá mé imithe go dtí an t-ospidéal le hÁine chun cuairt a thabhairt uirthi.

Beidh mé ar ais níos déanaí ag a hocht a chlog.

Feicfimid go luath thú,

Tomás.

Aois na Glóire 2

Obair Bhaile

Tá do chara san ospidéal ar chúis éigin. Scríobh teachtaireacht ríomhphoist chuig do Dhaid ag insint dó cá bhfuil tú imithe.

Céim 12: Litir: Tine

Bhí tú ag siúl le do Mham aréir nuair a chonaic tú tine. Scríobh litir chuig do chara faoi.
I do litir luaigh:
- cad a bhí á dhéanamh agat ag an am
- déan cur síos ar an tine
- cad a rinne tú nuair a chonaic tú an tine
- cad a tharla ina dhiaidh sin.

13 Gáirdíní Pháirc na Lobhar
Baile na Lobhar
Co. Bhaile Átha Cliath
14 Lúnasa 2012

A Nóra, a chara,

Is fada an lá ó chuala mé uait. Tá súil agam go bhfuil tú féin is do mhuintir i mbarr na sláinte. Táim ag scríobh chugat chun cur síos a dhéanamh ar **eachtra dhrámata** a tharla aréir i mo cheantar! Bhí mé ag siúl le mo Mham aréir nuair a chonaiceamar mórán **deataigh** ag teacht ó **dhíon** tí. Chuamar timpeall an chúinne agus chonaiceamar go raibh an teach **trí thine**! Bhí mo chroí ag teacht amach as mo bhéal. Bhí lasracha agus deatach i ngach áit. Chuir mé glao ar na **seirbhísí éigeandála láithreach**.

Tamall beag ina dhiaidh sin, tháinig **an bhriogáid dóiteáin** agus na Gardaí. Mhúch siad an tine. **Ar ámharaí an tsaoil**, ní raibh aon duine sa teach. Tháinig an teaghlach ar ais leathuair an chloig níos déanaí. Bhí **uafás** an domhain orthu nuair a chonaic siad an **damáiste** a bhí déanta don teach. Ag an am céanna, **bhí an t-ádh leo** nach raibh aon duine sa teach nuair a bhris an tine amach.

Seachtain ina dhiaidh sin, tháinig tógálaithe chun díon an tí a **dheisiú**. D'fhan an teaghlach leis na **comharsana béal dorais** go dtí go raibh an teach réidh. **Bhí siad an-bhuíoch dínn** mar chuireamar glao ar an mbriogáid dóiteáin **in am**.

Bhuel, sin mo nuacht uilig faoi láthair!
Scríobh chugam go luath,

Do chara dhil,
Máire

Bia, sláinte agus truailliú an imshaoil

Gluais

eachtra	event	ar ámharaí an tsaoil	luckily
drámata	dramatic	uafás	horror
deatach	smoke	damáiste	damage
díon	roof	bhí an t-ádh leo	they were lucky
trí thine	on fire	deisigh	to mend
seirbhísí éigeandála	emergency services	comharsana béal dorais	next-door neighbours
láithreach	immediately	bhí siad an-bhuíoch dínn	they were very grateful to us
briogáid dóiteáin	fire brigade	in am	in time

Ceisteanna:
1. Cé a bhí le Máire nuair a chonaic sí an tine?
2. Cá raibh an teach?
3. Cé a tháinig chun an tine a mhúchadh?
4. Cé na daoine a dheisigh an teach?
5. Cár fhan muintir an tí?

Obair Bhaile

Chonaic tú timpiste le déanaí. Scríobh litir chuig do chara faoi.
I do litir, luaigh:
- cad a bhí á dhéanamh agat nuair a chonaic tú an timpiste
- an timpiste a chonaic tú
- cad a tharla don duine / do na daoine a bhí sa timpiste
- cad a rinne tú ansin.

Aois na Glóire 2

Céim 13: Truailliú na timpeallachta

Stór focal agus léamhthuiscint: Truailliú an imshaoil

Focail agus frásaí a bhaineann le truailliú an imshaoil

an t-imshaol	the environment	an t-athrú aeráide	climate change
truailliú	pollution	astúcháin CFC	CFC emissions
toitcheo	smog	gáis nimhiúla	poisonous gases
an téamh domhanda	global warming	athchúrsáil	recycling
bruscar	litter	lárionaid athchúrsála	recycling centres
truailliú aeir	air pollution	cumhacht núicléach	nuclear power
aer úr folláin	healthy fresh air	na comhlachtaí móra	the big companies
camras	sewage	ár modhanna taistil	our modes of transport
deatach	smoke		

Sliocht: Fadhb an imshaoil

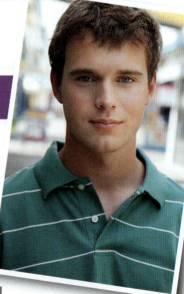

Ruairí de Paor

Is mise Ruairí de Paor. Táimse **an-bhuartha** faoi **fhadhb an imshaoil**. Tá **an ciseal ózóin** ag tanú gach lá. Tá a lán **dochair** déanta againn dár n-aer agus dár n-uisce agus tá rudaí **ag dul in olcas**. **Lá i ndiaidh lae**, cloisimid faoin **téamh domhanda**, faoin **athrú aeráide**, faoi **thuilte** agus faoi stoirmeacha. Leagtar níos mó crann gach lá, agus tá leibhéal na dé-ocsaíde carbóin ag méadú ar fud an domhain. Is cúis imní í.

Ní mór dúinn rud éigin a dhéanamh faoi **scrios an imshaoil**. Ba cheart dúinn siúl ar scoil nó ar obair, nó dul ar rothar, chun méid na ngás dainséarach san aer a laghdú. Ba cheart dúinn níos mó athchúrsála a dhéanamh, idir pháipéar, phlaisteach, agus stán. Ba cheart don Rialtas **fuinneamh in-athnuaite** a fhorbairt. Ba cheart dúinn féin níos mó tacaíochta a thabhairt d'eagraíochtaí amhail Greenpeace.

I mo scoil féin táimid ag tabhairt faoin **tionscadal** darb ainm an bhratach uaine chun **ár gcion** a dhéanamh. Ní mór dúinn **ár ndícheall** a dhéanamh leis an imshaol **a chosaint** ar son **ár gclainne** agus **clann ár gclainne**.

Bia, sláinte agus truailliú an imshaoil

Gluais

an-bhuartha	very worried
an ciseal ózóin	the ozone layer
dochar	harm
ag dul in olcas	getting worse
lá i ndiaidh lae	day after day
an téamh domhanda	global warming
an t-athrú aeráide	climate change
tuilte	floods
scrios an imshaoil	environmental destruction
stán	tin
fuinneamh in-athnuaite	renewable energy
tionscadal	project
bratach uaine	green flag
ár gcion	our share
ár ndícheall	our best effort, every effort
a chosaint	to protect
ár gclann	our children
clann ár gclainne	our grandchildren

Freagair na ceisteanna seo a leanas:

1. Cén fáth a bhfuil Ruairí buartha faoin imshaol?
2. Ainmnigh dhá shaghas truaillithe atá luaite sa sliocht.
3. An féidir le gnáthdhaoine an fhadhb a laghdú?
4. Cad ba cheart don Rialtas a dhéanamh, dar le Ruairí?
5. Cén eagraíocht a luann Ruairí anseo?
6. Cad atá á dhéanamh ag Ruairí agus a chomhdhaltaí ina scoil féin?

Céim 14: Athbhreithniú ar Aonad 8

A: Freagair na ceisteanna seo a leanas:
1. Cén saghas bia is fearr leat?
2. Cad é an béile is fearr leat sa lá?
3. Cad í an mhias is fearr leat?
4. Ar tharla timpiste duit riamh? Déan cur síos ar an timpiste.
5. An raibh tú tinn riamh? Cén tinneas a bhí ort?
6. An raibh tú san ospidéal riamh?

B: Cuir Gaeilge ar na habairtí seo a leanas:
1. I love Italian food.
2. Lasagna is my favourite dish.
3. Dinner is my favourite meal of the day.
4. I had the flu last week.
5. Áine broke her leg last Monday.
6. Séamas injured his back last week.
7. He was in hospital for 2 weeks.
8. Síle had an operation yesterday.
9. The doctor gave me tablets.
10. My sister had the measles last month.

C: Líon na bearnaí leis an bhfocal is oiriúnaí thíos:
1. Ní raibh mé _____ fónamh an tseachtain seo caite.
2. Bhain timpiste _____ inné.
3. Ghortaigh mé mo _____.
4. Thit mé i _____ aréir.
5. Bhí tinneas cinn _____.
6. Nuair a bhris mé mo chos, chuir an dochtúir mo chos i _____.

bplástar   laige   orm   chos   dom   ar

An Scrúdú Béil

Aonad 9

Cuid 1: Fáiltiú — 196
Cuid 2: Cur síos ar shraith pictiúr — 197
Cuid 3: Rólghlacadh — 206
Cuid 4: Comhrá — 223

Struchtúr an scrúdaithe

Má dhéanann tú an scrúdú béil (scrúdú roghnach) is fiú 40 faoin gcéad de mharcanna an Teastais Shóisearaigh sa Ghaeilge é.

Tá ceithre chuid sa scrúdú, mar a leanas:

Cuid 1: Fáiltiú
1 nóiméad (10 marc)

Ní mór duit bheith ábalta an t-eolas seo a leanas a rá:
- d'uimhir scrúdaithe
- do dháta breithe
- do rang.

Cuid 2: Cur síos ar shraith pictiúr
3 nóiméad (30 marc)

Ullmhóimid cúig shraith pictiúr sa rang. Roghnóidh an scrúdaitheoir aon sraith amháin as na cúig cinn atá againn. Beidh nóiméad amháin agat chun an tsraith a ullmhú. Ansin déanfaidh tú cur síos ar an tsraith ar feadh dhá nóiméad.

Cuid 3: Rólghlacadh
3 nóiméad (40 marc)

Beidh ocht gcárta agat le hullmhú sa rang. Cuirfidh tú ceisteanna ar an scrúdaitheoir, iad bunaithe ar an gcárta a roghnóidh an scrúdaitheoir ar lá na béaltrialach.

Cuid 4: Comhrá
4–5 nóiméad (80 marc)

Cuirfidh an scrúdaitheoir roinnt ceisteanna ort, iad bunaithe ar na hábhair agus na feidhmeanna teanga atá leagtha amach sa siollabas.

Ullmhú don scrúdú

Ba chóir duit ná hábhair seo a leanas, ar a laghad, a ullmhú:
- tú féin agus do mhuintir
- an scoil agus ábhair scoile
- caitheamh aimsire (ceol, spórt, scannáin, leabhair, cláir theilifíse, teicneolaíocht, srl.)
- do theach

Aois na Glóire 2

- do cheantar
- siopaí agus siopadóireacht
- éadaí agus cúrsaí faisin
- bia agus deoch
- laethanta saoire
- poist agus slite beatha
- an corp, sláinte, agus tinneas
- an aimsir
- na séasúir agus féilte.

Cuid 1: Fáiltiú

Cuirfidh an scrúdaitheoir ceisteanna bunúsacha ort chun tú a chur ar do shuaimhneas.

⭐ **Mar shampla**

Scrúdaitheoir: Cad is ainm duit?

Dalta: Máire is ainm dom.

Scrúdaitheoir: Conas atá tú?

Dalta: Táim go diail (*great*) / go hiontach / go maith / beagán neirbhíseach (*a little nervous*).

Scrúdaitheoir: Cad é d'uimhir scrúdaithe? (*What is your examination number?*)

Dalta: Is é a náid, a náid, a seacht, a trí, a ceathair (00734) m'uimhir scrúdaithe.

Scrúdaitheoir: Cén rang ina bhfuil tú?

Dalta: Táim sa tríú bliain.

Scrúdaitheoir: Cad é do dháta breithe?

Dalta: Rugadh mé ar an dóú lá is fiche de mhí na Samhna, míle naoi gcéad nócha a cúig.

Dáta breithe

Rugadh mé ar an gcéad lá de mhí Eanáir	*I was born on the first of January*
Rugadh mé ar an dara lá de mhí Feabhra	*I was born on the second of February*
Rugadh mé ar an tríú lá de mhí an Mhárta	*I was born on the third of March*
Rugadh mé ar an gceathrú lá de mhí Aibreáin	*I was born on the fourth of April*
Rugadh mé ar an gcúigiú lá de mhí na Bealtaine	*I was born on the fifth of May*
Rugadh mé ar an séú lá de mhí an Mheithimh	*I was born on the sixth of June*
Rugadh mé ar an seachtú lá de mhí Iúil	*I was born on the seventh of July*
Rugadh mé ar an ochtú lá de mhí Lúnasa	*I was born on the eighth of August*
Rugadh mé ar an naoú lá de mhí Mheán Fómhair	*I was born on the ninth of September*
Rugadh mé ar an deichiú lá de mhí Dheireadh Fómhair	*I was born on the tenth of October*
Rugadh mé ar an aonú lá déag de mhí na Samhna	*I was born on the eleventh of November*
Rugadh mé ar an dóú lá déag de mhí na Nollag	*I was born on the twelfth of December*
Rugadh mé ar an tríú lá déag de mhí Eanáir	*I was born on the thirteenth of January*
Rugadh mé ar an aonú lá is fiche de mhí an Mhárta	*I was born on the twenty-first of March*
Rugadh mé ar an dóú lá is fiche de mhí Aibreáin	*I was born on the twenty-second of April*
Rugadh mé ar an tríochadú lá de mhí Iúil	*I was born on the thirtieth of July*

An Scrúdú Béil

Cuid 2: Cur síos ar shraith pictiúr

Tosaigh leis na frásaí seo a leanas, más mian leat, chun struchtúr a chur leis an gcur síos.

Frásaí agus smaointe mar chabhair duit

sa chéad phictiúr	in the first picture
sa dara pictiúr	in the second picture
sa tríú pictiúr	in the third picture
sa cheathrú pictiúr	in the fourth picture
sa chéad phictiúr eile	in the next picture
sa phictiúr deireanach	in the last picture

- Luaigh an t-am atá ar an gclog má tá clog sa phictiúr.
- Déan cur síos ar a bhfuil ar siúl agus ar na daoine sa phictiúr.
- Luaigh na rudaí atá **sa chúlra** (*in the background*).
- Déan trácht ar na héadaí atá á gcaitheamh ag na daoine sa phictiúr.

Sraith pictiúr 1

Féach ar an tsraith pictiúr atá roghnaithe agat. Beidh nóiméad amháin agat sa bhéaltriail chun staidéar agus anailís a dhéanamh ar an tsraith pictiúr seo. Beidh dhá nóiméad eile agat chun cur síos a dhéanamh ar an scéal atá sna pictiúir.

Pictiúr 1

Pictiúr 2

Pictiúr 3

Pictiúr 4

An chéad phictiúr

- Sa chéad phictiúr tá sé a cúig a chlog.
- Tá Áine agus a deartháir tar éis teacht abhaile ón scoil. Seán is ainm don bhuachaill.
- Tá a n-éide scoile ar Áine agus ar Sheán **fós** (*still*).
- Tá Áine agus Seán ag déanamh obair bhaile le chéile sa seomra suí.
- Feicimid Áine ag scríobh ina cóipleabhar, agus tá Seán ag léamh leabhair.
- Tá lampa, clog agus pictiúr de phlanda sa chúlra.

An dara pictiúr

- Sa dara pictiúr tá sé leathuair tar éis a cúig.
- **Buaileann fón** Áine.
- Freagraíonn Áine an fón.
- Tá Caitlín, cara léi, ar an líne.
- Tugann Caitlín **cuireadh** d'Áine agus do Sheán dul go dtí an phictiúrlann chun *Bee Movie* a fheiceáil.
- Tá Seán fós ag léamh leabhair **sa chúlra**.
- Deir Áine gur mhaith leo dul go dtí an phictiúrlann le Caitlín.
- Níl na tuismitheoirí sa bhaile ag an am.

An tríú pictiúr

- Sa chéad phictiúr eile tá Áine ag an **ríomhaire**.
- Tá sí ag scríobh **teachtaireacht ríomhphoist** chuig a Mam.
- Insíonn Áine dá Mam go mbeidh sise agus Seán ag dul go dtí an phictiúrlann le Caitlín.
- Insíonn sí do Mham cathain a bheidh siad sa bhaile tar éis an scannáin.
- Seolann sí an teachtaireacht ríomhphoist chuig a Mam.

An ceathrú pictiúr

- Sa phictiúr deireanach buaileann Áine agus Seán le Caitlín taobh amuigh den phictiúrlann.
- Tá **fógra** don scannán *Bee Movie* le feiceáil.
- Tá trí **scáileán** sa phictiúrlann.
- Tá cóta orthu go léir mar tá an aimsir fuar, agus tá hata á chaitheamh ag Caitlín.
- Ceannóidh siad milseáin agus deochanna roimh dhul isteach chuig an scannán, **is dócha**.
- Ceannaíonn siad na ticéid, agus baineann siad taitneamh as an scannán.

Gluais

buail fón	(of a phone) to ring phone
cuireadh	invitation
sa chúlra	in the background
ríomhaire	computer
teachtaireacht ríomhphost	message e-mail
fógra	advertisement, notice
scáileán	screen
is dócha	presumably

An Scrúdú Béil

Sraith pictiúr 2

Féach ar an tsraith pictiúr atá roghnaithe agat. Beidh nóiméad amháin agat sa bhéaltriail chun staidéar agus anailís a dhéanamh ar an tsraith pictiúr seo. Beidh dhá nóiméad agat chun cur síos a dhéanamh ar an scéal atá sna pictiúir.

Pictiúr 1   Pictiúr 2

Pictiúr 3   Pictiúr 4

An chéad phictiúr

- Sa chéad phictiúr tá Caitríona sa bhaile.
- Cloiseann sí cnag ar an doras.
- Téann sí go dtí an doras, agus osclaíonn sí é.
- Tá Pól, cara léi, ag an doras.
- Tá sciorta gearr ar Chaitríona agus T-léine a bhfuil pictiúr de bhláth uirthi.
- Tá T-léine dhubh agus bríste géine ar Phól.
- **Cuireann** Caitríona **fáilte roimh** Phól.
- Tagann Pól isteach sa teach.

199

An dara pictiúr

- Sa dara pictiúr téann Caitríona agus Pól isteach sa seomra suí.
- Suíonn siad síos.
- Ar an mballa tá pictiúr de bhád ar an bhfarraige. Tá **leabhragán** agus mórán leabhar air sa chúlra.
- Tá teilifíseán sa chúinne, agus tá bláthanna sa **vása** ar an mbord caife.
- **Iarrann** Pól **ar** Chaitríona dul leis chuig an dioscó.
- Deir sé go mbeidh an dioscó **ar siúl** ar a naoi a chlog tráthnóna.

An tríú pictiúr

- Sa chéad phictiúr eile míníonn Caitríona do Phól nach bhfuil a tuismitheoirí sa bhaile.
- Ceapann Caitríona nach féidir léi dul chuig an dioscó.
- Tá díomá ar Chaitríona agus ar Phól.

An ceathrú pictiúr

- Ansin smaoiníonn Pól ar phlean.
- Iarrann sé ar Chaitríona nóta a scríobh dá tuismitheoirí.
- Scríobhann Caitríona nóta dá tuismitheoirí. Insíonn sí dóibh go mbeidh sí ag dul chuig dioscó le Pól agus cathain a bheidh sí ag teacht abhaile.
- Fágann sí an nóta ar an mbord caife sa seomra suí.
- Téann siad chuig an dioscó, agus tá oíche iontach acu.

Gluais

cuir fáilte roimh	welcome
leabhragán	bookcase
vása	vase
iarr ar	ask (request)
ar siúl	on

An Scrúdú Béil

Sraith pictiúr 3

Féach ar an tsraith pictiúr atá roghnaithe agat. Beidh nóiméad amháin agat sa bhéaltriail chun staidéar agus anailís a dhéanamh ar an tsraith pictiúr seo. Beidh dhá nóiméad agat chun cur síos a dhéanamh ar an scéal atá sna pictiúir.

Pictiúr 1   Pictiúr 2

Pictiúr 3   Pictiúr 4

An chéad phictiúr
- Sa chéad phictiúr tá Áine agus Seán ag siúl le chéile **cois abhann**.
- Tá seaicéad, bríste, agus bróga reatha orthu, agus tá siad ag iompar mála ar a ndroim.
- Feiceann siad iascaire i m**bád** in aice leo.
- Tá **fógra** mór agus *Dainséar* scríofa air ar an taobh eile den abhainn.

An dara pictiúr
- Lá te is ea é.
- Téann Áine agus Seán ag snámh san abhainn.
- Tá **culaith shnámha** orthu.
- Tá snámh maith ag Áine, ach níl snámh maith ag Seán.
- Tá bád an iascaire fós **i ngar dóibh**.

Aois na Glóire 2

An tríú pictiúr

- Sa chéad phictiúr eile tá Seán i dtrioblóid agus **i mbaol a bháite**.
- **Tá cabhair uaidh**, agus tá sé **ag béiceach** 'Cabhair!'
- Tá Seán **i bponc**, agus tá eagla an domhain air.
- Tá **líonrith** air, agus ní féidir leis a **anáil** a **tharraingt**.

An ceathrú pictiúr

- **Ar ámharaí an tsaoil**, feiceann an fear sa bhád é.
- **Téann** an t-iascaire **i gcabhair ar** Sheán.
- Tarraingíonn an t-iascaire amach as an abhainn é agus isteach sa bhád.
- Ansin **rámhaíonn** an t-iascaire go **bruach na habhann**.
- Cabhraíonn daoine ar an mbruach le Seán éirí as an mbád.
- Tá áthas ar gach duine go bhfuil sé slán sábháilte.
- Tá **faoiseamh** an domhain ar Áine.
- Deir Seán 'Míle buíochas' leis an iascaire.
- Téann gach duine abhaile go sona sásta.

Gluais

cois abhann	by the river
bád	boat
fógra	notice
culaith snámha	swimsuit
i ngar do	near
i mbaol a bháite	in danger of drowning
tá cabhair uaidh	he needs help
ag béiceach	shouting
tá sé i bponc	he's in a fix
líonrith	panic
anáil	breath
tarraing	to pull/draw
ar ámharaí an tsaoil	luckily
téigh i gcabhair ar	to help
rámhaigh	to row
bruach na habhann	edge of the river
faoiseamh	relief

An Scrúdú Béil

Sraith pictiúr 4

Féach ar an tsraith pictiúr atá roghnaithe agat. Beidh nóiméad amháin agat chun staidéar agus anailís a dhéanamh ar an tsraith pictiúr seo. Beidh dhá nóiméad eile agat chun cur síos a dhéanamh ar an scéal atá sna pictiúir.

Pictiúr 1

Pictiúr 2

Pictiúr 3

Pictiúr 4

An chéad phictiúr

- Sa chéad phictiúr feicimid Clíona agus a buachaill, Seán, ag siopadóireacht le chéile.
- Tá sé a trí a chlog.
- Tá Clíona agus Seán ag féachaint ar fhuinneoga na siopaí in ionad siopadóireachta.
- Tá a lán siopaí san ionad siopadóireachta.
- Féachann an bheirt acu ar **earraí leictreacha**, ina measc **téipthaifeadán**, raidió, agus teilifíseán, i bhfuinneog shiopa Uí Mhurcú.
- Ba mhaith le Seán téipthaifeadán a cheannach.
- **Cosnaíonn** an téipthaifeadán caoga euro.
- Tá beirt seanfhear ina suí ar an m**binse** agus iad ag caint le chéile.
- Tá siopa eile **darb ainm** 'Ó Sé' a **dhíol**ann cloig. Tá **siopa torthaí agus glasraí** darb ainm 'An Grianán' sa chúlra.

Aois na Glóire 2

An dara pictiúr
- Sa dara pictiúr **buail**eann an bheirt **le** cailín beag in aice leis an siopa torthaí agus glasraí.
- Tá an cailín beag ag caoineadh mar tá sí **caillte**.
- Tá sí **trína chéile**, agus tá eagla uirthi.
- Tá geansaí **stríocach** agus bríste dubh ar an gcailín.
- **Níl a fhios aici** cá bhfuil a tuismitheoirí.

An tríú pictiúr
- Sa tríú pictiúr tugann an **lánúin** an cailín go dtí an deasc.
- Fógraíonn an **fáilteoir** ainm agus aois an chailín ar an g**callaire**.
- Bríd is ainm don chailín, agus tá sí ceithre bliana d'aois.
- Iarrann an fáilteoir ar thuismitheoirí Bhríde teacht chuig an nGrianán (an siopa torthaí agus glasraí) **faoina déin**.

An ceathrú pictiúr
- Sa phictiúr deireanach buaileann an lánúin le tuismitheoirí Bhríde taobh amuigh den siopa torthaí agus glasraí.
- Tá áthas an domhain agus faoiseamh ar thuismitheoirí Bhríde.
- Tá **meangadh gáire** ar gach duine.
- Tá Bríd sábháilte i m**baclainn** a máthar, agus tá áthas uirthi.
- Tugann athair Bhríde fiche euro don bheirt chun a bhuíochas a **chur in iúl** dóibh.
- Tá gach duine sona sásta.

Gluais

earraí leictreacha	electrical goods
téipthaifeadán	tape-recorder
cosnaíonn	costs
binse	bench
darb ainm	by the name of
díol	to sell
siopa torthaí agus glasraí	fruit and vegetable shop
buail le	to meet
caillte	lost
trína chéile	upset
stríocach	stripy
níl a fhios aici	she doesn't know
lánúin	couple
fáilteoir	receptionist
callaire	loudspeaker
faoina déin	to collect her
meangadh gáire	smile
baclainn	arms
cuir in iúl	to express

An Scrúdú Béil

Sraith pictiúr 5

Féach ar an tsraith pictiúr atá roghnaithe agat. Beidh nóiméad amháin agat chun staidéar agus anailís a dhéanamh ar an tsraith pictiúr seo. Beidh dhá nóiméad agat chun cur síos a dhéanamh ar an scéal atá sna pictiúir.

An chéad phictiúr
- Sa chéad phictiúr feicimid Tomás ag teach Aoife, cara leis.
- Buaileann sé **cnag** ar an doras.
- Osclaíonn dearthair Aoife an doras. Peadar is ainm dó.
- Tá T-léine bhán a bhfuil pictiúr uirthi ar Pheadar, agus tá T-léine dhubh ar Thomás.
- Cuireann Tomás ceist ar Pheadar: 'An bhfuil Aoife istigh?'
- Ba mhaith leis **labhairt** le hAoife má tá sí istigh.

An dara pictiúr
- Sa dara pictiúr **míníonn** Peadar do Thomás nach bhfuil Aoife istigh.
- Tá sí imithe ag siopadóireacht agus ní bheidh sí ar ais go ceann tamaill.

Aois na Glóire 2

An tríú pictiúr
- Sa tríú pictiúr faigheann Tomás píosa páipéir agus scríobhann sé nóta chuig Aoife.
- Sa nóta deir sé go bhfuil brón air ach nach mbeidh sé ábalta dul go dtí an phictiúrlann léi **níos déanaí**.
- **Ní mór dó** dul ar obair níos déanaí.
- Deir sé go rachaidh siad go dtí an phictiúrlann oíche eile.

An ceathrú pictiúr
- Tugann Tomás an nóta do Pheadar ionas go dtabharfaidh sé d'Aoife é.
- Deir Peadar go dtabharfaidh sé an nóta d'Aoife.
- **Gabhann** Tomás **buíochas leis**, agus téann sé abhaile.

Gluais
cnag	knock
labhair	to speak
mínigh	to explain
níos déanaí	later
ní mór do	to have to
gabh buíochas le	to thank

Cuid 3: Rólghlacadh

3 nóiméad (40 marc)

Scoil

Tasc 1
Tá tú ag lorg eolais faoi chúrsa Gaeilge i gcoláiste samhraidh. Cuireann tú ceisteanna atá bunaithe ar an gcárta seo ar mhúinteoir Gaeilge (an scrúdaitheoir) chun eolas a fháil faoin gcúrsa.

COLÁISTE BHRÍDE
Gaeltacht Chiarraí

Trí chúrsa
Cúrsa A: 01/06/10 – 22/06/2010
Cúrsa B: 24/06/10 – 15/07/2010
Cúrsa C: 17/07/10 – 07/08/2010

Caitheamh Aimsire
Spórt
Ceol
Rince
Snámh
Siúlóidí
Céilí gach oíche

Beir leat uirlisí ceoil agus feisteas spóirt.

Táille €800

Teagmháil
Rúnaí – Liam Ó Sé
Teileafón – 066 34567
Suíomh gréasáin – www.colaistebhride.ie

An Scrúdú Béil

Ceisteanna a d'fhéadfá a chur ar an scrúdaitheoir

1. Cad is ainm don choláiste?
2. Cá bhfuil Coláiste Bhríde?
3. Cé mhéad cúrsa a **eagraíonn** sibh?
4. Cathain a thosaíonn cúrsa A?
5. Cathain a **chríochnaíonn** an cúrsa?
6. Cá fhad a **mhair**fidh an cúrsa?
7. Cad iad na dátaí do chúrsa B agus C?
8. An bhfuil **rogha leathan** spóirt **ar fáil**?
9. Cén saghas **imeachtaí oíche** a eagraíonn sibh?
10. Ar cheart dom aon rud ar leith a thabhairt liom?
11. Cé mhéad a chosnaíonn an cúrsa?
12. Conas is féidir liom **tuilleadh eolais** a fháil?
13. An bhfuil **suíomh gréasáin** agaibh?

Gluais

eagraigh	to organise	leathan	broad
críochnaigh	to finish	meachtaí oíche	night activities
mair	to last	tuilleadh eolais	extra information
ar fáil	available	suíomh gréasáin	website
rogha	choice		

Comhrá samplach

Dalta: Is mise Clíona Ní Mhurchú. Táim sa dara bliain i meánscoil Loreto i gCorcaigh. Táim ag iarraidh níos mó eolais a fháil faoi na cúrsaí Gaeilge i gColáiste Bhríde. Cá bhfuil Coláiste Bhríde go cruinn?

Scrúdaitheoir: Ar dtús, míle buíochas as do **shuim** inár gcúrsaí. Tá Coláiste Bhríde i nDún Chaoin i gContae Chiarraí. Tá Dún Chaoin dhá mhíle dhéag ón Daingean.

Dalta: Cé mhéad cúrsa a eagraíonn sibh sa samhradh?

Scrúdaitheoir: Eagraímid trí chúrsa gach samhradh: cúrsa A, cúrsa B, agus cúrsa C.

Dalta: Cathain a thosaíonn cúrsa A, agus cá fhad a mhaireann an cúrsa?

Scrúdaitheoir: Tosaíonn cúrsa A ar an gcéad lá de mhí an Mheithimh go dtí an dóú lá is fiche. Beidh cúrsa B ar siúl ón gceathrú lá is fiche de mhí an Mheithimh go dtí an cúigiú lá déag de mhí Iúil; agus beidh cúrsa C ar siúl ón seachtú lá déag de mhí Iúil go dtí an seachtú lá de mhí Lúnasa. An oireann aon cheann de na dátaí sin duit?

Aois na Glóire 2

Dalta: Oireann. Beidh mé **saor** ar na dátaí a **bhaineann le** cúrsa A agus le cúrsa B. An féidir leat a insint dom cén saghas caitheamh aimsire atá ar fáil **le linn** na gcúrsaí? An mbeidh imeachtaí spóirt á n-eagrú agaibh san iarnóin?

Scrúdaitheoir: Beidh. Tá raon leathan spóirt ar fáil dár ndaltaí. Tá trá álainn in aice láimhe, agus téimid ag snámh go minic san fharraige. Tá cnoic áille **i ngar dúinn** chomh maith, agus eagraímid **siúlóidí** deasa sa **cheantar máguaird**. Tá cispheil, iomáint, peil, sacar agus badmantan ar fáil chomh maith, más fearr leat iad sin.

Dalta: Agus cén saghas imeachtaí a bheidh ar siúl san oíche?

Scrúdaitheoir: Eagraímid seisiúin cheoil, céilithe agus **comórtais tallainne**.

Dalta: Tá sé sin go hiontach. Is breá liom rince Gaelach.

Scrúdaitheoir: Baineann na daltaí an-**sult** agus spórt as an gcéilí i gcónaí, agus is **slí** iontach í chun bualadh le cairde nua sa choláiste.

Dalta: Ar cheart dom aon rud a thabhairt liom má dhéanaim an cúrsa?

Scrúdaitheoir: Beir leat aon **uirlis cheoil** a sheinneann tú, agus d'**fheisteas** spóirt.

Dalta: Tá go maith. Cé mhéad a chosnaíonn an cúrsa?

Scrúdaitheoir: Cosnaíonn gach cúrsa ocht gcéad euro.

Dalta: Conas is féidir liom tuilleadh eolais a fháil **más gá**? An bhfuil suíomh gréasáin agaibh?

Scrúdaitheoir: Is féidir leat glao a chur ar an rúnaí, Liam Ó Sé, ag an uimhir (066) 34567, nó is féidir leat tuilleadh eolais a fháil ón suíomh gréasáin, www.coláistebhride.ie.

Gluais

suim	interest
saor	free
bain le	associated with
le linn	during
i ngar do	near
siúlóidí	walks
ceantar máguaird	surrounding area
comórtas tallainne	talent competition
sult	enjoyment
slí	way
uirlis cheoil	musical instrument
feisteas	outfit
más gá	If necessary

An Scrúdú Béil

Scoil

Tasc 2

Tá tú ag lorg eolais faoi Phobalscoil Áine i Ráth Maonais, Baile Átha Cliath. Cuireann tú ceisteanna atá bunaithe ar an gcárta seo ar phríomhoide na scoile (an scrúdaitheoir) chun eolas a fháil faoin scoil.

POBALSCOIL ÁINE
Ráth Maonais

Scoil Chomhoideachais
Rogha Leathan Ábhar
Imeachtaí Eile
Spórt – sacar, eitpheil, cispheil
Cluichí boird – ficheall, beiriste
Díospóireachtaí
Áiseanna
Páirceanna imeartha
Halla spóirt
Linn snámha
Saotharlanna
Lárionad Ríomhairí
Ceaintín

Teagmháil
Rúnaí – Úna de Bláca
Teileafón – 01 398754
Suíomh gréasáin – www.pobalscoilaine.ie

Gluais

díospóireacht — debate
spéis — interest

Ceisteanna a d'fhéadfá a chur ar an scrúdaitheoir

1. Cén saghas scoile í?
2. Cá bhfuil an scoil suite go cruinn?
3. An bhfuil rogha leathan ábhar sa scoil?
4. An eagraítear mórán imeachtaí sa scoil?
5. Cán saghas spóirt atá ar fáil sa scoil?
6. Is breá liom **díospóireachtaí**. An bhfuil foirne díospóireachta agaibh?
7. Cén saghas áiseanna atá ar fáil sa scoil?
8. Tá **spéis** agam i ríomhairí. An bhfuil mórán ríomhairí sa scoil?
9. An gá dom lón a thabhairt liom, nó an bhfuil ceaintín sa scoil?
10. Conas is féidir liom níos mó eolais a fháil más gá?

Aois na Glóire 2

Comhrá samplach

Dalta: Haileo. Ba mhaith liom labhairt leis an bpríomhoide, **le do thoil**.

Scrúdaitheoir: Is mise an príomhoide.

Dalta: Is mise Seán Ó Cléirigh, agus is as Corcaigh dom. Beidh mé **ag aistriú** leis an teaghlach go Ráth Maonais **i mbliana**, agus ní mór dom scoil nua a **aimsiú**. An bhfuil cead agam cúpla ceist a chur ort faoin scoil?

Scrúdaitheoir: Tá, **cinnte**. **Abair leat**.

Dalta: An scoil mheasctha nó scoil bhuachaillí í Pobalscoil Ráth Maonais?

Scrúdaitheoir: Is scoil chomhoideachais í.

Dalta: An bhfuil rogha leathan ábhar ar fáil sa scoil?

Scrúdaitheoir: Tá rogha leathan againn, **gan amhras**. **Tairgimid** matamaitic, go leor **teangacha**, ina measc Fraincis, Gearmáinis, Spáinnis, Gaeilge, agus Béarla, stair, tíreolaíocht, eolaíocht, ríomhairí, corpoideachas agus Creideamh.

Dalta: Tá sé sin ar fheabhas. **An miste leat** insint dom cén saghas **imeachta breise** atá ar fáil sa scoil?

Scrúdaitheoir: Tá **clú** ar an scoil seo mar gheall ar spórt. Tá sacar, eitpheil agus cispheil ar fáil againn, chomh maith le cluichí boird, mar shampla **ficheall** agus **beiriste**. Tá a lán clubanna agus **foirne éagsúla** sa scoil freisin.

Dalta: Tá an-suim agam i ndíospóireacht. Bhí mé ar an bhfoireann díospóireachta sa scoil a raibh mé ag freastal uirthi roimhe seo. An bhfuil foirne díospóireachta agaibh?

Scrúdaitheoir: Tá, **mhuise**. **Glacann** ár ndaltaí **páirt i** ndíospóireachtaí go rialta, agus tá **foireann sóisearach** agus **foireann sinsearach** againn.

Dalta: An bhfuil mórán áiseanna spóirt agaibh?

Scrúdaitheoir: Tá, **gan dabht**. Tá páirceanna imeartha, giomnáisiam agus linn snámha againn sa scoil.

Dalta: Is breá liom **teicneolaíocht** agus ríomhairí. An bhfuil mórán áiseanna sa scoil **maidir le** ríomhairí agus mar sin de?

Scrúdaitheoir: Tá. Tá **saotharlanna** agus lárionad ríomhairí againn freisin — áiseanna nach bhfuil ag mórán scoileanna.

Dalta: An gá do dhaltaí a lón féin a thabhairt isteach leo, nó an bhfuil ceaintín ann?

Scrúdaitheoir: Tá ceaintín againn, agus rogha leathan bia ann.

Dalta: Tá sé sin go hiontach ar fad. Ní raibh lárionad ríomhairí ná linn snámha sa scoil a d'fhág mé ... Conas is féidir liom níos mó eolais a fháil más gá? Ba mhaith liom gach rud a thaispeáint do mo thuismitheoirí.

Scrúdaitheoir: Is féidir leat glao a chur ar an **rúnaí**, Úna de Bláca, ag an uimhir (01) 398754, nó féachaint ar ár suíomh gréasáin, www.pobalscoilaine.ie.

An Scrúdú Béil

Gluais

le do thoil	please	beiriste	bridge
ag aistriú	moving (house)	foirne	teams
i mbliana	this year	éagsúla	various
a aimsiú	to find	mhuise	indeed
cinnte	certainly	glac páirt i	to take part in
abair leat	go ahead	foireann shóisearach	junior team
gan amhras	without a doubt	foireann shinsearach	senior team
tairgimid	we offer	gan dabht	without a doubt
teangacha	languages	teicneolaíocht	technology
an miste leat?	do you mind?	maidir le	with regard to
imeacht breise	additional activity	saotharlann	laboratory
clú	reputation	rúnaí	secretary
ficheall	chess		

Caitheamh aimsire

Tasc 1

Tá tú ag lorg eolais faoi bhallraíocht i gclub óige. Cuireann tú ceisteanna atá bunaithe ar an gcárta seo ar rúnaí an chlub (an scrúdaitheoir) chun eolas a fháil faoin gclub.

CLUB ÓIGE

Baile na hInse
Daoine Óga idir 12 agus 16

Imeachtaí

Cluichí Páirce	Snúcar
Spóirt Uisce	Beárbaiciú sa
Drámaíocht	Samhradh
Dioscónna	

Táille Ballraíochta €20
Ar oscailt
Gach oíche
7.00 p.m. – 10.00 p.m.

Tuilleadh eolais

Rúnaí an chlub– Cáit Ní Néill
Teileafón – 065 689324
Suíomh gréasáin – www.cluboigenahinse.ie

Aois na Glóire 2

Ceisteanna a d'fhéadfá a chur ar an scrúdaitheoir
1. Cá bhfuil an club óige?
2. Cén t-**aoisghrúpa** atá i gceist?
3. Cén saghas imeachtaí spóirt atá ar fáil sa chlub?
4. Cén sórt caitheamh aimsire eile a chuireann sibh ar fáil?
5. An eagraíonn sibh imeachtaí oíche?
6. An ndéanann sibh aon rud speisialta sa samhradh?
7. Cad í an **táille ballraíochta**?
8. Cathain a bhíonn an club ar oscailt?
9. Cén t-am a osclaíonn an club?
10. Cén t-am a dhúnann an club?
11. Conas is féidir liom tuilleadh eolais a fháil?
12. An bhfuil suíomh idirlín agaibh?

Gluais
aoisghrúpa — age group
táille ballraíochta — membership fee

Freagra samplach

Dalta: Haileo. Is mise Tomás Ó Duibhir, agus táim ag iarraidh roinnt eolais a fháil faoi bhallraíocht sa chlub óige.

Scrúdaitheoir: Tá go maith.

Dalta: Cá bhfuil an club óige go díreach?

Scrúdaitheoir: Tá sé i lár an bhaile, in aice na scoile.

Dalta: Cad é an t-aoisghrúpa sa chlub?

Scrúdaitheoir: Tá **baill** againn ó dhá bhliain déag go dtí sé bliana déag d'aois.

Dalta: Agus cén saghas spóirt a chuireann sibh ar fáil?

Scrúdaitheoir: Cuirimid mórán saghsanna spóirt ar fáil, ina measc cluichí páirce, spóirt uisce, agus snúcar.

Dalta: Cén saghas **siamsa** a bhíonn ar siúl agaibh istoíche?

Scrúdaitheoir: Bhuel, bíonn **drámaíocht** agus dioscónna againn go rialta, agus sa samhradh bíonn **beárbaiciú** againn go minic.

Dalta: Cad í an **táille ballraíochta**?

Scrúdaitheoir: Níl an bhallraíocht ach fiche euro in aghaidh na bliana.

Dalta: Is maith sin. Cathain a bhíonn an club ar oscailt gach lá?

Scrúdaitheoir: Bíonn sé ar oscailt gach oíche ó a seacht a chlog tráthnóna go dtí a deich a chlog.

An Scrúdú Béil

Dalta: Conas is féidir liom níos mó eolais a fháil más gá?

Scrúdaitheoir: Is féidir leat glao a chur ar an uimhir (065) 689324, nó is féidir leat féachaint ar ár suíomh gréasáin, www.cluboigenahinse.ie.

Gluais
- na baill — the members
- siamsa — entertainment
- drámaíocht — drama
- beárbaiciú — barbecue
- táille ballraíochta — membership fee

Caitheamh aimsire

Tasc 2

Tá tú ag lorg eolais faoi cheolchoirm. Cuireann tú ceisteanna atá bunaithe ar an gcárta seo ar an ngníomhaire ticéad (an scrúdaitheoir) chun eolas a fháil faoin gceolchoirm.

CEOLCHOIRM O2 BLUR

Dé hAoine 09/10/10 – 12/10/10

Bannaí Ceoil Taca:

Rage Against the Machine   The Prodigy
Kings of Leon   The Verve

Láthair Champála
ar champáil thar oíche €20

Ticéid ar fáil:
Ticketmaster
Praghas – €224.50

Tuilleadh eolais
Teileafón – 0404 98345
Suíomh gréasáin – www.feilebhailephuinse.ie
Caithfidh duine fásta a bheith le déagóirí faoi 17 mbliana

Ceisteanna a d'fhéadfá a chur ar an scrúdaitheoir

1. Cá mbeidh **an fhéile** ar siúl?
2. Cathain a bheidh an fhéile ar siúl?
3. Cén banna a bheidh ar **bharr** an chláir?
4. Cé na bannaí a bheidh **ag tabhairt taca do** Blur?
5. Cé mhéad a chosnaíonn sé chun campáil **thar oíche** san ionad campála?
6. Cá bhfuil na ticéid ar fáil?
7. Cé mhéad a chosnaíonn na ticéid?
8. Conas is féidir liom níos mó eolais a fháil?
9. An bhfuil suíomh gréasáin agaibh?
10. An bhfuil cead ag daoine óga faoi sheacht mbliana déag d'aois dul chuig an bhféile?

Gluais
- féile — festival
- barr — top
- ag tabhairt taca do — supporting
- thar oíche — overnight

Aois na Glóire 2

Freagra samplach

Dalta: Ba mhaith liom eolas a fháil faoi fhéile Oxegen.

Scrúdaitheoir: Tá go maith. Conas is féidir liom cabhrú leat?

Dalta: Cathain a bheidh **an fhéile** ar siúl?

Scrúdaitheoir: Beidh sí ar siúl ón naoú lá de mhí Dheireadh Fómhair go dtí an dóú lá déag.

Dalta: Cén banna a bheidh **ar bharr an chláir**?

Scrúdaitheoir: Is é Blur a bheidh ar bharr an chláir.

Dalta: Cé na bannaí a bheidh **ag tacú leo**?

Scrúdaitheoir: Beidh Rage Against the Machine, Kings of Leon, The Prodigy agus The Verve ag tabhairt taca dóibh ar an oíche.

Dalta: Cé mhéad a chosnaíonn sé má theastaíonn uaim campáil thar oíche san **ionad campála**?

Scrúdaitheoir: Cosnaíonn sin fiche euro.

Dalta: Agus cé mhéad a chosnaíonn ticéad don fhéile ar fad?

Scrúdaitheoir: Is é an praghas ná €224 (dhá chéad fiche is ceithre euro).

Dalta: An féidir le **déagóirí** dul go dtí an fhéile?

Scrúdaitheoir: Caithfidh duine fásta a bheith le déagóirí faoi sheacht mbliana déag.

Dalta: Conas is féidir liom **tuilleadh** eolais a fháil?

Scrúdaitheoir: Is féidir leat tuilleadh eolais a fháil ón uimhir 0404 98345, nó **tig leat** cuairt a thabhairt ar www.feilebhailephuinse.ie.

Gluais

an fhéile	the festival
ar bharr an chláir	on the top of the bill
taca	support
ionad campála	campsite
déagóirí	teenagers
tuilleadh	extra
tig leat / is féidir leat	you can

Saoire

Tasc 1

Tá tú ag lorg eolais faoi shaoire i Maidrid. Cuireann tú ceisteanna atá bunaithe ar an gcárta seo ar ghníomhaire taistil (an scrúdaitheoir) chun eolas a fháil faoin tsaoire.

An Scrúdú Béil

MAIDRID
Saoire faoin ngrian
Óstán Villa Real

Saoire choicíse – Mí Iúil
Beirt daoine fásta agus beirt pháistí – €3000

Áiseanna
Club do naíonáin
Club do dhéagóirí
Seomra cluichí
Bialann
Teilifís satailíte
Turais eagraithe
Tabhair cuairt ar:
Tarbhchomhrac
Estadio Santiago Bernabeu

Tuilleadh eolais
Gníomhaire Taistil Uí Néill
Teileafón – 094 98345
Suíomh gréasáin –
www.gníomhairetaistiluineill.ie

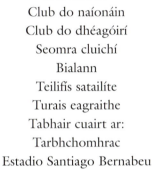

Ceisteanna a d'fhéadfá a chur ar an scrúdaitheoir

1. Cá bhfuil **an tsaoire faoin ngrian** ar fáil **faoi láthair**?
2. Cén t-óstán a mbeidh daoine ag fanacht ann?
3. Cén mhí atá i gceist san fhógra?
4. **Cá fhad** a mhairfidh an tsaoire?
5. Cén praghas atá ar an bpacáiste **i gcomhair** teaghlaigh?
6. Cén saghas áiseanna atá ar fáil san óstán?
7. Conas is féidir liom eolas a fháil faoi **thurais eagraithe**?
8. Cé **na radhairc** a mholfá i Maidrid?
9. Conas is féidir liom tuilleadh eolais a fháil?
10. An bhfuil suíomh gréasáin agaibh?

Gluais

saoire faoin ngrian	sun holiday
faoi láthair	at present
cá fhad	how long
i gcomhair	for
turais eagraithe	organised tours
na radhairc	the sights

Aois na Glóire 2

Freagra samplach

Dalta: Haileo. Ba mhaith liom eolas a fháil faoin tsaoire i Maidrid atá **fógartha** agaibh.

Scrúdaitheoir: Tá go maith. Conas is féidir liom cabhrú leat?

Dalta: Cén t-óstán atá ann?

Scrúdaitheoir: Is é Villa Real ainm an óstáin.

Dalta: Agus cá fhad a **mhaireann** an tsaoire?

Scrúdaitheoir: Maireann sí coicís, i mí Iúil.

Dalta: Cé mhéad a chosnaíonn an tsaoire do bheirt daoine fásta agus beirt pháistí?

Scrúdaitheoir: Cosnaíonn sé sin trí mhíle euro.

Dalta: Cé na háiseanna atá san óstán do pháistí agus do dhaoine óga?

Scrúdaitheoir: Tá club **naíonán** ann, agus club do **dhéagóirí** chomh maith.

Dalta: Cé na háiseanna eile atá ann?

Scrúdaitheoir: Tá bialann dheas agus seomra cluichí san óstán freisin. Leis sin, tá teilifís satailíte i ngach seomra leapa.

Dalta: An eagraíonn an t-óstán aon turas eagraithe i Maidrid? Ba mhaith le mo thuismitheoirí **na radhairc** agus **na séadchomharthaí** a fheiceáil.

Scrúdaitheoir: Eagraíonn siad turais ar fud na cathrach.

Dalta: Cad iad na radhairc is fearr, i do thuairim?

Scrúdaitheoir: Mholfainn daoibh cuairt a thabhairt ar **tharbhchomhrac**, ar pháirc an Buen Retiro, agus ar **iarsmalann** an Prado. Leis sin, mholfainn daoibh cuairt a thabhairt ar an **staid** Bernabéu.

Dalta: Conas is féidir liom **tuilleadh eolais** a fháil más gá?

Scrúdaitheoir: Is féidir leat níos mó eolais a fháil ag an uimhir (094) 98345, nó cuairt a thabhairt ag ár **suíomh gréasáin**, www.gníomhairetaistiluineill.ie.

Gluais

Gaeilge	Béarla
maireann sí	it lasts
naíonáin	Infants
déagóirí	teenagers
na radhairc	the views, the sights
séadchomharthaí	monuments
tarbhchomhrac	bullfight
mholfainn	I would recommend
iarsmalann	museum
staid	stadium
tuilleadh eolais	extra information
suíomh gréasáin	Website

Saoire

Tasc 2

Tá tú ag lorg eolais faoi láthair champála sa cheantar. Cuireann tú ceisteanna ar an bhfeitheoir (an scrúdaitheoir) atá bunaithe ar an gcárta seo chun eolas a fháil faoin ionad.

Láthair Champála

Mín na Leice
Dún na nGall

Áiseanna
Óstán Ghaoth Dobhair
Iascaireacht
Turas báid – Toraigh
Bádóireacht
Dreapadóireacht – An Earagail
Siúlóid – Páirc Ghleann Bheithe
Galf

Táille
Puball – €10 don oíche
Carbhán – €20 don oíche

Teagmháil
Rúnaí – Gearóid Ó Gallchóir
Teileafón – 074 34567
Suíomh gréasáin – www.campailminnaleice.ie

Gluais

go cruinn	precisely/exactly
eagraigh	to organise
bádóireacht	boating
ag dreapadóireacht	climbing
siúlóidí	walks
an táille	the fee
in aghaidh na hoíche	per night
puball	tent
carbhán	caravan

Ceisteanna a d'fhéadfá a chur ar an scrúdaitheoir

1. Cá bhfuil an láthair champála **go cruinn**?
2. Cén saghas áiseanna atá ar fáil san ionad?
3. An bhfuil óstán sa cheantar?
4. An **eagraítear** aon turas báid go Toraigh?
5. Is aoibhinn liom **bádóireacht.** An féidir liom bádóireacht a dhéanamh sa cheantar?
6. An féidir le daoine dul **ag dreapadóireacht** sna cnoic áitiúla?
7. An bhfuil **siúlóidí** deasa sa cheantar?
8. An bhfuil galfchúrsa sa cheantar?
9. Cad é **an táille in aghaidh na hoíche** má fhanann tú i b**puball**?
10. Cé mhéad a chosnaíonn oíche amháin i g**carbhán**?
11. Conas is féidir liom tuilleadh eolais a fháil?
12. An bhfuil suíomh gréasáin agaibh?

Aois na Glóire 2

Freagra samplach

Dalta: Haileo. Táim ag lorg eolais faoi Ionad Campála Mhín na Leice.

Scrúdaitheoir: Tá go maith. Táim sásta aon cheist atá agat a fhreagairt.

Dalta: Cén saghas áiseanna atá san ionad campála agus sa **cheantar máguaird**?

Scrúdaitheoir: Tá mórán áiseanna sa cheantar. Tá Óstán Ghaoth Dobhair **i ngar don** ionad campála, agus tá bialann agus linn snámha ansin.

Dalta: Is breá liomsa spórt, go háirithe iascaireacht agus bádóireacht. An bhfuil áiseanna ann le haghaidh na spórt sin?

Scrúdaitheoir: Tá, ar ndóigh. Is féidir leat dul ag iascaireacht san fharraige in aice linn anseo i nGaoth Dobhair, nó dul ag bádóireacht. Agus tá mórán **comhlachtaí** ann a eagraíonn báid i gcomhair cuairteoirí.

Dalta: Ba bhreá liom dul go Toraigh. An mbíonn turais chun an oileáin ar fáil?

Scrúdaitheoir: Bíonn. Eagraíonn **comhlacht farantóireachta** turais bháid dhá uair sa lá, gach lá ón Luan go dtí an Satharn.

Dalta: Tá an-suim agam i ndreapadóireacht, i siúlóidí agus i ngalf freisin. An bhfuil áiseanna sa cheantar i gcomhair na spórt sin?

Scrúdaitheoir: Tá, gan amhras. Téann a lán **cuairteoirí** ag dreapadóireacht ar an Earagail, an **sliabh** in aice linn anseo. Chomh maith leis sin tá siúlóidí áille le déanamh i bPáirc Náisiúnta Ghleann Bheithe, atá in aice leis an ionad campála. Tá galfchúrsa sa cheantar chomh maith.

Dalta: Cad í an táille in aghaidh na hoíche san ionad campála?

Scrúdaitheoir: Is é deich euro in aghaidh na hoíche an táille **i gcomhair** pubaill.

Dalta: Agus cé mhéad a chosnaíonn carbhán?

Scrúdaitheoir: Cosnaíonn carbhán fiche euro in aghaidh na hoíche.

Dalta: Conas is féidir liom tuilleadh eolais a fháil faoin ionad campála?

Scrúdaitheoir: Is féidir leat **scairt** a chur ar an uimhir (074) 34567, nó cuairt a thabhairt ar an suíomh gréasáin www.campailminnaleice.ie.

Gluais

ceantar máguaird	surrounding area	cuairteoirí	visitors
i ngar do	near	sliabh	mountain
comhlacht	company	i gcomhair	for
comhlacht farantóireachta	ferry company	scairt	call

An Scrúdú Béil

Bia agus deoch

Tasc 1

Tá tú ag lorg eolais faoi mhearbhia. Cuireann tú ceisteanna atá bunaithe ar an gcárta seo ar úinéir an tsiopa *Bia Gasta* (an scrúdaitheoir) chun eolas a fháil faoin mbia.

Mearbhia

Gort Áiseanna

Rogha Leathan   Sicín
Burgair   Pizza
Sceallóga

**Ceiliúir
Do Lá Breithe Linn**
Deochanna ar phraghsanna ísle
Mianraí: €1 an ceann

Tairiscint speisialta roimh 8.00 p.m.

Ar oscailt
Dé Luain – Dé Domhnaigh
9.00 a.m. – 3.00 a.m.

Ordaigh ar líne

Teagmháil
Teileafón – 091 34567
Suíomh gréasáin – www.mearbhia.com

Ceisteanna a d'fhéadfá a chur ar an scrúdaitheoir

1. Cá bhfuil an bhialann suite **go díreach**?
2. Cathain a bhíonn an bhialann ar oscailt?
3. An bhfuil **rogha leathan** mearbhia ar fáil?
4. An bhfuil burgair, sceallóga, sicín agus píotsa ar fáil?
5. Cad tá ar fáil do dhaoine a bhíonn **ag ceiliúradh** a **lá breithe**?
6. An bhfuil aon **tairiscintí speisialta** ar fáil agaibh?
7. Cén praghas atá ar **mhianraí**?
8. An féidir liom bia a ordú **roimh ré** ar líne?
9. Conas is féidir liom **teagmháil** a dhéanamh libh **más gá**?
10. An bhfuil suíomh gréasáin agaibh?

Gluais

go díreach	exactly	tairiscint speisialta	special offer
rogha	choice	mianraí	minerals
leathan	broad	roimh ré	in advance
ag ceiliúradh	celebrating	teagmháil	Contact
lá breithe	birthday	más gá	if necessary

Aois na Glóire 2

Freagra samplach

Dalta: Ba mhaith liom eolas a fháil faoi mhearbhia in bhur mbialann. An bhfuil cead agam labhairt leis an úinéir?

Scrúdaitheoir: Is mise an t-úinéir. **Abair leat.**

Dalta: An bhfuil rogha leathan mearbhia ar fáil sa bhialann?

Scrúdaitheoir: Tá. Cén saghas bia a thaitníonn leat?

Dalta: Is maith liom burgair, sceallóga, sicín, agus píotsa. An bhfuil siad sin go léir agaibh?

Scrúdaitheoir: Tá, cinnte.

Dalta: Ba mhaith liom mo lá breithe a cheiliúradh sa bhialann. An féidir leat aon **tairiscint speisialta** a dhéanamh?

Scrúdaitheoir: Beimid sásta **margadh** speisialta a dhéanamh leat má thagann tú anseo.

Dalta: Beidh mé féin, an teaghlach ar fad agus mo chairde ann chun mo lá breithe a cheiliúradh — fiche duine **san iomlán**. Chonaic mé ar d'fhógra go mbíonn **deochanna** ar fáil ar phraghsanna ísle.

Scrúdaitheoir: Bíonn, **gan amhras**. Cuirfimid deochanna ar phraghsanna an-íseal ar fáil daoibh, is é sin aon euro amháin in aghaidh an duine. Conas a **oireann** sin **duit**?

Dalta: Oireann sé go breá dom! Agus chomh maith leis sin dúirt an fógra go ndéantar tairiscint speisialta ar bhéilí roimh a hocht a chlog. An bhfuil sé sin fíor?

Scrúdaitheoir: Tá, cinnte.

Dalta: Go hiontach. Ba mhaith liom dinnéar a chur in áirithe le haghaidh fiche duine Dé Sathairn seo chugainn ag a seacht a chlog. An bhfuil bord **saor** agaibh ag an am sin?

Scrúdaitheoir: Tá, **mhuise**.

Dalta: Cathain a bhíonn an bhialann ar oscailt? Ba mhaith liom an bhialann a **mholadh** do mo chairde.

Scrúdaitheoir: Míle buíochas! Bímid ar oscailt ó a naoi a chlog ar maidin go dtí a trí a chlog san oíche ó Luan go Domhnach.

Dalta: Tá sé sin ar fheabhas. Conas is féidir le daoine níos mó eolais a fháil más gá?

Scrúdaitheoir: Cuir glao ar an uimhir (091) 34567, nó tabhair cuairt ar ár suíomh gréasáin, www.mearbhia.com.

Gluais

abair leat	go ahead
tairiscint speisialta	special offer
margadh	bargain, deal
san iomlán	altogether
deochanna	drinks
gan amhras	without a doubt
oir do	to suit
saor	free
mhuise	indeed
a mholadh	to recommend

Bia agus deoch

Tasc 2

Tá tú ag lorg eolais faoin rogha bia agus deoch sa siopa áitiúil. Cuireann tú ceisteanna atá bunaithe ar an gcárta seo ar an siopadóir (an scrúdaitheoir) chun eolas a fháil faoin rogha bia agus deoch atá ann.

An Siopa Áitiúil
Sráid Eoin
Loch Garman

Bia

Torthaí   Iasc
Glasraí   Feoil
Arán

Deochanna

Bainne   Uisce   Mianraí

Ar oscailt seacht lá na seachtaine
9.00 a.m. – 6.00 p.m.
Déanach Dé hAoine
9.00 a.m. – 9.00 p.m.

Praghsanna Ísle
Bainne / €1.00 an lítear
Builín Aráin / 90 cent
6 úll / €1.00

Teagmháil
Teileafón – 053 34567
Suíomh gréasáin – www.siopaaitiuil.com

Ceisteanna a d'fhéadfá a chur ar an scrúdaitheoir

1. Cá bhfuil an siopa suite **go díreach**?
2. Ba mhaith liom eolas a fháil faoin rogha bia agus deoch atá ar fáil sa siopa. An bhfuil torthaí, feoil, arán, iasc agus glasraí ar fáil sa siopa?
3. Cathain a bhíonn an siopa ar oscailt?
4. An mbíonn sibh ar oscailt go déanach aon oíche?
5. An bhfuil aon **tairiscint speisialta** agaibh?
6. Conas is féidir liom níos mó eolais a fháil faoin siopa?
7. An bhfuil suíomh gréasáin agaibh?

Gluais

go díreach	exactly
tairiscint speisialta	special offer

Freagra samplach

Dalta: Haileo. Táimse tar éis **aistriú** go Loch Garman, agus ba mhaith liom eolas a fháil faoin **rogha** bia agus deoch atá ar fáil i do shiopa, más é do thoil é.

Scrúdaitheoir: Tá go maith. Táim sásta aon eolas is féidir liom a thabhairt duit.

Dalta: Cá bhfuil an siopa suite go díreach?

Scrúdaitheoir: Tá sé suite ar Shráid Eoin.

Dalta: Go hiontach. An bhfuil rogha **leathan** bia ar fáil sa siopa? An bhfuil arán, torthaí, feoil, iasc agus glasraí ar fáil agaibh?

Scrúdaitheoir: Tá. Tá rogha leathan **torthaí,** feoil agus glasraí againn, agus, **ar ndóigh**, tá **raon** arán agus raon iasc againn freisin.

Dalta: Tá sé sin ar fheabhas. Cén saghas dí atá agaibh? An bhfuil **mianraí** agaibh?

Scrúdaitheoir: Tá, cinnte. Tá a lán deochanna éagsúla againn, mianraí **san áireamh**. Tá **cóla, sú oráiste, sú úill**, bainne, uisce agus líomanáid againn.

Dalta: Tá sé sin go maith. Cathain a bhíonn an siopa ar oscailt?

Scrúdaitheoir: Bímid ar oscailt seacht lá na seachtaine, óna naoi go dtí a sé gach lá seachas Dé hAoine.

Dalta: Cathain a dhúnann sibh Dé hAoine?

Scrúdaitheoir: Dúnaimid go déanach, ag a naoi a chlog gach Aoine.

Dalta: An mbíonn aon **tairiscint speisialta** agaibh?

Scrúdaitheoir: Níl ar bhainne ach euro amháin in aghaidh an **lítir**, agus níl ar ghnáth **bhuilín** aráin ach nócha cent.

Dalta: An bhfuil aon tairiscint speisialta agaibh ar thorthaí?

Scrúdaitheoir: Tá. Tá praghas speisialta againn ar úlla faoi láthair.

Dalta: Cé mhéad?

Scrúdaitheoir: Ní **chosnaíonn** sé úll ach euro amháin.

Dalta: Conas is féidir liom **teagmháil** a dhéanamh leat arís **más mian liom** níos mó **sonraí** a fháil?

Scrúdaitheoir: Cuir glao ar an uimhir (053) 34567, nó tabhair cuairt ar ár suíomh gréasáin, www.siopaaitiuil.ie.

Gluais

torthaí	fruit
aistriú	moving (house)
rogha	choice
leathan	broad
ar ndóigh	of course
raon	range
mianraí	soft drinks
san áireamh	included
cóla	cola
sú oráiste	orange juice
sú úill	apple juice
tairiscint speisialta	special offer
lítear	litre
builín	loaf
cosnaíonn	costs
teagmháil	contact
más mian liom	if I wish
sonraí	details

An Scrúdú Béil

Cuid 4: Comhrá

4–5 nóiméad (80 marc)

Mé féin agus an teaghlach

Cuir na ceisteanna seo a leanas ar an duine in aice leat.
1. Cad is ainm duit?
2. Cén aois thú?
3. Cé mhéad duine atá sa teaghlach?
4. Déan cur síos ar do thuismitheoirí.
5. Déan cur síos ar do dheartháireacha nó ar do dheirfiúracha.
6. Cad tá á dhéanamh acu? An bhfuil siad ag freastal ar scoil, nó ar an ollscoil, nó an bhfuil siad ag obair?
7. Conas a réitíonn tú le do thuismitheoirí?
8. Déan cur síos ar do chuma.
9. An bhfuil peata agat?
10. Déan cur síos ar do pheata.

Féach ar aonad 1, leathanach 1.

Mo cheantar agus mo theach

Cuirigí na ceisteanna seo a leanas ar a chéile.
1. Cá bhfuil tú i do chónaí?
2. Déan cur síos ar an gceantar.
3. Déan cur síos ar na háiseanna atá sa cheantar.
4. An bhfuil mórán siopaí sa cheantar?
5. An maith leat siopadóireacht?
6. Cén saghas ruda a cheannaíonn tú go rialta?
7. Ainmnigh na modhanna taistil atá ar fáil sa cheantar.
8. Inis dom faoi do theach.
9. Déan cur síos ar do sheomra leapa.
10. Cad é an seomra is fearr leat sa teach?
11. An ndéanann tú mórán obair tí?
12. Conas a roinneann sibh an obair sa teach?

Féach ar aonad 2, leathanach 29.

Aois na Glóire 2

Mo scoil

Cuir na ceisteanna seo a leanas ar an duine in aice leat.
1. Inis dom beagán faoi do scoil.
2. Déan cur síos ar na háiseanna atá sa scoil. Cé na háiseanna is mó a úsáideann tú?
3. Cé mhéad ábhar atá á ndéanamh agat?
4. Cad é an t-ábhar is fearr leat?
5. Cén fáth sin?
6. An bhfuil aon ábhar ann nach maith leat?
7. Déan cur síos ar d'éide scoile.
   Nó
   Déan cur síos ar na héadaí atá á gcaitheamh agat.
8. Cad é an rud is fearr leat faoin scoil?
9. An bhfuil aon rud nach maith leat faoin scoil?
10. Déan cur síos ar ghnáthlá scoile.

Féach ar aonad 3, leathanach 63.

Obair bheirte

Caitheamh aimsire agus spórt

Cuirigí na ceisteanna seo ar a chéile.
1. An imríonn tú spórt?
2. Cad é an saghas spóirt is fearr leat?
3. Cé mhéad uair sa tseachtain a imríonn tú?
4. An bhfuil tú i bhfoireann scoile nó i gclub?
5. Ar bhuaigh tú cluiche nó comórtas spóirt riamh?
6. An bhfuil spórt tábhachtach i do shaol? Cén fáth?
7. Cad iad na buntáistí a bhaineann le spórt, i do thuairim?
8. Cé hé an phearsa spóirt is fearr leat?
9. An dtugann tú tacaíocht d'aon fhoireann ar leith?
10. Déan cur síos ar chluiche a chonaic tú le déanaí.

Féach ar aonad 4, leathanach 87.

Obair bheirte

An Scrúdú Béil

Ceol

Cuir na ceisteanna seo a leanas ar an duine in aice leat.
1. An maith leat ceol?
2. Cén saghas ceoil is fearr leat?
3. Cé hé an phearsa cheoil is fearr leat?
4. An bhfaca tú an duine sin i gceolchoirm riamh?
5. An seinneann tú gléas ceoil?
6. An gcanann tú i gcór na scoile nó le banna?
7. An seinneann tú le ceolfhoireann na scoile, nó an bhfreastalaíonn tú ar ranganna ceoil?
8. An bhfuil ceol tábhachtach i do shaol? Cén fáth?
9. An bhféachann tú ar chláir cheoil? Cé na cláir?
10. An éisteann tú le ceol ar Ipod nó ar raidió cluaise? An gceannaíonn tú dlúthdhioscaí, nó an íoslódálann tú ceol den idirlíon?

Féach ar aonad 5, leathanach 109.

Scannáin, cláir theilifíse, agus leabhair

Cuir na ceisteanna seo a leanas ar an duine in aice leat.
1. An maith leat scannáin? Cén saghas scannán a thaitníonn leat?
2. An dtéann tú go dtí an phictiúrlann?
3. Déan cur síos ar an scannán is fearr a chonaic tú le déanaí.
4. An bhféachann tú ar an teilifís?
5. Cén saghas cláir theilifíse is fearr leat?
6. An maith leat léamh?
7. Cé hé an t-údar is fearr leat?
8. Cad is ainm don leabhar is fearr a léigh tú le déanaí?
9. Déan cur síos ar scéal an leabhair.
10. Cén phearsa is fearr leat sa leabhar? Cén fáth?

Féach ar aonad 6, leathanach 127.

Aois na Glóire 2

Saoire

Ceisteanna san aimsir chaite agus san aimsir fháistineach

Cuir na ceisteanna seo a leanas ar an duine in aice leat.
1. An ndeachaigh tú ar saoire an samhradh seo caite?
2. Cén áit ar fhan tú?
3. Cé a bhí ar saoire leat?
4. Déan cur síos ar an gceantar ina raibh tú.
5. Conas a thaistil tú go dtí an áit?
6. Conas a bhí an aimsir?
7. Cén saghas ruda a rinne tú gach lá?
8. Cén saghas ruda a rinne tú san oíche?
9. An bhfaca tú aon rud speisialta?
10. Ar bhain tú taitneamh as an tsaoire?

Freagair na ceisteanna seo a leanas.
1. Cad a dhéanfaidh tú an samhradh seo chugainn?
2. An rachaidh tú ar saoire an samhradh seo chugainn?
3. Cá bhfanfaidh tú?
4. Cé a rachaidh leat?
5. Conas a bheidh tú ag taisteal go dtí an áit?

Na séasúir

Cuir na ceisteanna seo a leanas ar an duine in aice leat, agus ansin freagair na ceisteanna tú féin.
1. Cad é an séasúr is fearr leat? Cén fáth?
2. Cad iad míonna an tséasúir sin?
3. Conas a bhíonn an aimsir sa séasúr sin?
4. Déan cur síos ar an nádúr sa séasúr sin.
5. Cad iad na rudaí a dhéanann tú le linn an tséasúir sin?
6. Cad í an fhéile is fearr leat sa bhliain?
7. Cén saghas rud sultmhar a dhéanann tú le linn na féile sin?
8. Cad a dhéanann tú de ghnáth gach Lá Nollag?

An Scrúdú Béil

Bia

Cuir na ceisteanna seo a leanas ar an duine in aice leat, agus ansin freagair na ceisteanna tú féin.

1. Cén saghas bia is maith leat?
2. An maith leat cócaireacht?
3. Cad é an béile is fearr leat sa lá?
4. An maith leat feoil? Cén saghas feola?
5. Cad í an mhias is fearr leat ar domhan?
6. Cad í an bhialann is fearr leat?
7. An maith leat milseoga nó rudaí milse? Cén saghas?
8. Cé a dhéanann an chócaireacht sa bhaile?
9. An maith leat glasraí agus torthaí? Cén saghas?
10. Cén saghas dí a thaitníonn leat?

Féach ar aonad 8, leathanach 173.

An corp, sláinte, agus tinneas

Cuirigí na ceisteanna seo a leanas ar a chéile.

1. Ar bhain timpiste duit riamh?
2. Cad a tharla?
3. An raibh ort dul go dtí an t-ospidéal?
4. Ar bhris tú cnámh riamh?
5. An raibh tú tinn le déanaí?
6. Cén saghas tinnis a bhí ort?
7. Ar chaith tú tréimhse san ospidéal riamh?
8. Cén chóir leighis a cuireadh ort?
9. An itheann tú bia folláin?
10. An dóigh leat gur duine sláintiúil tú?
11. An bhfuil fadhb i measc na n-óg le tobac, alcól, agus drugaí, meas tú?

Féach ar aonad 8, leathanach 173.

Aonad 10 Gramadach

Cuid 1: Téarmaí Gramadaí   228
Céim 2: An Aimsir Chaite   231
Céim 3: An Aimsir Láithreach   246
Céim 4: An Aimsir Fháistineach   259
Céim 5: An Aidiacht Shealbhach   269
Céim 6: Réamhfhocail   273
Céim 7: Uimhreacha   284
Céim 8: Céimeanna comparáide na haidiachta   292

Céim 1: Téarmaí Gramadaí

siolla	a syllable
an fhréamh	the root
na gutaí	the vowels
na consain	the consonants
consan leathan	broad consonant
consan caol	slender consonant
inscne	gender
firinscneach	masculine
baininscneach	feminine
tuiseal	case

An t-ainmfhocal

Focal is ea ainmfhocal (*noun*) a chuireann cineál duine, áite nó ruda in iúl dúinn.

⭐ **Mar shampla**

fear, **bean**, **brón**, **cathair**, **fuinneog**.

Tá uimhir uatha (*singular*) agus uimhir iolra (*plural*) ag formhór na n-ainmfhocal.

⭐ **Mar shampla**

Uimhir uatha	Uimhir iolra
fear	fir
bean	mná
sráidbhaile	sráidbhailte
fuinneog	fuinneoga

Ainmfhocal dílis (*proper noun*) is ea ainm duine nó áit ar leith.

⭐ **Mar shampla**

Máire, **Peadar**, **Ciarraí**, **Éire**.

Gramadach

An t-alt

Focal is ea an t-alt (*the definite article*) a dhéanann ainmfhocal cinnte d'ainmfhocal. Déanaimid sin de ghnáth trí **an** a chur roimh ainmfhocail uatha agus **na** roimh ainmfhocail iolra.

⭐ **Mar shampla**

an fear, **an** bhean, **na** cathracha, **na** fuinneoga.

Úsáidimid **na** freisin roimh ainmfhocal uatha más ainmfhocal baininscneach é sa tuiseal ginideach.

⭐ **Mar shampla**

cóta **na** mná, gloine **na** fuinneoige.

An aidiacht

Tugann aidiacht (*adjective*) tuilleadh eolais dúinn faoi ainmfhocal.

⭐ **Mar shampla**

fear **cineálta**, bean **bheag**, cathair **bheag**, fuinneog **mhór**.

An aidiacht shealbhach

Insíonn aidiacht shealbhach (*possessive adjective*) dúinn cé leis rud.

⭐ **Mar shampla**

mo theach, **do** theach, **a** theach, **a** teach, **ár** dteach, **bhur** dteach, **a** dteach.

An briathar

Cuireann briathar (*verb*) gníomh in iúl de ghnáth.

⭐ **Mar shampla**

téigh, **déan**, **bris**.

Tá briathra rialta (*regular verbs*) agus briathra neamhrialta (*irregular verbs*) ann.

An saorbhriathar

Úsáidimid an saorbhriathar (*the autonomous verb*) nuair nach n-insítear dúinn cé a dhéanann an gníomh.

⭐ **Mar shampla**

dúnadh an siopa	the shop was closed
dúntar an siopa	the shop is closed
dúnfar an siopa	the shop will be closed
dhúnfaí an siopa	the shop would be closed

Aois na Glóire 2

Téarmaí a bhaineann le briathra

aimsir	tense
réimniú	conjugation (grouping of verbs)
an chéad réimniú	the first conjugation
an dara réimniú	the second conjugation
an fhoirm dhearfach	the positive form
an fhoirm dhiúltach	the negative form
an fhoirm cheisteach	the question form
na briathra neamhrialta	the irregular verbs

Na réamhfhocail shimplí

Focal is ea réamhfhocal (*preposition*) a léiríonn dúinn cá bhfuil rud maidir le rud eile. Focal aonair is ea réamhfhocal simplí (*simple preposition*), agus leanann an tuiseal tabharthach (*the dative case*) é.

 Mar shampla

ar bhord, **le** hÁine, **in** Éirinn, **ag** an ngeata.

Na réamhfhocail chomhshuite

Dhá fhocal a fheidhmíonn le chéile mar réamhfhocal is ea réamhfhocal comhshuite (*compound preposition*), agus leanann an tuiseal ginideach (*the genitive case*) iad.

 Mar shampla

(an teach) **os comhair** an tí, (an fharraige) **in aice** na farraige, (an chóisir) **tar éis** na cóisire, (an domhan) **ar fud** an domhain.

An forainm

Focal is ea forainm (*pronoun*) a úsáidimid in ionad ainmfhocail.

 Mar shampla

é, **í**, **iad**.

Forainmneacha pearsanta (*personal pronouns*) is iad na forainmneacha a bhaineann le daoine.

 Mar shampla

mé, **tú**, **sé**, **sí**, **muid** (**sinn**), **sibh**, **siad**
thú, **é**, **í**, **iad**.

An forainm réamhfhoclach

Nuair a dhéanaimid aon fhocal amháin de réamhfhocal simplí agus forainm, bíonn forainm réamhfhoclach (*prepositional pronoun*) againn.

Mar shampla

	ag	ar	le
mé	**agam**	**orm**	**liom**
tú	**agat**	**ort**	**leat**
sí	**aici**	**uirthi**	**léi**

Gramadach

Cuir gach focal sa cholún ceart.

deas, tar éis, Corcaigh, asam,
cailín, sé, agat, i ndiaidh,
faigh, as, sí, Bré,
linn, sibh, faoi, i,
ag, aici, tabhair, os comhair,
téigh, bóthar, ceapaim, ar son,
álainn, cneasta, bán, iad.

Ainmfhocal	Aidiacht	Briathar	Réamhfhocal simplí	Réamhfhocal comhshuite	Forainm	Forainm réamh-fhoclach

Céim 2: An Aimsir Chaite

Úsáidimid an aimsir chaite (*the past tense*) nuair a chuirimid síos ar rud a tharla san am atá thart. Go minic bíonn téarma ar nós 'an bhliain seo caite', 'an tseachtain seo caite', 'an mhí seo caite', 'inné', 'ar maidin', 'aréir', 'seachtain ó shin', 'mí ó shin' agus mar sin de in éineacht leis an mbriathar.

An Chéad Réimniú

Briathra a bhfuil siolla amháin iontu agus briathra a bhfuil dhá shiolla iontu agus síneadh fada ar an dara siolla atá sa chéad réimniú.

Na Rialacha

Chun briathar a chur san aimsir chaite, más briathar é a bhfuil consan (ach amháin **f**) mar thús leis cuirimid séimhiú ar an gconsan.

⭐ **Mar shampla**

glan	**gh**lan mé
cuir	**ch**uir mé
mol	**mh**ol sí
coimeád	**ch**oimeád siad

Más briathar é a bhfuil **f** mar thús leis cuirimid séimhiú ar an **f** agus cuirimid **d'** roimhe.

⭐ **Mar shampla**

fás	**d'fh**ás siad
fan	**d'fh**an sí

Más briathar é a bhfuil guta mar thús leis cuirimid **d'** roimhe.

⭐ **Mar shampla**

ól	**d'**ól mé
éist	**d'**éist sí

An fhoirm dhiúltach

San fhoirm dhiúltach (*the negative form*), más briathar é a bhfuil consan mar thús leis cuirimid **níor** roimhe agus cuirimid séimhiú ar an gconsan.

⭐ **Mar shampla**

glan	**níor gh**lan mé
coimeád	**níor ch**oimeád sé
fan	**níor fh**an mé

Más briathar é a bhfuil guta mar thús leis, cuirimid **níor** roimhe.

 Mar shampla

ól	**níor** ól mé
éist	**níor** éist mé

An fhoirm cheisteach

San fhoirm cheisteach (*the interrogative form*), más briathar é a bhfuil consan mar thús leis cuirimid **ar** roimhe agus cuirimid séimhiú ar an gconsan.

⭐ **Mar shampla**

mol	**ar mh**ol sé?
tóg	**ar th**óg sé?
fan	**ar fh**an tú?
fág	**ar fh**ág tú?

Más briathar é a bhfuil guta mar thús leis cuirimid **ar** roimhe.

 Mar shampla

ól	**ar** ól tú?

An chéad phearsa, uimhir iolra

Sa chéad réimniú is é deireadh an bhriathair sa chéad phearsa, uimhir iolra (is é sin 'muid' nó 'sinn'), ná:

- más consan leathan (consan a bhfuil **a**, **o** nó **u** roimhe) consan deiridh an bhriathair: —**amar**
- más consan caol (consan a bhfuil **e** nó **i** roimhe) consan deiridh an bhriathair: —**eamar**.

⭐ Mar shampla

glan	ghlan**amar**
ól	d'ól**amar**
cuir	chuir**eamar**
bris	bhris**eamar**

An saorbhriathar

Sa chéad réimniú is é deireadh an tsaorbhriathair ná:

- más consan leathan (consan a bhfuil **a**, **o** nó **u** roimhe) consan deiridh an bhriathair: —**adh**
- más consan caol (consan a bhfuil **e** nó **i** roimhe) consan deiridh an bhriathair: —**eadh**.

Ní chuirimid séimhiú ar an saorbhriathar san aimsir chaite, agus ní chuirimid d' roimhe.

⭐ Mar shampla

glan	glan**adh** an seomra inné
ól	ól**adh** an tae
bris	bris**eadh** an fhuinneog
cuir	cuir**eadh** an t-airgead sa bhanc ar maidin

Eisceachtaí

Bí cúramach leis na briathra seo a leanas:

Taispeáin	Sábháil	Cniotáil
thaispeáin mé	shábháil mé	chniotáil mé
thaispeáin tú	shábháil tú	chniotáil tú
thaispeáin sé /sí	shábháil sé /sí	chniotáil sé / sí
thaispeánamar	shábhálamar	chniotálamar
thaispeáin sibh	shábháil sibh	chniotáil sibh
thaispeáin siad	shábháil siad	chniotáil siad
taispeánadh	sábháladh	cniotáladh
níor thaispeáin mé	níor shábháil mé	níor chniotáil mé
ar thaispeáin tú?	ar shábháil tú?	ar chniotáil tú?

Aois na Glóire 2

Briathra a bhfuil –**igh** mar chríoch orthu le siolla amháin

Nigh	Suigh	Buaigh
nigh mé	shuigh mé	bhuaigh mé
nigh tú	shuigh tú	bhuaigh tú
nigh sé	shuigh sé	bhuaigh sé
nigh sí	shuigh sí	bhuaigh sí
níomar	shuíomar	bhuamar
nigh sibh	shuigh sibh	bhuaigh sibh
nigh siad	shuigh siad	bhuaigh siad
níodh	suíodh	buadh
níor nigh mé	níor shuigh mé	níor bhuaigh mé
ar nigh tú?	ar shuigh sé?	ar bhuaigh tú?

Léigh	Pléigh	Glaoigh
léigh mé	phléigh mé	ghlaoigh mé
léigh tú	phléigh tú	ghlaoigh tú
léigh sé / sí	phléigh sé / sí	ghlaoigh sé / sí
léamar	phléamar	ghlaomar
léigh sibh	phléigh sibh	ghlaoigh sibh
léigh siad	phléigh siad	ghlaoigh siad
léadh	pléadh	glaodh
níor léigh mé	níor phléigh mé	níor ghlaoigh mé
ar léigh tú?	ar phléigh tú?	ar ghlaoigh tú?

A: Scríobh na habairtí seo a leanas san aimsir chaite:

1. (Bris: sinn) _____ na cupáin ar maidin.
2. (Glan: sé) _____ ____ a sheomra inné.
3. (Ól: sí) _____ ____ sú oráiste ar maidin.
4. (Coimeád: sí) _____ ____ an t-airgead di féin.
5. (Mill: sé) _____ ____ an cáca milis mar (dóigh: sé) _____ ____ é.
6. (Mol: sí) _____ ____ an dochtúir sin dom.
7. (Nigh: sinn) _____ ár rothair inné.
8. (Cíor: sí) _____ ____ a cuid gruaige ní ba luaithe.
9. (Scuab: sé) _____ ____ an t-urlár ar maidin.
10. (Sábháil: sí) _____ ____ a hairgead sa bhanc anuraidh.

Gramadach

B: Scríobh na habairtí seo a leanas san aimsir chaite:
1. (Goid) _____ an fear an t-airgead go léir.
2. (Ní: ól: mé) _____ _____ _____ an bainne ar maidin.
3. (An: cuir: tú) _____ _____ _____ an t-airgead sa bhanc?
4. (Caith: sinn) _____ na laethanta saoire sa Fhrainc an samhradh seo caite.
5. (Leag) _____ Áine an bord le haghaidh an dinnéir.
6. (Scríobh: sí) _____ _____ nóta chuig a cara Dé Luain seo caite.
7. (Ní: nigh: sé) _____ _____ _____ a chuid gruaige aréir.
8. (Ar: goid: sí) _____ _____ _____ an t-airgead, meas tú?
9. (Buail) _____ an bhean lena cara dhá lá ó shin.
10. (Féach: mé) _____ _____ ar an scannán sin aréir.

C: Cuir na habairtí seo a leanas san aimsir chaite:
1. (Fág) _____ Colm a mhála ar scoil inné.
2. (Léigh) _____ mo Dhaid an páipéar nuachtáin ar maidin.
3. (Fás) _____ na plandaí an samhradh seo caite.
4. (Rith) _____ an buachaill ar scoil ar nós na gaoithe.
5. (Tit) _____ an cailín ar an talamh agus (buail: sí) _____ _____ a ceann.
6. (Fág) _____ an mála sin ar an mbus inné agus níl a fhios agam cé leis é.
7. (Ní: fhéach: mé) _____ _____ _____ ar an teilifís aréir.
8. (Taispeáin) _____ mo Dhaid an teach nua dom inné.
9. (Ní: úsáid: mé) _____ _____ _____ mo rothar le fada an lá.
10. (Seinn: sinn) _____ i gceolfhoireann na scoile.

D: Cuir Gaeilge ar na habairtí seo a leanas:
1. I sang in the school choir last year.
2. We spent a lot of money last Saturday.
3. I watched a comedy film last night.
4. Did you clean your room this morning?
5. My Mom cleaned the house yesterday.
6. The money was stolen last night.
7. Did you wear that dress last Friday?
8. He took the book with him 5 minutes ago.
9. The flowers grew in the garden last summer.
10. Did you wash your clothes yesterday?

Aois na Glóire 2

E: Cuir Gaeilge ar na habairtí seo a leanas:
1. Seán kept all his photographs last year.
2. Síle lost her bag yesterday.
3. Did you listen to the radio this morning?
4. We took the bus into the city centre yesterday.
5. I left my coat in Síle's house.
6. Mary spent a week in France last summer.
7. Tomás married Fiona last year.
8. We sang in the concert last night.
9. Did you break the window yesterday?
10. I did not watch the t.v. programme last night.

An Dara Réimniú

Briathra a bhfuil dhá shiolla iontu agus a bhfuil **–igh**, **–il**, **–in**, **–ir** nó **–is** mar chríoch orthu atá sa dara réimniú, chomh maith le grúpa beag eile, ina measc **lorg**, **foghlaim**, **freastail**, **fulaing**, **tarraing**, agus **tuirling**.

Na Rialacha

Chun briathar den dara réimniú a chur san aimsir chaite, más briathar é a bhfuil consan (ach amháin f) mar thús leis cuirimid séimhiú ar an gconsan.

⭐ **Mar shampla**

ceannaigh	**ch**eannaigh mé
bailigh	**bh**ailigh mé
tuirling	**th**uirling sé
críochnaigh	**ch**ríochnaigh sí

Más briathar é a bhfuil **f** mar thús leis cuirimid séimhiú ar an **f** agus cuirimid **d'** roimhe.

⭐ **Mar shampla**

| foghlaim | **d'fh**oghlaim mé |
| freastail | **d'fh**reastail sé |

Más briathar é a bhfuil **guta** mar thús leis cuirimid **d'** roimhe.

⭐ **Mar shampla**

| imir | **d'**imir mé |
| imigh | **d'**imigh sé |

An fhoirm dhiúltach

San fhoirm dhiúltach, más briathar é a bhfuil consan mar thús leis cuirimid **níor** roimhe agus cuirimid séimhiú ar an gconsan.

⭐ **Mar shampla**

tosaigh	**níor th**osaigh mé
críochnaigh	**níor ch**ríochnaigh sé
ceannaigh	**níor ch**eannaigh sí
codail	**níor ch**odail mé
foghlaim	**níor fh**oghlaim mé

Más briathar é a bhfuil **guta** mar thús leis, cuirimid **níor** roimhe.

⭐ **Mar shampla**

| imigh | **níor** imigh mé |
| imir | **níor** imir mé |

An fhoirm cheisteach

San fhoirm cheisteach, más briathar é a bhfuil consan mar thús leis cuirimid **ar** roimhe agus cuirimid séimhiú ar an gconsan.

⭐ **Mar shampla**

freastail	**ar fh**reastail sé?
ceannaigh	**ar ch**eannaigh sé?
tosaigh	**ar th**osaigh sé?
codail	**ar ch**odail tú?
foghlaim	**ar fh**oghlaim tú?

Más briathar é a bhfuil guta mar thús leis cuirimid **ar** roimhe.

⭐ **Mar shampla**

| imigh | **ar** imigh tú? |
| imir | **ar** imir tú? |

An chéad phearsa, uimhir iolra

1. Maidir leis na briathra a bhfuil **–igh** nó **–aigh** mar chríoch orthu, bainimid an chríoch sin chun an fhréamh a fháil.

    ⭐ **Mar shampla**

    Dúisigh: Is é **dúis**– an fhréamh.
    Ceannaigh: Is é **ceann**– an fhréamh.

Aois na Glóire 2

2. Maidir leis na briathra a bhfuil **–il** nó **–ail**, **–in** nó **–ain**, **–ir** nó **–air** nó **–is** mar chríoch orthu, bainimid an **i** nó an **ai** chun an fhréamh a fháil.

⭐ **Mar shampla**

Imir: Is é **imr**– an fhréamh.
Oscail: Is é **oscl**– an fhréamh.

Ansin,
- más consan leathan é consan deiridh na fréimhe cuirimid **–aíomar** leis an bhfréamh.
- más consan caol é consan deiridh na fréimhe cuirimid **–íomar** leis an bhfréamh.

⭐ **Mar shampla**

dhúisíomar
cheannaíomar
d'imríomar
d'osclaíomar

An saorbhriathar

Más consan leathan é consan deiridh na fréimhe cuirimid **–aíodh** leis an bhfréamh.
Más consan caol é consan deiridh na fréimhe cuirimid **–íodh** leis an bhfréamh.

⭐ **Mar shampla**

dúisíodh
ceannaíodh
imríodh
osclaíodh

Eisceachtaí

Maidir le **foghlaim**, **fulaing**, **tarraing**, agus **tuirling**, ní dhéanaimid aon athrú ar leith sa chéad phearsa, uimhir iolra, ná sa saorbhriathar.

d'fhoghlaim mé	d'fhulaing mé	tharraing mé	thuirling mé
d'fhoghlaim tú	d'fhulaing tú	tharraing tú	thuirling tú
d'fhoghlaim sé / sí	d'fhulaing sé / sí	tharraing sé / sí	thuirling sé / sí
d'fhoghlaimíomar	d'fhulaingíomar	tharraingíomar	thuirlingíomar
d'fhoghlaim sibh	d'fhulaing sibh	tharraing sibh	thuirling sibh
d'fhoghlaim siad	d'fhulaing siad	tharraing siad	thuirling siad
foghlaimíodh	fulaingíodh	tarraingíodh	tuirlingíodh
níor fhoghlaim mé	níor fhulaing mé	níor tharraing mé	níor thuirling mé
ar fhoghlaim tú?	ar fhulaing tú?	ar tharraing tú?	ar thuirling tú?

Gramadach

Eisceacht amháin eile

Maidir leis an mbriathar freastail, bainimid an **i** sa chéad phearsa, uimhir iolra, agus sa saorbhriathar, ach ní dhéanaimid aon athrú eile.

d'fhreastail mé
d'fhreastail tú
d'fhreastail sé / sí
d'fhreastalaíomar
d'fhreastail sibh
d'fhreastail siad
freastalaíodh
níor fhreastail mé
ar fhreastail tú?

Briathra a bhfuil –aigh nó –igh mar chríoch orthu

A: Cuir na habairtí seo a leanas san aimsir chaite:
1. (Tosaigh) _____ an scoil ag a naoi ar maidin.
2. (Ceannaigh: sí) _____ ____ gúna nua le haghaidh na cóisire.
3. (Imigh) _____ Pól abhaile ag a deich aréir.
4. (Ní: bailigh: sí) ____ _____ ____ mórán airgid le haghaidh Trócaire ar chor ar bith.
5. (Ar: ceannaigh: tú) ____ _____ ____ na ticéid ar an Idirlíon?
6. (Críochnaigh) _____ Nóilín a hobair bhaile go déanach aréir.
7. (Ceartaigh) _____ an múinteoir na cóipleabhair inné.
8. (Ní: smaoinigh) ____ _____ Áine orm ar chor ar bith inné.
9. (Mínigh) _____ an múinteoir gach rud go cruinn dom inne.
10. (Scrúdaigh: sé) _____ ____ na daltaí Dé hAoine seo caite.

B: Cuir na habairtí seo a leanas san aimsir chaite:
1. (Críochnaigh) _____ an chóisir ag a haon déag Dé Sathairn seo caite.
2. (Ní: tosaigh) ____ _____ an cheolchoirm go dtí a hocht a chlog aréir.
3. (Imigh) _____ Peadar sula raibh seans agam slán a fhágáil leis.
4. (Mínigh) _____ mo dheartháir na ceachtanna go cruinn dom inné.
5. (Bailigh) _____ a lán airgid aréir ar son na clainne.
6. (Fiafraigh) _____ a lán ceisteanna sa rang eolaíochta.
7. (An: ceannaigh: tú) ____ _____ ____ feisteas nua le haghaidh do bhreithlá?
8. (Scrúdaigh) _____ an dochtúir an t-othar cúig nóiméad ó shin.
9. (Imigh) _____ Síle go luath aréir.
10. (Socraigh: mé) _____ ____ an choinne inné.

Aois na Glóire 2

C: Cuir Gaeilge ar na habairtí seo a leanas:
1. School finished at 4 o' clock yesterday.
2. My teacher corrected my copy last week.
3. Liam started work at 9 o' clock this morning.
4. The party finished at ten o clock last night.
5. Lísa left early last night.
6. We bought a new dog yesterday.
7. Máire collected the copybooks for the teacher this morning.
8. Did you buy that T-shirt last Saturday?
9. Úna cycled to Mass this morning.
10. Eoin rowed to Dingle last week.

Briathra a bhfuil –air, –ir, –ail, –il, –ain, –in nó –is mar chríoch orthu.

Cleachtadh Scríofa

A: Cuir na habairtí seo a leanas san aimsir chaite:
1. (Inis: sinn) _____ an scéal don pháiste.
2. (Imir) _____ Oisín go maith sa chluiche inné.
3. (Labhair) _____ an muinteoir liom inné.
4. (Ní: codail: sé) ____ _____ ____ go sámh aréir.
5. (Cosain) _____ an seaicéad sin caoga euro.
6. (Oscail) _____ an scoil seo ag a hocht ar maidin.
7. (Freagair) _____ Micheál na ceisteanna go léir sa scrúdú an tseachtain seo caite.
8. (An: inis: tú) ____ _____ ____ an dea-nuacht do do Mham?
9. (Cuimil) _____ Áine a lámha le chéile mar bhí sé fuar.
10. (Codail) _____ na páistí go déanach mar bhí siad tuirseach ar maidin.

Gramadach

B: Scríobh na habairtí seo a leanas san aimsir chaite:

1. (Imir: sí) _____ ____ go dona sa chluiche ceannais Dé Sathairn seo caite.
2. (Labhair) _____ an dalta go drochbhéasach leis an múinteoir inné.
3. (An: oscail: tú) ____ _____ ____ do bhronntanas go fóill?
4. (An: cosain) ____ _____ an cóta sin mórán?
5. (Inis: mé) ____ _____ an scéal duit an mhí seo caite.
6. (Codail: sinn) _____ go sámh aréir.
7. (Ní: freagair: sinn) ____ _____ na ceisteanna i gceart Dé Céadaoin seo caite.
8. (An: labhair) ____ _____ Séamas leat faoin gcóisir ní ba luaithe?
9. (Cosain) _____ an teach sin trí chéad míle euro anuraidh.
10. (Imir) _____ an cluiche Dé Sathairn seo caite ag a dó.

C: Cuir Gaeilge ar na habairtí seo a leanas:

1. We spoke to the principal yesterday.
2. I played in the hockey match last week.
3. Mary told the child a story last night.
4. That shirt cost 50 euro.
5. Did you speak to your Mom about that yesterday?
6. We answered the questions correctly in the test last Friday.
7. Did you open the packet of biscuits earlier?
8. She slept until 11 o' clock this morning.
9. Was the school opened this morning?
10. Seán defended his team well in the game yesterday.

Eisceachtaí sa Dara Réimniú:

Cuir na habairtí seo a leanas san aimsir chaite:

1. (Foghlaim: mé) _____ ____ mo cheachtanna aréir.
2. (Fulaing) _____ an seanfhear ón bhfuacht i rith an gheimhridh seo caite.
3. (Freastail: sinn) _____ ar an scoil chéanna le fada an lá.
4. (Tarraing) _____ an cailín pictiúr álainn dom inné.
5. (Tuirling) _____ an t-eitleán ag a 6 inné.
6. (Ní: foghlaim: mé) ____ _____ ____ mórán ón gclár sin inné.
7. (An: freastail: sé) ____ _____ ____ ar an scoil sin sna nóchaidí?
8. (Tuirling) _____ an heileacaptar ar Fhaiche Stiofáin ar maidin.
9. (Freastal: sinn) _____ ar ranganna amhránaíochta le chéile anuraidh.
10. (Ní: fulaing: sí) ____ _____ ____ an iomarca nuair a fuair sí bás.

Na Briathra Neamhrialta

Briathar a bhfuil fréamhacha éagsúla aige sna haimsirí éagsúla is ea briathar neamhrialta. Is iad **abair**, **beir**, **bí**, **clois**, **déan**, **faigh**, **feic**, **ith**, **tabhair**, **tar** agus **téigh** na briathra neamhrialta. Is iad seo a leanas foirmeacha na mbriathra neamhrialta san aimsir chaite:

abair	beir	bí	clois
dúirt mé	rug mé	bhí mé	chuala mé
dúirt tú	rug tú	bhí tú	chuala tú
dúirt sé / sí	rug sé / sí	bhí sé / sí	chuala sé / sí
dúramar	rugamar	bhíomar	chualamar
dúirt sibh	rug sibh	bhí sibh	chuala sibh
dúirt siad	rug siad	bhí siad	chuala siad
dúradh	rugadh	bhíothas	chualathas
ní dúirt sé	níor rug mé	ní raibh mé	níor chuala mé
an ndúirt tú?	ar rug tú?	an raibh tú?	ar chuala tú?

déan	faigh	feic	ith
rinne mé	fuair mé	chonaic mé	d'ith mé
rinne tú	fuair tú	chonaic tú	d'ith tú
rinne sé / sí	fuair sé / sí	chonaic sé / sí	d'ith sé / sí
rinneamar	fuaireamar	chonaiceamar	d'itheamar
rinne sibh	fuair sibh	chonaic sibh	d'ith sibh
rinne siad	fuair siad	chonaic siad	d'ith siad
rinneadh	fuarthas	chonacthas	itheadh
ní dhearna mé	ní bhfuair mé	ní fhaca mé	níor ith mé
an ndearna tú?	an bhfuair tú?	an bhfaca tú?	ar ith tú?

tabhair	tar	téigh
thug mé	tháinig mé	chuaigh mé
thug tú	tháinig tú	chuaigh tú
thug sé / sí	tháinig sé / sí	chuaigh sé / sí
thugamar	thángamar	chuamar
thug sibh	tháinig sibh	chuaigh sibh
thug siad	tháinig siad	chuaigh siad
tugadh	thángthas	chuathas
níor thug mé	níor tháinig mé	ní dheachaigh mé
ar thug tú?	ar tháinig tú?	an ndeachaigh tú?

Gramadach

A: Cuir na habairtí seo a leanas san aimsir chaite:

1. (Téigh: sinn) _____ go dtí an chóisir le chéile aréir.
2. (Déan: sé) _____ ____ a obair bhaile ina aonar inné.
3. (Ith: mé) _____ ____ an-iomarca ní ba luaithe agus anois tá pian i mo bholg.
4. (An: feic: tú) ____ _____ ____ do chairde an deireadh seachtaine seo caite?
5. (Tabhair: sé) _____ ____ an bronntanas do Mháire an Nollaig seo caite.
6. (Ní: faigh: mé) ____ _____ ____ aon airgead do mo bhreithlá.
7. (An: beir) ____ _____ tú i 1999?
8. (Tar: sé) _____ ____ ar scoil ar an mbus ar maidin.
9. (An: bí: tú) ____ _____ ____ ag an gcóisir aréir?
10. (Ní: téigh: mé) ____ _____ ____ ar saoire anuraidh.

B: Scríobh na habairtí seo a leanas san aimsir chaite:

1. (Tabhair: sinn) _____ an t-airgead don seanfhear bocht.
2. (An: faigh: tú) ____ _____ ____ aon rud deas le haghaidh na Nollag?
3. (An: beir) _____ _____ é i gCorcaigh nó i nGaillimh?
4. (Ith: sí) _____ ____ a dinnéar aréir.
5. (Tar: siad) _____ ____ ar scoil sa charr ar maidin.
6. (Clois: sí) _____ ____ an dea-nuacht ar an raidió inné.
7. (Abair: sinn) _____ ár bpaidreacha aréir.
8. (An: téigh: tú) _____ _____ _____ ar cuairt ar do sheanmháthair an samhradh seo caite?
9. (Ní: bí: sé) ____ _____ ____ ar scoil inné.
10. (An: tabhair: tú) _____ _____ _____ d'obair bhaile don mhúinteoir an tseachtain seo caite?

C: Cuir Gaeilge ar na habairtí seo a leanas:

1. Did you go to England last weekend?
2. I was with Sinéad at the cinema last night.
3. We brought lots of food and drink to the party last week.
4. Did you hear that programme on the radio this morning?
5. We came to school in the car this morning.
6. I was born in Dublin in 1998.
7. We got a lot of presents last Christmas.
8. He ate all the biscuits last night.
9. Síle was not at the disco last Saturday.
10. Méadbh got a bicycle for her birthday yesterday.

Aois na Glóire 2

D: Cuir Gaeilge ar na habairtí seo a leanas:
1. We came to Dublin on the train last night.
2. Fiona gave all her money to Gorta yesterday.
3. I heard the news this morning.
4. They went to Belfast last Sunday.
5. Were you at the wedding (*bainis*) last Saturday?
6. She was born in Derry.
7. They did not hear the news last night.
8. We got a new kitten for Christmas last year.
9. Micheál went to the cinema last night.
10. Did you grab the ball during the game yesterday?

Athbhreithniú ar an Aimsir Chaite

Meascán de bhriathra ón gcéad réimniú, de bhriathra ón dara réimniú agus de bhriathra neamhrialta atá sna ceachtanna seo a leanas.

A: Scríobh na habairtí seo a leanas san aimsir chaite:
1. (Déan: sinn) _____ ár n-obair bhaile aréir.
2. (Bí: sé) _____ ____ an-chineálta dom inné nuair a (bí: mé) ____ _____ trína chéile.
3. (Ní: stop: sé) ____ _____ ____ ag gáire inné.
4. (Glan: sinn) _____ an teach ó bhun go barr an deireadh seachtaine seo caite.
5. (Ní: téigh: mé) ____ _____ ____ go Meiriceá an samhradh seo caite.
6. (Ceannaigh: sinn) _____ coileán nua inné.
7. Cad a (déan: tú) ____ _____ le mo ghúna nua?
8. (Ith: sé) _____ ____ an tseacláid go léir aréir.
9. (An: labhair: tú) ____ _____ ____ mar sin le do thuismitheoirí inné?
10. (Bailigh) _____ mo Mham a lán airgid do Thrócaire anuraidh.

Gramadach

B: Scríobh na habairtí seo a leanas san aimsir chaite:
1. (Faigh: sé) _____ ____ post nua i nGaillimh inné.
2. (Freastail: mé) _____ ____ ar an scoil sin ar feadh seacht mbliana.
3. (Imir: sé) _____ ____ go maith sa chluiche ceannais Dé Sathairn seo caite.
4. (Taispeáin: sí) ____ _____ an teach nua dom inné.
5. (Bris) _____ Máire na fuinneoga go léir sa scoil.
6. (Glan) _____ an scoil ó bhun go barr inné.
7. (Imigh) _____ Liam ón gcóisir go luath aréir.
8. (An: bí: tú) ____ _____ ____ ag an bpictiúrlann inné?
9. (Caith: mé) ____ _____ m'airgead go léir inné.
10. (Ní: ith: siad) _____ _____ aon rud ar maidin.

C: Cuir na habairtí seo a leanas san aimsir chaite:
1. (Goid: sí) ____ _____ an t-airgead ón mbanc anuraidh.
2. (Tosaigh) _____ an chóisir ag a hocht a chlog.
3. (Ní: fuair: sí) ____ _____ ____ aon íde béil óna Mam nuair a (tar: sí) ____ _____ abhaile ag a trí a chlog ar maidin.
4. (An: feic: tú) ____ _____ ____ Séamas ní ba luaithe?
5. (Ní: déan: mé) ____ _____ ____ aon obair bhaile aréir.
6. (Tosaigh: sí) ____ _____ ag caoineadh nuair a (bí: sí) ____ _____ ag argóint lena buachaill.
7. (Críochnaigh) _____ an lá oibre ag a sé a chlog inné.
8. (Labhair: sinn) _____ leis an bpríomhoide inné agus tá áit againn sa scoil anois.
9. (Foghlaim: mé) _____ ____ mórán sa Ghaeltacht an samhradh seo caite.
10. (Ní: freastail: sí) ____ _____ ____ ar an scoil sin in aon chor.

D: Cuir na habairtí seo a leanas san aimsir chaite:
1. (Ní: éist: sí) ____ _____ ____ liom ar chor ar bith nuair a (bí: mé) ___ _____ ag caint léi.
2. (An: buail: tú) ____ _____ ____ le do chara inné?
3. (Téigh: sinn) _____ ar saoire an tseachtain seo caite.
4. (Imir: sé) ____ _____ go maith sa chluiche leadóige inné.
5. (Scuab: sí) ____ _____ a cuid gruaige ar maidin.
6. (An: léigh: tú) ____ _____ ____ an nuachtán ar maidin?
7. (Ní: bí: sé) ____ _____ róshásta le staid an tí inné.
8. (Ní: glan: sinn) _____ _____ an teach inné.
9. (Ceartaigh) _____ an múinteoir na scrúduithe go léir an tseachtain seo caite.
10. (An: codail: tú) ____ _____ ____ go sámh aréir?

Céim 3: An Aimsir Láithreach

Úsáidimid an aimsir láithreach (*the present tense*) nuair a chuirimid síos ar rud a tharlaíonn go rialta nó rud atá ag tarlú anois. Go minic bíonn téarma ar nós 'gach lá', 'gach seachtain', 'gach bliain', 'i gcónaí', 'anois', 'go rialta', 'go minic', 'anois is arís' agus mar sin de in éineacht leis an mbriathar.

An Chéad Réimniú

Briathra a bhfuil siolla amháin iontu agus briathra a bhfuil dhá shiolla iontu agus síneadh fada ar an dara siolla atá sa chéad réimniú.

⭐ **Mar shampla**

(1) Briathra a bhfuil siolla amháin iontu: **bris**, **mol**, **cuir**, **glan**, **fág**, **fan**, **can**, **gearr**, **cíor**, **scuab**, **tóg**, **ól**, **féach**.

(2) Briathra a bhfuil dhá shiolla iontu agus síneadh fada ar an dara siolla: **coimeád**, **tiomáin**, **taispeáin**, **úsáid**.

Is iad na foircinn (*endings*) seo a leanas a chuirimid le briathra sa chéad réimniú san aimsir láithreach:

Más consan leathan é consan deiridh an bhriathair	Más consan caol é consan deiridh an bhriathair
–aim	–im
–ann tú	–eann tú
–ann sé / sí	–eann sé / sí
–aimid	–imid
–ann sibh	–eann sibh
–ann siad	–eann siad
–tar (saorbhriathar)	–tear (saorbhriathar)

⭐ **Mar shampla**

glanaim	coimeádaim	cuirim	tiomáinim
glanann tú	coimeádann tú	cuireann tú	tiomáineann tú
glanann sé / sí	coimeádann sé / sí	cuireann sé / sí	tiomáineann sé / sí
glanaimid	coimeádaimid	cuirimid	tiomáinimid
glanann sibh	coimeádann sibh	cuireann sibh	tiomáineann sibh
glanann siad	coimeádann siad	cuireann siad	tiomáineann siad
glantar	coimeádtar	cuirtear	tiomáintear
ní ghlanaim	ní choimeádaim	ní chuirim	ní thiomáinim
an nglanann tú?	an gcoimeádann tú?	an gcuireann tú?	an dtiomáineann tú?

Gramadach

Eisceachtaí

Eisceacht is ea **taispeáin** agus briathra a bhfuil **–igh** mar chríoch orthu,
Mar shampla: **nigh**, **suigh**, **buaigh**, **glaoigh**, **léigh**, **pléigh**.

1. Chun **taispeáin** a chur san aimsir láithreach bainimid an i sa dara siolla, agus ansin cuirimid an foirceann (*ending*) cuí leis.

taispeánaim
taispeánann tú
taispeánann sé / sí
taispeánaimid
taispeánann sibh
taispeánann siad
taispeántar
ní thaispeánaim
an dtaispeánann tú?

2. Briathra a bhfuil **–igh** mar chríoch orthu:
   (a) más briathar é a bhfuil **–éigh** mar chríoch air, is mar seo a chuirimid san aimsir láithreach é:

léim	pléim
léann tú	pléann tú
léann sé / sí	pléann sé / sí
léimid	pléimid
léann sibh	pléann sibh
léann siad	pléann siad
léitear	pléitear
ní léim	ní phléim
an léann tú?	an bpléann tú?

Aois na Glóire 2

(b) más briathar é a bhfuil **–igh** mar chríoch air, is mar seo a chuirimid san aimsir láithreach é:

ním	suím
níonn tú	suíonn tú
níonn sé / sí	suíonn sé /sí
nímid	suímid
níonn sibh	suíonn sibh
níonn siad	suíonn siad
nitear	suitear
ní ním	ní shuím
an níonn tú?	an suíonn tú?

Cleachtadh Scríofa

A: Cuir na habairtí seo a leanas san aimsir láithreach:

1. (Fág: mé) _____ mo leabhair ar scoil gach lá.
2. (Bris: sé) _____ ____ pláta gach uair a níonn sé na gréithe.
3. (Glan: sinn) _____ an teach gach maidin.
4. (An: fan: tú) ____ _____ ____ i dteach do charad gach deireadh seachtaine?
5. (Coimeád: sé) _____ ____ an t-airgead go léir sa bhanc.
6. (Ní: mol: sí) ____ _____ ____ an leanbh riamh.
7. (An: fág: tú) ____ _____ ____ do sparán i do dhiaidh i gcónaí?
8. (Ní: goid) ____ _____ airgead ón mbanc gach bliain.
9. (Ól: sí) _____ ____ tae gach maidin.
10. (Cuir: sinn) _____ na héadaí sa chófra gach lá agus mar sin ní éiríonn an teach míshlachtmhar.

B: Cuir na habairtí seo a leanas san aimsir láithreach:

1. (Tiomáin: sé) _____ ____ go lár na cathrach gach maidin.
2. (Nigh: sinn) _____ na gréithe tar éis an dinnéir gach tráthnóna.
3. (An: fill: siad) ____ _____ ____ abhaile gach lá?
4. (Pléigh: siad) _____ ____ nuacht an lae gach lá.
5. (Coimeád: sí) _____ ____ an t-airgead go léir di féin.
6. (Ní: bris: sé) ____ _____ ____ aon rud sa teach sin.
7. (Suigh: sí) _____ ____ ar an gcathaoir sin gach lá.
8. (Féach: sinn) _____ ar scannáin gach oíche.
9. (Fás) _____ an crann níos airde gach bliain.
10. (Léigh: sé) _____ ____ an páipéar nuachtáin gach maidin.

C: Cuir na habairtí seo a leanas san aimsir láithreach:
1. (Teip) _____ air sa scrúdú Fraincise gach seachtain.
2. (Pós) _____ daoine gach samhradh.
3. (Gearr: sí) _____ ____ a cuid gruaige gach mí.
4. (An: éist: sí) ____ _____ ____ leis an raidió gach maidin?
5. (Tuill: sí) _____ ____ a lán airgid gach seachtain.
6. (Caill: sí) _____ ____ a mála gach deireadh seachtaine.
7. (Díol: sé) _____ ____ a lán earraí sa siopa gach lá.
8. (Rith: sinn) _____ gach tráthnóna.
9. (Buail: sí) _____ ____ lena cara gach seachtain.
10. (Léim: sí) _____ ____ le háthas nuair a bhuann sí airgead sa Chrannchur.

D: Cuir na habairtí seo a leanas san aimsir láithreach:
1. (Ní: tuig: sinn) ____ _____ cad tá i gceist.
2. (Ceap: sí) _____ ____ go bhfuil an scoil dúnta.
3. (Bain: sí) _____ ____ sult as ceol i gcónaí.
4. (Rith: sí) _____ ____ i rásanna go minic.
5. (Úsáid: sinn) _____ an citeal gach lá.
6. (Ól: sí) _____ ____ sú oráiste gach tráthnóna.
7. (An: cuir: sí) ____ _____ ____ a hairgead sa bhanc gach lá?
8. (Suigh: sí) _____ ____ ar an mbus gach maidin.
9. (An: tiomáin: sé) ____ _____ ____ ó Dhurlas go Luimneach gach Aoine?
10. (Tóg: sí) _____ ____ na milseáin amach as an gcófra gach lá.

E: Cuir na habairtí seo a leanas san aimsir láithreach:
1. (Cíor) _____ an cailín a cuid gruaige gach maidin.
2. (Scuab: sinn) _____ an t-urlár gach lá.
3. (An: ceap: sí) ____ _____ ____ go bhfuilimid saibhir?
4. (Seinn: sí) _____ ____ ar an ngiotár.
5. (Can: mé) _____ ____ i gcór na scoile.
6. (Mol: sí) _____ ____ an dalta sin go hard na spéire i gcónaí.
7. (Bris: sé) _____ ____ na gréithe i gcónaí.
8. (Tit: sí) _____ ____ ar an talamh nuair a théann sí ag scátáil i gcónaí.
9. (Leag: sé) _____ na crainn nuair a éiríonn siad ró-ard.
10. (Caith: sí) _____ ____ a lán airgid ar éadaí.

Aois na Glóire 2

F: Cuir Gaeilge ar na habairtí seo a leanas:
1. (Glan) I clean my car every week.
2. (Can) She sings in the choir at Mass every Sunday.
3. (Seinn ar) Seán plays the piano.
4. (Ól) We drink coffee every day at 11 o' clock.
5. (Féach) I watch the television every evening.
6. (Fan) Siobhán stays in my house every Sunday.
7. (Cuir) Do you put your money into the post office?
8. (Tuig) I don't understand the question.
9. (Éist) They listen to the radio every morning.
10. (Rith) She runs to school every morning.

G: Cuir Gaeilge ar na habairtí seo a leanas:
1. (Coimeád) I keep my clothes in the wardrobe.
2. (Fan) He stays with his grandmother every weekend.
3. (Nigh) We wash the floor every day.
4. (Féach) Do you watch films every night?
5. (Caith) They spend all their money on clothes.
6. (Goid) He steals apples from that garden often.
7. (Léigh) I read books now and again.
8. (Ól) We drink a lot of water.
9. (Cuir) We put the biscuits in the press every evening.
10. (Éist) They listen to the news on the radio every day.

An Dara Réimniú

Briathra a bhfuil dhá shiolla iontu agus a bhfuil –**igh**, –**il**, –**in**, –**ir** nó –**is** mar chríoch orthu (chomh maith le grúpa beag eile) atá sa dara réimniú.

1. Maidir leis na briathra a bhfuil –**igh** nó –**aigh** mar chríoch orthu, bainimid an chríoch sin chun an fhréamh a fháil.
2. Maidir leis na briathra a bhfuil –**il** nó –**ail**, –**in** nó –**ain**, –**ir** nó –**air** nó –**is** mar chríoch orthu, bainimid an **i** nó an **ai** chun an fhréamh a fháil.

Ansin, cuirimid na foircinn seo a leanas leis an bhfréamh san aimsir láithreach:

Más consan leathan é consan deiridh na fréimhe	Más consan caol é consan deiridh na fréimhe
–aím	–ím
–aíonn tú	–íonn tú
–aíonn sé / sí	–íonn sé / sí
–aímid	–ímid
–aíonn sibh	–íonn sibh
–aíonn siad	–íonn siad
–aítear (saorbhriathar)	–ítear (saorbhriathar)

⭐ Mar shampla

ceannaím	osclaím	bailím	imrím
ceannaíonn tú	osclaíonn tú	bailíonn tú	imríonn tú
ceannaíonn sé / sí	osclaíonn sé / sí	bailíonn sé / sí	imríonn sé / sí
ceannaímid	osclaímid	bailímid	imrímid
ceannaíonn sibh	osclaíonn sibh	bailíonn sibh	imríonn sibh
ceannaíonn siad	osclaíonn siad	bailíonn siad	imríonn siad
ceannaítear	osclaítear	bailítear	imrítear
ní cheannaím	ní osclaím	ní bhailím	ní imrím
an gceannaíonn tú?	an osclaíonn sé?	an mbailíonn tú?	an imríonn tú?

Eisceachtaí

Maidir leis na briathra **lorg**, **foghlaim**, **fulaing**, **tarraing**, agus **tuirling**, cuirimid na foircinn a bhaineann leis an dara réimniú leo gan aon athrú eile a dhéanamh.

 Mar shampla

lorgaím	foghlaimím	fulaingím	tarraingím
lorgaíonn tú	foghlaimíonn tú	fulaingíonn tú	tarraingíonn tú
lorgaíonn sé / sí	foghlaimíonn sé / sí	fulaingíonn sé / sí	tarraingíonn sé / sí
lorgaímid	foghlaimímid	fulaingímid	tarraingímid
lorgaíonn sibh	foghlaimíonn sibh	fulaingíonn sibh	tarraingíonn sibh
lorgaíonn siad	foghlaimíonn siad	fulaingíonn siad	tarraingíonn siad
lorgaítear	foghlaimítear	fulaingítear	tarraingítear
ní lorgaím	ní fhoghlaimím	ní fhulaingím	ní tharraingím
an lorgaíonn tú?	an bhfoghlaimíonn tú?	an bhfulaingíonn tú?	an dtarraingíonn tú?

Aois na Glóire 2

Eisceacht amháin eile

Maidir leis an mbriathar freastail, bainimid an i agus ansin cuirimid na foircinn a bhaineann leis an dara réimniú leis.

freastalaím
freastalaíonn tú
freastalaíonn sé / sí
freastalaímid
freastalaíonn sibh
freastalaíonn siad
freastalaítear
ní fhreastalaím
an bhfreastalaíonn tú?

Cleachtadh Scríofa

A: Cuir na habairtí seo a leanas san aimsir láithreach:

1. (Éirigh: sí) _____ ____ go moch gach maidin.
2. (Bailigh: sinn) _____ éadaí ar son na ndaoine bochta gach bliain.
3. (Críochnaigh: sé) _____ ____ a lá oibre ag a sé a chlog gach tráthnóna.
4. (An: imigh: sé) ____ _____ ____ abhaile go luath gach oíche?
5. (Ní: tosaigh) ____ _____ an rás go dtí a seacht a chlog.
6. (An: ceannaigh: siad) ____ _____ ____ carr nua gach bliain?
7. (Mínigh) _____ an múinteoir an gramadach go cruinn gach lá.
8. (Scrúdaigh: sé) _____ ____ na daltaí sa rang gach Aoine.
9. (Ceannaigh) _____ Máire an iomarca éadaí.
10. (Imigh: sé) _____ ____ ón gcóisir nuair a bhíonn tuirse air.

B: Cuir na habairtí seo a leanas san aimsir láithreach:

1. (Oscail) _____ an scoil seo ag a hocht a chlog gach maidin.
2. (Codail: sé) _____ ____ go déanach gach maidin.
3. (Labhair: sinn) _____ leis an bpríomhoide gach mí.
4. (An: imir: sé) ____ _____ ____ i gcluichí gach deireadh seachtaine?
5. (Cosain) _____ an teach sin céad míle euro.
6. (Inis: sé) _____ ____ an scéal céanna gach uile lá.
7. (Ceangail: sí) _____ ____ a rothar leis an gcuaille gach lá.
8. (Freagair: sí) _____ ____ na ceisteanna go léir i gcónaí.
9. (Fógair) _____ an siopa sin earraí nua go minic.
10. (Foghlaim) _____ an dalta a lán rudaí nua gach aon lá.

Gramadach

C: Cuir na habairtí seo a leanas san aimsir láithreach:
1. (Eitil: sé) ____ _____ go Sasana gach seachtain.
2. (Imir: siad) _____ sa chluiche ceannais gach bliain.
3. (Inis: sinn) _____ an scéal sin don leanbh gach oíche.
4. (Freastail: sí) ____ _____ ar an scoil chéanna liomsa.
5. (Imir: sí) ____ _____ a lán spóirt.
6. (Freagair: sinn) _____ na ceisteanna go léir gach lá.
7. (Dúisigh: sí) ____ _____ ar a seacht a chlog gach maidin.
8. (Tosaigh: sí) ____ _____ ag caoineadh go minic.
9. (Ceannaigh: sé) ____ _____ a lán éadaí spóirt gach mí.
10. (An: foghlaim: tú) ____ _____ ____ mórán sa rang sin?

D: Scríobh na habairtí seo a leanas san aimsir láithreach:
1. (Codail: sí) ____ _____ go déanach gach maidin.
2. (Ní: oscail: sinn) ____ _____ an siopa gach lá.
3. (Freastail: sinn) _____ go léir ar an scoil chéanna.
4. (Críochnaigh: sinn) _____ an lá scoile gach lá ag a ceathair.
5. (Foghlaim) _____ Fiona a lán rudaí nua gach lá.
6. (Imir) _____ daoine cluichí gach deireadh seachtaine.
7. (Éirigh: sinn) _____ ag a deich a chlog gach maidin.
8. (Mínigh: sí) ____ _____ cad tá i gceist go cruinn i ngach rang.
9. (Labhair: sí) ____ _____ go borb liom gach lá.
10. (Codail: sinn) _____ go déanach gach Satharn.

E: Cuir Gaeilge ar na habairtí seo a leanas:
1. (Oscail) She opens the shop every morning.
2. (Foghlaim) They learn their lessons every evening.
3. (Ceannaigh) We buy new clothes once a month.
4. (Tosaigh) They start school at nine o' clock every day.
5. (Imir) He plays football every weekend.
6. (Bailigh) They collect money for Trócaire every year.
7. (Cosain) That shirt costs ten euro.
8. (Freastail) She attends secondary school in Cork.
9. (Dúisigh) They wake up at seven every morning.
10. (Imigh) They leave the party early every Friday.

Aois na Glóire 2

F: Cuir Gaeilge ar na habairtí seo a leanas:

1. (Ceannaigh) She buys a new jumper every week.
2. (Codail) Do they sleep late every Saturday?
3. (Oscail) She does not open the window every morning.
4. (Foghlaim) Does he learn his vocabulary every night?
5. (Labhair) We speak to the teacher in every class.
6. (Scrúdaigh) The teacher examines the students every day.
7. (Dúisigh) I wake up at eight o' clock every morning.
8. (Inis) We tell stories to the little child every night.
9. (Codail) Does he sleep every night?
10. (Foghlaim) We learn something new every day.

Na briathra neamhrialta

Is iad **abair**, **beir**, **bí**, **clois**, **déan**, **faigh**, **feic**, **ith**, **tabhair**, **tar** agus **téigh** na briathra neamhrialta.

Is iad seo a leanas foirmeacha na mbriathra neamhrialta san aimsir láithreach:

abair	beir	clois	déan	faigh
deirim	beirim	cloisim	déanaim	faighim
deir tú	beireann tú	cloiseann tú	déanann tú	faigheann tú
deir sé / sí	beireann sé / sí	cloiseann sé / sí	déanann sé / sí	faigheann sé / sí
deirimid	beirimid	cloisimid	déanaimid	faighimid
deir sibh	beireann sibh	cloiseann sibh	déanann sibh	faigheann sibh
deir siad	beireann siad	cloiseann siad	déanann siad	faigheann siad
deirtear	beirtear	cloistear	déantar	faightear
ní deirim	ní bheirim	ní chloisim	ní dhéanaim	ní fhaighim
an ndeir tú?	an mbeireann tú?	an gcloiseann tú?	an ndéanann tú?	an bhfaigheann tú?

feic	ith	tabhair	tar	téigh
feicim	ithim	tugaim	tagaim	téim
feiceann tú	itheann tú	tugann tú	tagann tú	téann tú
feiceann sé / sí	itheann sé / sí	tugann sé / sí	tagann sé / sí	téann sé / sí
feicimid	ithimid	tugaimid	tagaimid	téimid
feiceann sibh	itheann sibh	tugann sibh	tagann sibh	téann sibh
feiceann siad	itheann siad	tugann siad	tagann siad	téann siad
feictear	itear	tugtar	tagtar	téitear
ní fheicim	ní ithim	ní thugaim	ní thagaim	ní théim
an bhfeiceann tú?	an itheann tú?	an dtugann tú?	an dtagann tú?	an dtéann tú?

Gramadach

'Bí' agus 'tá'

Tá dhá leagan den bhriathar **bí** san aimsir láithreach, mar atá **bí** agus **tá**. Úsáidimid **tá** nuair a dhéanaimid tagairt do ghníomh atá ar siúl anois díreach.

⭐ **Mar shampla**

Táim ar scoil.

Tá pian orm.

Úsáidimid **bí** nuair a dhéanaimid tagairt do ghníomh a bhíonn ar siúl go leanúnach nó go rialta.

⭐ **Mar shampla**

Bím ar scoil ag a naoi a chlog gach maidin.

Bíonn pian orm nuair a ithim an iomarca.

táim	bím
tá tú	bíonn tú
tá sé	bíonn sé
tá sí	bíonn sí
táimid	bímid
tá sibh	bíonn sibh
tá siad	bíonn siad
táthar	bítear
nílim	ní bhím
an bhfuil tú?	an mbíonn tú?

A: Scríobh na habairtí seo a leanas san aimsir láithreach:

1. (An: téigh: sé) ____ _____ ____ go dtí an dioscó gach Satharn?
2. (Ní: ith: sí) ____ _____ ____ a dinnéar gach lá.
3. (Bí: sinn) _____ i gcónaí ag argóint.
4. (An: tar: siad) ____ _____ siad ar scoil ar an mbus?
5. (Abair: siad) ____ _____ a bpaidreacha gach oíche.
6. (Clois: sinn) _____ an Dart ón bhfuinneog.
7. (Déan: sé) _____ ____ a obair bhaile gach tráthnóna.
8. (Tabhair: siad) _____ ____ aire mhaith don pháiste sin.
9. (Faigh: sinn) _____ a lán bronntanais gach Nollaig.
10. (Feic: sinn) _____ ár gcairde an t-am ar fad.

B: Scríobh na habairtí seo a leanas san aimsir láithreach:

1. (Téigh: sinn) _____ abhaile gach lá ag a cúig a chlog.
2. (Déan: sé) _____ ____ staidéar ar Ghaeilge gach oíche.
3. (Faigh: siad) _____ a lán airgid óna bpost.
4. (Ith: sinn) _____ ár ndinnéar ag a seacht a chlog.
5. (Ní: tabhair: siad) ____ _____ ____ airgead leo go minic.
6. (An: feic: tú) ____ _____ ____ do sheanmháthair go minic?
7. (An: bí: sé) ____ _____ ____ sa ghiomnáisiam i gcónaí?
8. (Ní: abair: mé) ____ _____ rudaí amaideacha!
9. (An: ith: tú) ____ _____ ____ milseáin gach lá?
10. (Beir: sé) ____ _____ ar an liathróid i ngach cluiche.

C: Cuir Gaeilge ar na habairtí seo a leanas:

1. We go to the cinema every Friday.
2. I come to school on the bus every morning.
3. We eat a big breakfast every morning.
4. I don't see my friends every day.
5. I'm in my friend's house every Thursday.
6. We give presents to the children every Christmas.
7. He doesn't say what he feels all the time.
8. Does she make a cake every day?
9. He eats his dinner every night.
10. She comes to work by bus every day.

D: Cuir Gaeilge ar na habairtí seo a leanas:

1. She does not come to school every day.
2. We hear the music.
3. He gets a new bicycle every year.
4. We do our homework every night.
5. Do you often give money to the poor?
6. They eat their breakfast every morning.
7. We go to Cork every week.
8. Do you go to Galway every month?
9. He doesn't do his work every day.
10. He eats dinner at 6 o' clock every evening.

Gramadach

Athbhreithniú ar bhriathra san Aimsir Láithreach

Meascán de bhriathra ón gcéad réimniú, briathra ón dara réimniú agus briathra neamhrialta atá sna ceachtanna seo a leanas.

A: Cuir na habairtí seo a leanas san aimsir láithreach:
1. (Glan: sinn) _____ an chistin gach lá.
2. (An: bailigh: tú) ____ _____ ____ na cóipleabhair don mhúinteoir gach lá?
3. (Téigh: sé) _____ ____ go Meiriceá gach samhradh.
4. (Ní: oscail: sé) ____ _____ ____ an siopa gach lá.
5. (An: codail: tú) ____ _____ ____ go sámh gach oíche?
6. (Ní: caith) ____ _____ Séamas tobac.
7. (Tosaigh) _____ an chóisir ag a seacht.
8. (An: ith: sí) ____ _____ ____ leite gach maidin?
9. (Críochnaigh) _____ an lá oibre ag a ceathair gach lá.
10. (Ól: sí) _____ ____ sú oráiste gach maidin.

B: Cuir na habairtí seo a leanas san aimsir láithreach:
1. (Caith: sinn) _____ gach seachtain i gContae Chiarraí.
2. (Fan: sé) _____ ____ i dteach lóistín nuair a théann sé ar saoire.
3. (Bailigh) _____ na leanaí milseáin gach Oíche Shamhna.
4. (Tabhair: siad) _____ ____ aire mhaith do na leanaí.
5. (Ceannaigh: sinn) _____ ár lón gach lá.
6. (An: fág: sí) ____ _____ ____ a mála sa bhaile gach lá?
7. (An: coimeád: siad) ____ _____ ____ an madra sa chonchró gach oíche?
8. (Ní: léigh: sí) ____ _____ ____ iris gach lá.
9. (An: foghlaim: siad) ____ _____ ____ mórán sa rang gach lá?
10. (Freastail: sí) _____ ____ ar scoil mheasctha.

Aois na Glóire 2

C: Cuir na habairtí seo a leanas san aimsir láithreach:
1. (Fulaing: sí) _____ ___ ón bhfuacht i rith an gheimhridh.
2. (Rith: siad) _____ ___ go tapaidh gach lá.
3. (Ní: cíor: sí) ___ _____ ___ a cuid gruaige gach lá.
4. (An: mínigh: sé) ___ _____ ___ gach rud i gceart duit?
5. (Freastail: sé) _____ ___ ar scoil bhuachaillí.
6. (Ní: scuab: sí) ___ _____ ___ an t-urlár gach lá.
7. (Ceannaigh: sinn) _____ éadaí gach seachtain.
8. (Ní: tuig: sí) ___ _____ ___ an cheist.
9. (An: tar: sibh) ___ _____ ___ ar scoil sa charr gach maidin?
10. (Déan: sé) _____ ___ gach rud is mian leis an t-am ar fad.

D: Cuir Gaeilge ar na habairtí seo a leanas:
1. He goes to the Gaeltacht every summer.
2. She gives lots of presents to him every Christmas.
3. Does he grab the ball in every game?
4. We don't read the newspaper every day.
5. I listen to the news every morning.
6. She takes all the milk every morning!
7. They put all the money into the bank.
8. They drink a lot of milk.
9. Does he buy a new car every year?
10. Do you hear that music?

E: Cuir Gaeilge ar na habairtí seo a leanas:
1. Are you tired?
2. I don't see my friends every weekend.
3. Do you give presents to your cousins at Christmas?
4. We sing in the school choir.
5. Do you wear glasses?
6. We learn a lot every day.
7. Do you attend an all-girls school?
8. She does not drink tea.
9. Do you bring lunch to school every day?
10. I do not clean my car every month.

Céim 4: An Aimsir Fháistineach

Úsáidimid an aimsir fháistineach (*the future tense*) nuair a chuirimid síos ar rud a tharlóidh amach anseo. Go minic bíonn téarma ar nós 'amárach', 'anocht', 'an bhliain seo chugainn', 'maidin amárach', 'an tseachtain seo chugainn' agus mar sin de in éineacht leis an mbriathar.

An Chéad Réimniú

Briathra a bhfuil siolla amháin iontu agus briathra a bhfuil dhá shiolla iontu agus síneadh fada ar an dara siolla atá sa chéad réimniú.

Is iad na foircinn seo a leanas a chuirimid le briathra an chéad réimniú san aimsir fháistineach:

Más consan leathan é consan deiridh an bhriathair	Más consan caol é consan deiridh an bhriathair
–faidh mé	–fidh mé
–faidh tú	–fidh tú
–faidh sé / sí	–fidh sé / sí
–faimid	–fimid
–faidh sibh	–fidh sibh
–faidh siad	–fidh siad
–far (saorbhriathar)	–fear (saorbhriathar)

⭐ **Mar shampla**

glanfaidh mé	coimeádfaidh mé	brisfidh mé	úsáidfidh mé
glanfaidh tú	coimeádfaidh tú	brisfidh tú	úsáidfidh tú
glanfaidh sé	coimeádfaidh sé	brisfidh sé	úsáidfidh sé
glanfaidh sí	coimeádfaidh sí	brisfidh sí	úsáidfidh sí
glanfaimid	coimeádfaimid	brisfimid	úsáidfimid
glanfaidh sibh	coimeádfaidh sibh	brisfidh sibh	úsáidfidh sibh
glanfaidh siad	coimeádfaidh siad	brisfidh siad	úsáidfidh siad
glanfar	coimeádfar	brisfear	úsáidfear
ní ghlanfaidh mé	ní choimeádfaidh mé	ní bhrisfidh mé	ní úsáidfidh mé
an nglanfaidh tú?	an gcoimeádfaidh tú?	an mbrisfidh tú?	an úsáidfidh tú?

Aois na Glóire 2

Eisceachtaí

Taispeáin

Chun an briathar seo a chur san aimsir fháistineach bainimid an **i** den dara siolla ar dtús.

taispeánfaidh mé
taispeánfaidh tú
taispeánfaidh sé /sí
taispeánfaimid
taispeánfaidh sibh
taispeánfaidh siad
taispeánfar
ní thaispeánfaidh mé
an dtaispeánfaidh tú?

Briathra a bhfuil –gh mar chríoch orthu

léifidh mé	pléifidh mé	nífidh mé	suífidh mé
léifidh tú	pléifidh tú	nífidh tú	suífidh tú
léifidh sé / sí	pléifidh sé / sí	nífidh sé / sí	suífidh sé / sí
léifimid	pléifimid	nífimid	suífimid
léifidh sibh	pléifidh sibh	nífidh sibh	suífidh sibh
léifidh siad	pléifidh siad	nífidh siad	suífidh siad
léifear	pléifear	nífear	suífear
ní léifidh mé	ní phléifidh mé	ní nífidh mé	ní suífidh mé
an léifidh tú?	an bpléifidh tú?	an nífidh tú?	an suífidh tú

Cleachtadh Scríofa

A: Cuir na habairtí seo a leanas san aimsir fháistineach:

1. (Cuir: sí) _____ ____ na cóipleabhair go léir isteach ina mála.
2. (Suigh: siad) _____ ____ ar na cathaoireacha sin maidin amárach.
3. (Glan: sinn) _____ an teach ó bhun go barr amárach.
4. (Ní: coimeád: mé) ____ _____ ____ m'airgead go léir sa bhanc an bhliain seo chugainn.
5. (An: taispeáin: sé) ____ _____ ____ na pictiúir go léir sa ghailearaí ealaíne an mhí seo chugainn?
6. (Fill: sí) _____ ____ abhaile amárach.
7. (Rith: sé) _____ ____ ar nós na gaoithe sa rás anocht.
8. (Caill: tú) _____ ____ d'airgead má choimeádann tú é i do phóca.
9. (Tiomáin) _____ mo Dhaid go Dún na nGall amárach.
10. (Úsáid: sinn) _____ an cócaireán nuair a bheimid ag cócaireacht anocht.

B: Cuir na habairtí seo a leanas san aimsir fháistineach:
1. (Fill: sí) _____ ____ abhaile amárach.
2. (Stop: sé) _____ ____ nuair a bheidh tuirse air.
3. (Bris) _____ na leanaí na gréithe go léir má ligtear isteach sa chistin iad.
4. (Sroich) _____ mo Mham Corcaigh ag a cúig níos déanaí inniu.
5. (Can: sinn) _____ go léir i gcór na scoile an bhliain seo chugainn.
6. (Fan: siad) _____ ____ i dteach saoire an samhradh seo chugainn.
7. (Ní: fág: sé) ____ _____ ____ a mhadra ina dhiaidh an mhí seo chugainn.
8. (An: seinn: sé) ____ _____ ____ ar an ngiotár ag an gceolchoirm Dé Sathairn seo chugainn?
9. (Ní: nigh: sé) ____ _____ ____ a aghaidh anocht.
10. (An: coimeád: sí) ____ _____ ____ na bréagáin go léir di féin?

C: Cuir Gaeilge ar na habairtí seo a leanas:
1. I will clean my house tomorrow.
2. We will run like the wind in the race tomorrow.
3. They will not read books tonight.
4. Will you listen to the radio tomorrow?
5. Will your Dad drive to Kerry next Sunday?
6. I will keep all my clothes next year.
7. We will return to Ireland next year.
8. She will wear that coat tomorrow.
9. Will you spend a week in France next summer?
10. They will clean their house next weekend.

Aois na Glóire 2

An Dara Réimniú

Briathra a bhfuil dhá shiolla iontu agus a bhfuil –**igh**, –**il**, –**in**, –**ir** nó –**is** mar chríoch orthu (chomh maith le grúpa beag eile) atá sa dara réimniú.

1. Maidir leis na briathra a bhfuil –**igh** nó –**aigh** mar chríoch orthu, bainimid an chríoch sin chun an fhréamh a fháil.

2. Maidir leis na briathra a bhfuil –**il** nó –**ail**, –**in** nó –**ain**, –**ir** nó –**air** nó –**is** mar chríoch orthu, bainimid an **i** nó an **ai** chun an fhréamh a fháil.

Ansin, cuirimid na foircinn seo a leanas leis an bhfréamh san aimsir fháistineach:

Más consan leathan é consan deiridh na fréimhe cuirimid –óidh léi.	Más consan caol é consan deiridh na fréimhe cuirimid –eoidh léi.
–óidh mé	–eoidh mé
–óidh tú	–eoidh tú
–óidh sé / sí	–eoidh sé / sí
–óimid	–eoimid
–óidh sibh	–eoidh sibh
–óidh siad	–eoidh siad
–ófar (saorbhriathar)	–eofar (saorbhriathar)

⭐ Mar shampla

ceannóidh mé	osclóidh mé	baileoidh mé	imreoidh mé
ceannóidh tú	osclóidh tú	baileoidh tú	imreoidh tú
ceannóidh sé / sí	osclóidh sé / sí	baileoidh sé / sí	imreoidh sé / sí
ceannóimid	osclóimid	baileoimid	imreoimid
ceannóidh sibh	osclóidh sibh	baileoidh sibh	imreoidh sibh
ceannóidh siad	osclóidh siad	baileoidh siad	imreoidh siad
ceannófar	osclófar	baileofar	imreofar
ní cheannóidh mé	ní osclóidh mé	ní bhaileoidh mé	ní imreoidh mé
an gceannóidh tú?	an osclóidh tú?	an mbaileoidh tú?	an imreoidh tú?

Eisceachtaí

Maidir le **foghlaim**, **fulaing**, **tarraing**, agus **tuirling**, cuirimid na foircinn chuí leo agus ní dhéanaimid aon athrú eile.

foghlaimeoidh mé	fulaingeoidh mé	tarraingeoidh mé	tuirlingeoidh mé
foghlaimeoidh tú	fulaingeoidh tú	tarraingeoidh tú	tuirlingeoidh tú
foghlaimeoidh sé	fulaingeoidh sé	tarraingeoidh sé	tuirlingeoidh sé
foghlaimeoidh sí	fulaingeoidh sí	tarraingeoidh sí	tuirlingeoidh sí
foghlaimeoimid	fulaingeoimid	tarraingeoimid	tuirlingeoimid
foghlaimeoidh sibh	fulaingeoidh sibh	tarraingeoidh sibh	tuirlingeoidh sibh
foghlaimeoidh siad	fulaingeoidh siad	tarraingeoidh siad	tuirlingeoidh siad
foghlaimeofar	fulaingeofar	tarraingeofar	tuirlingeofar
ní fhoghlaimeoidh mé	ní fhulaingeoidh mé	ní tharraingeoidh mé	ní thuirlingeoidh mé
an bhfoghlaimeoidh tú?	an bhfulaingeoidh tú?	an dtarraingeoidh tú?	an dtuirlingeoidh tú?

Maidir leis an mbriathar **freastail**, bainimid an **i** den dara siolla.

Freastail → Freastal (an fhréamh)

freastalóidh mé
freastalóidh tú
freastalóidh sé
freastalóidh sí
freastalóimid
freastalóidh sibh
freastalóidh siad
freastalófar
ní fhreastalóidh mé
an bhfreastalóidh tú?

Aois na Glóire 2

Briathra a chríochnaíonn le **–aigh** / **-igh**.

A: Scríobh na habairtí seo a leanas san aimsir fháistineach:

1. (Críochnaigh) _____ an lá oibre go déanach amárach.
2. (Tosaigh: sí) _____ ____ ag obair amárach.
3. (Brostaigh: sí) _____ ____ go dtí an oifig amárach.
4. (Éirigh: sé) _____ ____ ar a hocht a chlog maidin amárach.
5. (Dúisigh: siad) _____ ____ ag a seacht a chlog Dé Luain seo chugainn.
6. (Athraigh: sé) _____ ____ m'intinn amárach.
7. (Ní: gortaigh) ____ _____ an leanbh a cos má bhíonn sí cúramach.
8. (An: bailigh: siad) ____ _____ ____ éadaí do na daoine bochta an bhliain seo chugainn?
9. (Éalaigh: sí) _____ ____ go dtí an trá amárach.
10. (An: ceannaigh: sí) ____ _____ ____ rothar nua an mhí seo chugainn?

B: Scríobh na habairtí seo a leanas san aimsir fháistineach:

1. (Cabhraigh: sé) _____ ____ liom an teach a ghlanadh amárach.
2. (Aistrigh: sí) _____ ____ an dán ó Bhéarla go Gaeilge anocht.
3. (Éirigh: sinn) _____ ag a naoi a chlog maidin amárach.
4. (Ní: bailigh: sé) ____ _____ ____ na litreacha Dé Luain seo chugainn.
5. (An: dúisigh: siad) ____ _____ ____ go luath maidin amárach?
6. (Tosaigh: sinn) _____ an lá scoile ag a naoi Dé Máirt seo chugainn.
7. (An: ceannaigh: sí) ____ _____ ____ bróga nua amárach?
8. (Ní: oibrigh: siad) ____ _____ ____ go déanach anocht.
9. (An: críochnaigh) ____ _____ an cheolchoirm ag a naoi Dé Sathairn seo chugainn?
10. (Gortaigh) _____ an buachaill a chos má ritheann sé róthapaidh.

C: Scríobh na habairtí seo a leanas san aimsir fháistineach:

1. (Oscail: sinn) _____ an siopa ag a hocht a chlog amárach.
2. (Ní: foghlaim: sé) ____ _____ ____ faic amárach.
3. (An: codail: siad) ____ _____ ____ go déanach maidin amárach?
4. (Imir: sinn) _____ go léir sa chluiche peile Dé Luan seo chugainn.
5. (Freastail: sí) _____ ____ ar an scoil chéanna liom an bhliain seo chugainn.
6. (Tarraing) _____ an cailín pictiúr álainn amárach.
7. (Oscail) _____ an siopadóir an siopa nua Dé Máirt seo chugainn.
8. (Codail: siad) _____ go léir sa phuball anocht.
9. (Ní: imir: sí) ____ _____ ____ sa chluiche haca amárach.
10. (An: freagair: sí) ____ _____ ____ an cheist sin i gceart?

D: Cuir Gaeilge ar na habairtí seo a leanas:
1. (Ceannaigh) She will buy a new car next week.
2. (Codail) They will sleep late tomorrow morning.
3. (Oscail) She will open the school later.
4. (Oibrigh) We will work tomorrow.
5. (Freastail) They will attend an all girls school next year.
6. (Foghlaim) Áine will learn a lot in class tomorrow.
7. (Imir) Seán will play in the hockey match next Sunday.
8. (Freagair) Máire will answer all the questions tomorrow.
9. (Labhair) We will speak to the student tomorrow.
10. (Cabhraigh) Tomás will help me with my lessons tomorrow.

E: Cuir Gaeilge ar na habairtí seo a leanas:
1. We will get up at nine o' clock tomorrow.
2. Will you play in the match next Sunday?
3. Eileen will collect the copybooks for the teacher tomorrow.
4. Will you learn your grammar tonight?
5. He will not attend singing lessons next year.
6. Will you buy a new house next year?
7. They will change their clothes tonight.
8. Michael will work late tonight.
9. Síle will injure her leg if she slips on the ice.
10. Will Colm learn his lessons tonight?

Aois na Glóire 2

Na briathra neamhrialta

Is iad **abair**, **beir**, **bí**, **clois**, **déan**, **faigh**, **feic**, **ith**, **tabhair**, **tar** agus **téigh** na briathra neamhrialta.

Is iad seo a leanas foirmeacha na mbriathra neamhrialta san aimsir fháistineach:

abair	beir	Bí	clois
déarfaidh mé	béarfaidh mé	beidh mé	cloisfidh mé
déarfaidh tú	béarfaidh tú	beidh tú	cloisfidh tú
déarfaidh sé / sí	béarfaidh sé / sí	beidh sé / sí	cloisfidh sé / sí
déarfaimid	béarfaimid	beimid	cloisfimid
déarfaidh sibh	béarfaidh sibh	beidh sibh	cloisfidh sibh
déarfaidh siad	béarfaidh siad	beidh siad	cloisfidh siad
déarfar	béarfar	beifear	cloisfear
ní déarfaidh mé	ní bhéarfaidh mé	ní bheidh mé	ní chloisfidh mé
an ndéarfaidh tú?	an mbéarfaidh tú?	an mbeidh tú?	an gcloisfidh tú?

déan	faigh	feic	ith
déanfaidh mé	gheobhaidh mé	feicfidh mé	íosfaidh mé
déanfaidh tú	gheobhaidh tú	feicfidh tú	íosfaidh tú
déanfaidh sé / sí	gheobhaidh sé / sí	feicfidh sé / sí	íosfaidh sé / sí
déanfaimid	gheobhaimid	feicfimid	íosfaimid
déanfaidh sibh	gheobhaidh sibh	feicfidh sibh	íosfaidh sibh
déanfaidh siad	gheobhaidh siad	feicfidh siad	íosfaidh siad
déanfar	gheofar	feicfear	íosfar
ní dhéanfaidh mé	ní bhfaighidh mé	ní fheicfidh mé	ní íosfaidh mé
an ndéanfaidh tú?	an bhfaighidh tú?	an bhfeicfidh tú?	an íosfaidh tú?

tabhair	tar	téigh
tabharfaidh mé	tiocfaidh mé	rachaidh mé
tabharfaidh tú	tiocfaidh tú	rachaidh tú
tabharfaidh sé / sí	tiocfaidh sé / sí	rachaidh sé / sí
tabharfaimid	tiocfaimid	rachaimid
tabharfaidh sibh	tiocfaidh sibh	rachaidh sibh
tabharfaidh siad	tiocfaidh siad	rachaidh siad
tabharfar	tiocfar	rachfar
ní thabharfaidh mé	ní thiocfaidh mé	ní rachaidh mé
an dtabharfaidh tú?	an dtiocfaidh tú?	an rachaidh tú?

Gramadach

A: Scríobh na habairtí seo a leanas san aimsir fháistineach:
1. (Téigh) _____ Síle go dtí an giomnáisiam Dé Céadaoin seo chugainn.
2. (Tar) _____ Séamas go dtí an scoil sa charr maidin amárach.
3. (Faigh: sí) _____ ____ cóta nua amárach.
4. (Feic: sinn) _____ ár gcairde ag an gcóisir anocht.
5. (Bí) _____ Tomás ag an bpictiúrlann anocht.
6. (Déan: sinn) _____ ár n-obair bhaile Dé hAoine seo chugainn.
7. (Ní: ith: sé) ____ _____ ____ a dhinnéar anocht mar (ní: bí) ___ _____ ocras air.
8. (An: téigh: tú) ____ _____ ____ go dtí an cheolchoirm Dé Sathairn seo chugainn?
9. (An: déan) ____ _____ Úna cáca milis níos déanaí?
10. (An: beir: sé) ____ _____ ____ ar an liathróid i rith an chluiche níos déanaí an dóigh leat?

B: Scríobh na habairtí seo a leanas san aimsir fháistineach:
1. (Tar: sí) _____ ____ go lár na cathrach ar an mbus anocht.
2. (Ní: feic: sé) ____ _____ ____ a chairde amárach.
3. (An: ith: tú) ____ _____ ____ do lón sa bhialann Iodálach níos déanaí?
4. (Tabhair) _____ mo Dhaid bronntanais dúinn don Nollaig.
5. (Ní: déan) ____ _____ Siobhán mórán oibre anocht.
6. (An: téigh: tú) ____ _____ ____ go dtí an phictiúrlann Dé Domhnaigh seo chugainn?
7. (Ní: bí: sé) ____ _____ ____ ag an gcóisir anocht.
8. (Clois: sí) _____ ____ an nuacht nuair a thiocfaidh sí abhaile.
9. (An: abair) ___ _____ an sagart sin an tAifreann Dé Domhnaigh seo chugainn?
10. (Ní: feic: sé) ____ _____ ____ a chol ceathracha an deireadh seachtaine seo chugainn.

C: Cuir Gaeilge ar na habairtí seo a leanas:
1. She will go to Cork tomorrow.
2. Séamas will come to school in the car tomorrow morning.
3. Nuala will eat her breakfast at nine o' clock tomorrow morning.
4. We will see our father next Monday.
5. She will hear the news next Thursday.
6. Will you make a cake for your birthday next week?
7. Will you get a new iPod for Christmas?
8. I will not see my mother tomorrow.
9. They will do their homework next weekend.
10. Will you get a sandwich or a salad for lunch?

Aois na Glóire 2

Athbhreithniú ar an Aimsir Fháistineach

Meascán de bhriathra ón gcéad réimniú, ón dara réimniú agus briathra neamhrialta atá sna ceachtanna seo a leanas.

A: Athscríobh na habairtí seo a leanas:

1. (Ceannaigh: sinn) _____ teach nua an bhliain seo chugainn.
2. (Glan: sé) _____ ____ a charr amárach.
3. (Bí: siad) _____ ____ ag an gcóisir Dé Domhnaigh seo chugainn.
4. (Ní: faigh: siad) ____ _____ ____ móran oibre an bhliain seo chugainn.
5. (an: foghlaim: tú) ____ _____ ____ níos mó Fraincise an bhliain seo chugainn?
6. (Imir: sinn) _____ cluiche peile Dé Sathairn seo chugainn.
7. (Seinn) _____ Séamas ag an gceolchoirm oíche amárach.
8. (Úsáid: sinn) _____ an beárbaiciú chun an bia a chócaireacht amárach.
9. (Tiomáin) _____ mo Dhaid go Tír Eoghain Dé Luain seo chugainn.
10. (An: tabhair: sé) ____ _____ ____ coileán dá mhac an tseachtain seo chugainn?

B: Scríobh na habairtí seo a leanas san aimsir fháistineach:

1. (Oscail: sinn) _____ an siopa ag a hocht ar chlog maidin amárach.
2. (Labhair) _____ an múinteoir leis an dalta sa rang amárach.
3. (Ní: tar: sé) ____ _____ ____ ar scoil ar an Dart an tseachtain seo chugainn.
4. (An: bí) ___ _____ Síle ag an bpictiúrlann Dé Domhnaigh seo chugainn?
5. (Ní: téigh) ____ _____ Micheál go dtí an chóisir anocht.
6. (Nigh: sinn) _____ na gréithe go léir sa chistin níos déanaí.
7. (An: glan: tu) ____ _____ ____ do charr amárach?
8. (An: déan: tú) ____ _____ ____ an cúrsa sin an bhliain seo chugainn?
9. (Ní: abair: sí) ____ _____ ____ faic liomsa faoi sin amárach.
10. (Codail) _____ na leanaí go déanach maidin amárach mar (bí) _____ tuirse orthu.

Gramadach

C: Cuir Gaeilge ar na habairtí seo a leanas:
1. Will you open the door for me later?
2. My Dad will read the newspaper tomorrow morning.
3. I will not do my homework tonight.
4. Aogán will open the library next Thursday.
5. Will Liam eat dinner later?
6. Máire will not listen to the radio tonight.
7. Eibhlin will attend my school next year.
8. She will collect money for Trócaire next year.
9. We will buy a new car tomorrow.
10. They will put their money in the bank next Tuesday.

Céim 5: An Aidiacht Shealbhach

An Aidiacht Shealbhach roimh chonsan:

	Roimh chonsan	Sampla	Sampla	Sampla
mo	séimhiú	mo Dhaid	mo Mham	mo charr
do	séimhiú	do Dhaid	do Mham	do charr
a (his)	séimhiú	a Dhaid	a Mham	a charr
a (her)	—	a Daid	a Mam	a carr
ár	urú	ár nDaid	ár Mam	ár gcarr
bhur	urú	bhur nDaid	bhur Mam	bhur gcarr
a (their)	urú	a nDaid	a Mam	a gcarr

Urú:

	Sampla
bh → f	ár bhfeadóg
n → d	ár nDaid
n → g	ár ngeata
b → p	ár bpeann
d → t	ár dteach
g → c	a gcarr

Ní chuirtear séimhiú ná urú ar ainmfhocail a thosaíonn leis na consain st, l, n, r, sm, sp, sc
(St Eleanor is smiling in spanish school)

Ní chuirtear urú ar ainmfhocail a thosaíonn le m nó s. (Marks & Spencer)

Aois na Glóire 2

A: Athscríobh na habairtí seo a leanas gan na lúibíní:
1. Is bean tí í (mo: Mam) ____ _____.
2. Is fear gnó é (mo: Daid) ____ _____.
3. Is dalta maith í (mo: deirfiúr) ____ _____.
4. Is snámhaí maith é (mo: deartháir) ____ _____.
5. Is dochtúir é (ár: Daid) ____ _____.
6. Is bean ghnó í (a: Mam) ____ _____.
7. Tá dath bán ar (mo: rothar) ____ _____.
8. Tá dath buí ar (a (*their*): teach) ____ _____.
9. Tá dath dearg ar (a (*her*): carr) ____ _____.
10. Tá spotaí dubha agus bána ar (ár: capall) ____ _____.

B: Athscríobh na habairtí seo a leanas gan na lúibíní:
1. Is dlíodóir í (mo: máthair) ____ _____.
2. Is altra é (a (*their*): Daid) ____ _____.
3. An bhfaca tú (ár: carr) ____ _____?
4. Chuaigh mé ar cuairt ar (a (*their*): teach) ____ _____.
5. Tá (a (*her*): rothar) ____ _____ go hálainn.
6. Is fear cneasta é (a (*her*): fiaclóir) ____ _____.
7. Ar bhfaca tú (a (*his*): Mam) ____ _____?
8. An bhfaca tú (a (*her*): gúna) nua ____ _____ nua?
9. An bhfuil aithne agat ar (a (*their*): Daid) ____ _____?
10. Is píolóta é (mo: col ceathrair) ___ _____ _____.

C: Aistrigh na habairtí seo a leanas ó Bhéarla go Gaeilge:
1. I love my Mom.
2. Her copybook is in her bag.
3. Our Dad is in the garden.
4. Did you meet his cousin?
5. Do you know her sister?
6. We know his brother.
7. Our cat is up the tree.
8. Their horse is in the stables.
9. Their car is red.
10. Our Dad is a teacher.

Gramadach

D: Aistrigh na habairtí seo a leanas ó Bhéarla go Gaeilge:
1. Did you go to their party?
2. I went to his concert.
3. She lost her pen.
4. We saw our cousin yesterday.
5. I saw my Dad last week.
6. We bought our new cat yesterday.
7. Did you see his dog?
8. They bought their house in 2011.
9. We saw our grandfather yesterday.
10. Did you see his car?

An Aidiacht Shealbhach roimh ghuta:

Roimh ghuta	Sampla	Sampla	Sampla
m'	m'aintín	m'athair	m'uncail
d'	d'aintín	d'athair	d'uncail
—	a aintín	a athair	a uncail
+h	a haintín	a hathair	a huncail
Urú	ár n-aintín	ár n-athair	ár n-uncail
Urú	bhur n-aintín	bhur n-athair	bhur n-uncail
Urú	a n-aintín	a n-athair	a n-uncail

Cleachtadh Scríofa

A: Athscríobh na habairtí seo a leanas gan na lúibíní:
1. Is meicneoir é (mo: athair) _____.
2. Is rúnaí í (a (*her*): aintín) _____.
3. Is feirmeoir é (ár: uncail) _____ _____.
4. Is aoibhinn linn (a (*his*): aintín) _____ _____.
5. Chonaiceamar (ár: uncail) _____ _____ inné.
6. Is maith le mo chara (mo: uaireadóir) _____.
7. Is breá le (mo: athair) _____ galf.
8. Ní dhearna siad (a (*their*): obair bhaile) _____ _____ _____.
9. An bhfaca tú (a (*her*): uncail) _____ _____?
10. Cén dath atá ar (do: éan) _____ nua?

B: Athscríobh na habairtí seo a leanas gan na lúibíní:

1. An bhfaca tú (a (*his*): uaireadóir) ___ _____ nua?
2. Ní thaitníonn scannáin le (mo: uncail) _____.
3. Is aoibhinn (a (*his*): aintín) ___ _____ ceol.
4. An mbeidh (do: athair) _____ ag dul go dtí an cluiche amárach?
5. Ní théann (a (*her*): uncail) ___ _____ go ceolchoirmeacha riamh.
6. Ní thaitníonn ceol le (mo: athair) _____.
7. Thaitin (mo: aiste) _____ le mo mhúinteoir.
8. Ní dhearna siad (a (*their*): obair bhaile) ___ _____ _____.
9. Itheann (ár: uncail) ___ _____ mórán glasraí.
10. Cá gcónaíonn (do: uncail) _____ ?

C: Aistrigh na habairtí seo a leanas ó Bhéarla go Gaeilge:

1. Did you meet my uncle?
2. Did you read his essay?
3. She met her aunt yesterday.
4. Our homework is done.
5. Her bird is in the cage.
6. Their father lives in Cork.
7. Did you see my uncle?
8. Their aunt is from Donegal.
9. Our father is a doctor.
10. His watch is slow.

Céim 6: Réamhfhocail

1. Nuair a bhíonn ainmfhocal díreach i ndiaidh ceann de na réamhfhocail seo a leanas cuirimid séimhiú ar an ainmfhocal de ghnáth:

    de (*of / off*)
    do (*to / for*)
    mar (*like / as*)
    roimh (*before*)   + H
    thar (*over*)
    trí (*through*)
    um (*at*)
    faoi (*under*)
    ó (*from*)
    ar (*on*)

Ní chuirtear séimhiú ar ainmfhocail a thosaíonn leis na consain **st**, **l**, **n**, **r**, **sm**, **sp**, **sc** (**St** E**l**ea**n**o**r** is **sm**iling in **sp**anish **sc**hool). Ní chuirtear séimhiú ar ainmfhocail a thosaíonn le guta.

⭐ Mar shampla

Thit an t-úll **de ch**rann	*The apple fell off a tree.*
Thug sé an cat **do Mh**áire.	*He gave the cat to Máire.*
Tá sé ag obair **mar fh**iaclóir.	*He is working as a dentist.*
Bhí Seosaimhín **roimh Ph**eadar sa scuaine.	*Seosaimhín was before Peadar in the queue.*
Léim Nuala **thar bh**alla.	*Nuala jumped over a wall.*
Chuaigh an teach **trí th**ine.	*The house went on fire.*
Téim ag siúl **um th**ráthnóna.	*I go walking in the afternoon.*
D'fhág mé mo bhróga **faoi bh**ord.	*I left my boots under a table.*
Fuair mé bronntanas **ó Ch**aitlín.	*I got a present from Caitlín.*
D'fhág mé mo mhála **ar bh**ord.	*I left my bag on a table.*

Aois na Glóire 2

2. **Eisceachtaí: An Réamhfhocal 'ar'**

   Nuair a leanann staid nó coinníoll an réamhfhocal **ar**, ní chuirtear séimhiú ar an ainmfhocal a leanann **ar**.

   ⭐ **Mar shampla**

   ar meisce, ar saoire, ar buile, ar mire, ar crith, ar ceal, ar siúl.

   Cleachtadh Scríofa

   A: Athscríobh na habairtí seo a leanas gan na lúibíní:
   1. Tá Áine ar (saoire) _____ faoi láthair.
   2. Thug mé bronntanas do (Caitlín) _____ aréir.
   3. Bhí an cheolchoirm sin ar (siúl) _____ aréir san O2.
   4. Chonaic mé m'aintín um (Cáisc) _____.
   5. Níor chuala mé faic ó (Mairtín) _____ le fada.
   6. Oibríonn mo Dhaid mar (feirmeoir) _____.
   7. Bhí mo Dhaid ar (buile) _____ aréir mar tháinig mo dheirfiúr abhaile go déanach.
   8. Bhí Nuala ag siúl roimh (Colm) _____ sa pharáid inné.
   9. Léim Ciarán de (balla) _____ ar maidin.
   10. Oibríonn a Dhaid mar (múinteoir) _____.

   B: Aistrigh na habairtí seo a leanas ó Bhéarla go Gaeilge:
   1. The house is on fire.
   2. She works as a dentist.
   3. Máire jumped over a wall.
   4. I left my shoes under a table.
   5. I got a letter from Tomás.
   6. He gave the money to Seán.
   7. The show was cancelled yesterday.
   8. The cost of chocolate is expensive.
   9. My cousin was here at Christmas.
   10. She left the food under a tree because it was sunny.

3. **Réamhfhocail eile:**

   Ní bhíonn séimhiú ar ainmfhocal i ndiaidh aon cheann de na réamhfhocail seo a leanas.

   ag (*at*)
   as (*out of*)
   chuig (*to*)   + **tada** (*nothing*)
   go (*to*)
   le (*with*)
   seachas (*besides / except*)

   ⭐ **Mar shampla**

Bhí Áine **ag** cóisir aréir.	*Áine was at a party last night.*
Is **as** Dún na nGall é Tomas.	*Tomás is from Donegal.*
Táim ag scríobh litreach **chuig** Colm faoi láthair.	*I am writing a letter to Colm at the moment.*
Téim **go** Corcaigh gach deireadh seachtaine.	*I go to Cork every weekend.*
Is breá liom gach saghas spóirt **seachas** cispheil.	*I like every sort of sport besides basketball.*
Téim go dtí an phictiúrlann **le** Ciarán go minic.	*I go to the cinema with Ciarán often.*

4. **i = in / in a**

   Bíonn urú ar an ainmfhocal i ndiaidh **i**. (i + urú)

   ⭐ **Mar shampla**

Tá mo chol ceathrar ina cónaí i nGaillimh.	*My cousin lives in Galway.*
Tá m'airgead i mbanc.	*My money is in a bank.*
Cónaíonn mo sheanathair i mBaile Átha Cliath.	*My grandfather lives in Dublin.*

   Ach scríobhaimid **in** roimh ghuta.

   ⭐ **Mar shampla**

Tá mé i mo chónaí in Éirinn.	*I live in Ireland.*
Tá mo ghaolta in Albain.	*My relatives are in Scotland.*

   Más ainmfhocal é a bhfuil an t-alt (**an**) roimhe deirimid **sa**, agus leanann séimhiú é.
   (sa + h)

   ⭐ **Mar shampla**

Tá mo rudaí go léir **sa bh**osca.	*All my things are in the box.*
Tá Liam ar saoire **sa Gh**earmáin.	*Liam is on holidays in Germany.*
Tá m'uncail ina chónaí **sa ch**athair.	*My uncle lives in the city.*

Aois na Glóire 2

Eisceachtaí: Ní chuirtear séimhiú ar **d** ná **t** ná **s** tar éis 'sa'.

⭐ **Mar shampla**   sa domhan, sa teach, sa saol

Más ainmfhocal é a bhfuil **guta** nó **f** mar thús leis deirimid **san**.

⭐ **Mar shampla**

Ta a lán éisc **san fh**arraige.	*There are a lot of fish in the sea.*
Tá a lán daoine **san** uisce.	*There are a lot of people in the water.*
Tá Máire ar saoire **san** Afraic.	*Máire is on holidays in Africa.*

Tíortha: Tá an t-alt **an** roimh ainm gach tíre i nGaeilge, ach amháin **Albain**, **Éire**, **Meiriceá**, **Ceanada** agus **Sasana**. Úsáideann tú 'go dtí' agus 'sa' maidir le tíortha a bhfuil an t-alt rompu.

⭐ **Mar shampla**

An Spáinn	go dtí an Spáinn	sa Spáinn
An Tuirc	go dtí an Tuirc	sa Tuirc
An Fhrainc	go dtí an Fhrainc	san Fhrainc

Eisceachtaí:

Éire	go hÉirinn	in Éirinn
Alban	go hAlbain	in Albain
Sasana	go Sasana	i Sasana
Meiriceá	go Meiriceá	i Meiriceá
Ceanada	go Ceanada	i gCeanada

Logainmneacha eile: Cathracha agus Bailte Móra:
Má tá an t-alt sa logainm, úsáidtear 'go dtí' agus 'sa'.

 Mar shampla

| an Uaimh (Navan) | go dtí an Uaimh | san Uaimh |
| an Daingean (Dingle) | go dtí an Daingean | sa Daingean |

Mura bhfuil an t-alt sa logainm, úsáidtear 'go' agus 'i'.

⭐ **Mar shampla**

Baile Átha Cliath	go Baile Átha Cliath	i mBaile Átha Cliath
Corcaigh	go Corcaigh	i gCorcaigh
Luimneach	go Luimneach	i Luimneach
Trá Lí	go Trá Lí	i dTrá Lí
Béal Feirste	go Béal Feirste	i mBéal Feirste

Gramadach

A: Athscríobh na habairtí seo a leanas gan na lúibíní:
1. Tá Séamas (sa: Spáinn) ____ _____.
2. Tá m'airgead (sa: banc) ___ _____.
3. Tá Eilís (sa: Gearmáin) ____ _____.
4. Tá m'aintín (i: Dún na nGall) ___ ____ __ _____.
5. Tá Micheál (i: Sasana) ___ _____.
6. Cónaíonn mo sheanmháthair (sa: Fhrainc) __ _____.
7. Cónaíonn mo chol ceathrar (sa: Iodáil) ____ _____.
8. Tá m'aintín (i: Albain) ___ _____.
9. Liam ar saoire (sa: Afraic Theas) ___ _____ _____ faoi láthair.
10. Tá mo mhúinteoir (i: Éire) ___ _____.

B: Aistrigh na habairtí seo a leanas ó Bhéarla go Gaeilge:
1. I go to Spain on holidays every summer.
2. She is in Germany.
3. My family go to France every year.
4. Our uncle lives in Italy.
5. We went to England last month.
6. My money is in the bank.
7. We often go swimming in the sea.
8. They are in Scotland at the moment.
9. Máire goes to Greece every summer.
10. Pádraig is in Ireland now.

C: Aistrigh na habairtí seo a leanas ó Bhéarla go Gaeilge:
1. We live in Ireland.
2. Tomás goes to Australia every summer.
3. Síle is in America.
4. Renata is in Turkey.
5. Pedro goes to Italy every summer.
6. Nuala is in Switzerland.
7. Peadar lives in the city.
8. Caitríona goes to Killarney every weekend.
9. Niall goes to Navan every Saturday.
10. Gráinne lives in a village.

Aois na Glóire 2

Réamhfhocail shimplí agus an t-alt

Nuair a úsáidimid aon cheann de na réamhfhocail seo a leanas roimh an alt (**an**) bíonn **urú** ar an ainmfhocal más ainmfhocal é a bhfuil **b, c, f, g** nó **p** mar thús leis.

Déantar aon fhocal amháin de 'faoi an' (**faoin**) agus 'ó an' (**ón**), agus tá foirm ar leith ag **le** (**leis**) agus ag **trí** (**tríd**).

ag	ag an
ar	ar an
as	as an
chuig	chuig an
faoi	faoin
le	leis an
ó	ón
roimh	roimh an
thar	thar an
tríd	tríd an

 Mar shampla

ar an ngeata	*on the gate*
ón bhFrainc	*from France*
thar an mballa	*over the wall*
roimh an bhfear	*before the man*
leis an gcailín	*with the girl*
ag an bpictiúrlann	*at the cinema*
tríd an bhfuinneog	*through the window*
faoin gcathaoir	*under the chair*
chuig an gceolchoirm	*to the concert*

- Ní féidir urú a chur ar **l, n, r,** (**E**leanor) **m** ná **s**. (**M**arks & **S**pencer)

Tá foirmeacha ar leith freisin ag **de** agus **do**.

de + an	**den**
do + an	**don**

Gramadach

Nuair a úsáidimid aon cheann de na réamhfhocail seo roimh an alt (**an**) bíonn séimhiú ar an ainmfhocal más ainmfhocal é a bhfuil **b**, **c**, **f**, **g**, **m** nó **p** mar thús leis.

 Mar shampla

> Léim sí **den gh**eata.
> Léim an buachaill **den bh**alla.
> Thug mé bronntanas **don ch**ailín.
> Bhain sí an cóta **den** leanbh.
> D'inis an leanbh an scéal **don mh**úinteoir.
> Thug sé bia **don ph**eata.

Tabhair faoi deara go gcoimeádaimid an réamhlitir **t** a gcuirtear roimh ainmfhocail bhaininscneacha a bhfuil **s** mar thús orthu.

 Mar shampla

> An cluiche is fearr **den ts**raith a bhí ann.
> Ní dhéanfaidh sin aon mhaitheas **don ts**láinte.

Cleachtadh Scríofa

A: Líon na bearnaí leis an bhfocal is oiriúnaí:
1. Léim an buachaill _____ bhalla.
2. Thug Liam bronntanas _____ chailín.
3. D'fhág mé mo mhala _____ charr.
4. D'fhág sí a mála _____ _____ mbus.
5. D'fhág Síle a bróga _____ mbord.
6. Fuair Peadar bronntanas _____ nGearmáin.
7. Léim Máire _____ an mballa.
8. Thug Eibhlín eolas _____ phríomhoide faoin dalta.
9. Bhí Ruairí _____ an long ar feadh seachtaine an samhradh seo caite.
10. Rinne mo Mham cáca milis _____ bhean.

B: Scríobh na habairtí seo a leanas gan na lúibíní:
1. Tá aclaíocht go maith don (sláinte) _____.
2. Tá Nóra ar an (bus) _____.
3. Léim Aindrias thar an (balla) _____.
4. Bhain sé geit as an (buachaill) _____.
5. Fuair mé litir ón (Frainc) _____.
6. D'inis mé mo rún don (múinteoir) _____.
7. Tá tart ar an (buachaill) _____.
8. Thug mé airgead don (fear) _____ bocht.
9. Chaith siad mí sa (Frainc) _____.
10. Scríobh mé litir chuig an (cailín) _____.

C: Aistrigh na habairtí seo a leanas ó Bhéarla go Gaeilge:
1. Síle went to the party with the boy.
2. Pól lives in the city.
3. The shoes are under the table.
4. Séamas jumped over the gate.
5. I gave a book to the girl yesterday.
6. Did you hear about the man?
7. I am going to Germany next week.
8. I left my books on the table.
9. I gave a present to the girl.
10. Seán is standing before the man.

Forainmneacha Réamhfhoclacha

Nuair a chuirimid réamhfhocal simplí agus forainm le chéile bíonn forainm réamhfhoclach (*prepositional pronoun*) againn.

 Mar shampla

Réamhfhocal	Forainm	Forainm réamhfhoclach
ag	mé	**agam**
ar	tú	**ort**
do	sé	**dó**

Gramadach

Na forainmneacha réamhfhoclacha is tábhachtaí:

	mé	tú	sé	sí	muid (sinn)	sibh	siad
ag	agam	agat	aige	aici	againn	agaibh	acu
ar	orm	ort	air	uirthi	orainn	oraibh	orthu
as	asam	asat	as	aisti	asainn	asaibh	astu
chuig	chugam	chugat	chuige	chuici	chugainn	chugaibh	chucu
de	díom	díot	de	di	dínn	díbh	díobh
do	dom	duit	dó	di	dúinn	daoibh	dóibh
faoi	fúm	fút	faoi	fúithi	fúinn	fúibh	fúthu
i	ionam	ionat	ann	inti	ionainn	ionaibh	iontu
le	liom	leat	leis	léi	linn	libh	leo
ó	uaim	uait	uaidh	uaithi	uainn	uaibh	uathu
roimh	romham	romhat	roimhe	roimpi	romhainn	romhaibh	rompu

Frásaí a mbíonn 'ar' iontu

Tá tart **orm**	**I** am thirsty
Tá tinneas cinn **ort**	**You** have a headache
Tá an fliú **air**	**He** has the flu
Tá ocras **uirthi**	**She** is hungry
Tá tuirse **orainn**	**We** are tired
Tá slaghdán **oraibh**	**You** (plural) have a cold
Tá cáil **orthu**	**They** are famous

Na Mothúcháin:

Tá fearg orm	I am angry
Tá uaigneas orm	I am lonely
Tá eagla / faitíos / scanradh orm	I am scared
Tá brón orm	I am sad
Tá áthas orm	I am happy
Tá díomá orm	I am disappointed
Tá ionadh orm	I am surprised
Tá imní orm	I am worried
Tá bród orm	I am proud

Samplaí eile:

Chas mé **ar** mo chara inné.	I met my friend yesterday.
Ghlaogh mé **ar** thacsaí aréir.	I called a taxi last night.
Theip orm sa scrúdú inné.	I failed the exam yesterday.

Aois na Glóire 2

Aistrigh na habairtí seo a leanas go Gaeilge:

1. I met my friends last Saturday.
2. I was disappointed when it started raining yesterday.
3. He was tired last night.
4. He is surprised.
5. I am thirsty.
6. My Mom called the ambulance when I broke my leg.
7. He failed the French exam yesterday.
8. I had a headache last night.
9. She had the flu last week.
10. Beyoncé is famous.

Frásaí a mbíonn 'le' iontu

Is maith **liom**	*I* like
Is breá / aoibhinn **leat**	*You* love
Is fuath **leis** / Is gráin **leis**	*He* hates
Is fearr **léi**	*She* prefers
Is féidir **linn**	*We* are able
Is cuimhin **libh**	*You* (plural) remember
Is oth **leo**	*They* regret

Táim ag tnúth **le** …	I'm eagerly looking forward to …
Táim in éad **leis**	I envy him
D'éirigh **liom** sa scrúdú Spáinnise	I passed the Spanish exam
Rinne sí gearán **liom**	She complained to me

Gramadach

Aistrigh na habairtí seo a leanas ó Bhéarla go Gaeilge:

1. We can speak French.
2. I hate cheese.
3. They love swimming.
4. She remembers last summer.
5. I am looking forward to next summer.
6. I prefer chocolate to cheese.
7. The customer complained to the manager.
8. They love biscuits.
9. I regret that.
10. We love Italian food.

Cleachtadh Scríofa

Frásaí a mbíonn 'ag' iontu

N.B. Bí + ag = to have

Tá mála nua **agam**	**I have** a new bag
Tá rothar nua **agat**	**You have** a new bicycle
Tá leabhar maith **aige**	**He has** a good book
Tá piscín **aici**	**She has** a kitten
Tá coileán **againn**	**We have** a pup
Tá capall **agaibh**	**You have** a horse
Tá teach saoire **acu**	**They have** a holiday house

Frásaí eile a mbíonn 'ag' iontu

Tá súil agam	I hope
Tá meas agam ar	I have respect for
Tá suim agam i	I have an interest in
Tá muinín agam i	I have trust / confidence in

Aois na Glóire 2

A: Aistrigh na habairtí seo a leanas ó Bhéarla go Gaeilge:

1. He has a new car.
2. We have a new house.
3. He has a little grey dog.
4. They have a red car.
5. I have a brown horse.
6. We have respect for him.
7. I have an interest in sport.
8. She has trust in you.
9. I hope that it will be sunny tomorrow.
10. I have respect for him.

B: An Réamhfhocal 'do'

inis do = *to tell*, beannaigh do = *to greet*, do = *to / for*

1. I told the little girl a story.
2. I gave the money to Tomás.
3. He greeted the man last night.
4. We gave the bicycle to the boy.
5. They told the news to the principal.

Céim 7: Uimhreacha

Na Bunuimhreacha Neamhphearsanta

Nuair a bhímid ag comhaireamh rudaí úsáidimid na bunuimhreacha neamhphearsanta (*impersonal cardinal numbers*). De ghnáth is é **uimhir uatha** an ainmfhocail a leanann an uimhir. (*The **singular form** of the noun follows the number usually*.)

Bíonn **séimhiú** ar an ainmfhocal i ndiaidh na n-uimhreacha ó **1** go dtí **6**, agus bíonn **urú** ar an ainmfhocal i ndiaidh na n-uimhreacha ó **7** go dtí **10**. Ní bhíonn séimhiú ná urú ar an ainmfhocal i ndiaidh 20, 30 srl. ná 100, 1,000, srl.

Gramadach

⭐ **Mar shampla**

1	aon **ch**upán (amháin) / cupán amháin	11	aon **ch**upán déag	21	cupán is fiche
2	dhá **ch**upán	12	dhá **ch**upán déag	22	dhá **ch**upán is fiche
3	trí **ch**upán	13	trí **ch**upán déag	23	trí **ch**upán is fiche
4	ceithre **ch**upán	14	ceithre **ch**upán déag	24	ceithre **ch**upán is fiche
5	cúig **ch**upán	15	cúig **ch**upán déag	25	cúig **ch**upán is fiche
6	sé **ch**upán	16	sé **ch**upán déag	26	sé **ch**upán is fiche
7	seacht **g**cupán	17	seacht **g**cupán déag	27	seacht **g**cupán is fiche
8	ocht **g**cupán	18	ocht **g**cupán déag	28	ocht **g**cupán is fiche
9	naoi **g**cupán	19	naoi **g**cupán déag	29	naoi **g**cupán is fiche
10	deich **g**cupán	20	fiche cupán	30	tríocha cupán

Eisceachtaí

Ní féidir leat séimhiú ná urú a chur ar ainmfhocail a thosaíonn le **st**, **l**, **n**, **r**, **sm**, **sp**, **sc**. (**St**. Eleano**r** is **sm**iling in **sp**anish **sc**hool).

Ní féidir leat urú a chur ar ainmfhocail a thosaíonn le **m** nó **s**. (**M**arks & **S**pencer)

Ainmfhocail a bhfuil guta mar thús leo:

1	aon úll amháin	11	aon úll déag	21	aon úll is fiche
2	dhá úll	12	dhá úll déag	22	dhá úll is fiche
3	trí úll	13	trí úll déag	23	trí úll is fiche
4	ceithre úll	14	ceithre úll déag	24	ceithre úll is fiche
5	cúig úll	15	cúig úll déag	25	cúig úll is fiche
6	sé úll	16	sé úll déag	26	sé úll is fiche
7	seacht **n**-úll	17	seacht **n**-úll déag	27	seacht **n**-úll is fiche
8	ocht **n**-úll	18	ocht **n**-úll déag	28	ocht **n**-úll is fiche
9	naoi **n**-úll	19	naoi **n**-úll déag	29	naoi **n**-úll is fiche
10	deich **n**-úll	20	fiche úll	30	tríocha úll

Aois na Glóire 2

Más ainmfhocal é a bhfuil guta mar chríoch air cuirimid séimhiú ar an bhfocal **déag**.

 Mar shampla

aon lá **dh**éag, dhá aiste **dh**éag, trí bhosca **dh**éag

Achoimre

Consan	Guta
aon charr amháin	aon óstán amháin
dhá theach	dhá oifig
trí chupán	trí oíche
ceithre pheann	ceithre oileán
cúig chóipleabhar	cúig oigheann
sé chearc	sé úll
seacht bpáirc	seacht n-oráiste
ocht mbláth	ocht n-oíche
naoi ngeata	naoi n-árasán
deich bpost	deich n-oileán

A: Scríobh na habairtí seo a leanas gan na lúibíní:
1. Tá naoi (cupán) _____ sa chófra.
2. Tá trí (páirc) _____ in aice le mo scoil.
3. Tá deich (carr) _____ sa gharáiste.
4. Tá ocht (oráiste) _____ sa chiseán.
5. Tá ceithre (cóipleabhar) _____ i mo mhála.
6. Ceannaím trí (úll) _____ gach lá.
7. Díolann an fear ceithre (geata) _____ gach lá.
8. Tá an dalta ag déanamh staidéir ar ocht (ábhar) _____ ar scoil.
9. Ithim deich (oráiste) _____ sa tseachtain.
10. Féachaimid ar dhá (scannán) _____ gach deireadh seachtaine.

B: Scríobh na habairtí seo a leanas gan na lúibíní:

1. Tá deich (bosca) _____ i mo gharáiste.
2. Tá dhá (fuinneog) _____ déag i mo theach.
3. Tá ocht (forc) _____ ar an mbord.
4. Tá ceithre (cuisín) _____ ar an tolg.
5. Chaith mé seacht (oíche) _____ sa Spáinn an mhí seo caite.
6. Itheann mo Dhaid seacht (úll) _____ gach lá.
7. Tá deich (teach) _____ san eastát.
8. Cheannaigh mé ceithre (peann) _____ inné.
9. Tá sé (bláth) _____ sa vása.
10. Dhíol an siopa sin deich (giotár) _____ inné.

Eisceachtaí

De ghnáth úsáidimid an uimhir uatha i ndiaidh uimhreacha: mar shampla: **trí chupán**, **seacht gcupán**. Ach tá roinnt eisceachtaí ann.

1. Maidir le grúpa beag focal, úsáidimid an uimhir iolra i ndiaidh uimhreacha, go háirithe 'ceann' (**cinn**) má tá rudaí á gcomhaireamh againn.

Ceann	
ceann amháin	aon cheann déag
dhá cheann	dhá cheann déag
trí cinn	trí cinn déag
ceithre cinn	ceithre cinn déag
cúig cinn	cúig cinn déag
sé cinn	sé cinn déag
seacht gcinn	seacht gcinn déag
ocht gcinn	ocht gcinn déag
naoi gcinn	naoi gcinn déag
deich gcinn	fiche cinn

Aois na Glóire 2

2. Tá grúpa beag eile ann a bhfuil uimhir iolra ar leith acu a n-úsáidimid i ndiaidh uimhreacha, ina measc 'bliain' (**bliana**), 'seachtain' (**seachtaine**), 'uair' (**uaire**), agus 'ubh' (**uibhe**).

bliain	seachtain	uair	ubh
bliain amháin	seachtain amháin	uair amháin	ubh amháin
dhá **bh**liain	dhá **sh**eachtain	dhá uair	dhá ubh
trí bliana	trí seachtaine	trí **h**uaire	trí **h**uibhe
ceithre bliana	ceithre seachtaine	ceithre **h**uaire	ceithre **h**uibhe
cúig bliana	cúig seachtaine	cúig **h**uaire	cúig **h**uibhe
sé bliana	sé seachtaine	sé **h**uaire	sé **h**uibhe
seacht **mb**liana	seacht seachtaine	seacht **n**-uaire	seacht **n**-uibhe
ocht **mb**liana	ocht seachtaine	ocht **n**-uaire	ocht **n**-uibhe
naoi **mb**liana	naoi seachtaine	naoi **n**-uaire	naoi **n**-uibhe
deich **mb**liana	deich seachtaine	deich **n**-uaire	deich **n**-uibhe
aon **bh**liain déag	aon seachtain déag	aon uair déag	aon ubh déag
dhá **bh**liain déag	dhá **sh**eachtain déag	dhá uair déag	dhá ubh déag
trí bliana déag	trí seachtaine déag	trí **h**uaire déag	trí **h**uibhe déag
ceithre bliana déag	ceithre seachtaine déag	ceithre **h**uaire déag	ceithre **h**uibhe déag
cúig bliana déag	cúig seachtaine déag	cúig **h**uaire déag	cúig **h**uibhe déag
sé bliana déag	sé seachtaine déag	sé **h**uaire déag	sé **h**uibhe déag
seacht **mb**liana déag	seacht seachtaine déag	seacht **n**-uaire déag	seacht **n**-uibhe déag
ocht **mb**liana déag	ocht seachtaine déag	ocht **n**-uaire déag	ocht **n**-uibhe déag
naoi **mb**liana déag	naoi seachtaine déag	naoi **n**-uaire déag	naoi **n**-uibhe déag
fiche bliain	fiche seachtain	fiche uair	fiche uair

Tabhair faoi deara

(1) Maidir leis na hainmfhocail iolra, bíonn an réamhlitir **h** roimh ghuta i ndiaidh **trí**, **ceithre**, **cúig**, agus **sé**.

(2) Maidir leis na hainmfhocail iolra, ní bhíonn séimhiú ar **déag** i ndiaidh ainmfhocal a bhfuil guta mar chríoch air.

(3) Bíonn an t-ainmfhocal i ndiaidh **dhá** san uimhir uatha i gcónaí.

Gramadach

Cleachtadh Scríofa

A: Scríobh na habairtí seo a leanas gan na lúibíní:
1. An bhfuil peann agat? Tá ceithre (ceann) _____ i mo mhála.
2. Téim go dtí an phictiúrlann cúig (uair) _____ sa mhí.
3. Chaith mo Dhaid dhá (seachtain) _____ i Sasana an samhradh seo caite.
4. Cheannaigh mo Mham ceithre (ubh) _____ ar maidin.
5. Chaith mo mhuintir deich (bliain) _____ sa Spáinn.
6. Bhí mé ar saoire ar feadh ceithre (seachtain) _____ an samhradh seo caite.
7. An imríonn tú spórt trí (uair) _____ sa tseachtain?
8. Tá dhá (ubh) _____ sa chuisneoir.
9. Tá mo dhearthair ceithre (bliain) _____ déag d'aois.
10. Chaitheamar dhá (seachtain) _____ san Iodáil anuraidh.

B: Aistrigh na habairtí seo a leanas ó Bhéarla go Gaeilge:
1. They spent 3 weeks in America last year.
2. I ate 2 eggs for breakfast.
3. I play soccer 3 times a week.
4. My sister is 10 years old.
5. Do you have a pencil? There are 4 in my bag.
6. We spent 8 weeks in France last year.
7. I go the cinema twice a month.
8. Do you have a fork? There is one on the table.
9. I go to a concert once a year.
10. We spend 2 weeks in Spain every year.

Na hUimhreacha Pearsanta

Úsáidimid na huimhreacha pearsanta (*personal numbers*) nuair a bhímid ag comhaireamh daoine: **duine**, **beirt**, **triúr**, **ceathrar**, **cúigear**, **seisear**, **seachtar**, **ochtar**, **naonúr**, **deichniúr**, agus **dháréag**.

Féach ar aonad 1, leathanach 7.

Na rialacha
1. Is é an tuiseal ginideach, uimhir iolra, a leanann na huimhreacha pearsanta.
2. Bíonn séimhiú ar an ainmfhocal a leanann **beirt** (ach amháin ar **d** nó **t**).
3. Ní úsáidimid an focal **duine** in éineacht leis na huimhreacha pearsanta: is é sin, ciallaíonn **triúr** 'trí dhuine'; ní ceart 'triúr daoine' a rá.

Aois na Glóire 2

1	**duine**	duine amháin, deartháir amháin, iníon amháin
2	**beirt**	beirt bhan, beirt mhac, beirt iníonacha, beirt cheoltóirí
3	**triúr**	triúr ceoltóirí
4	**ceathrar**	ceathrar múinteoirí
5	**cúigear**	cúigear deartháireacha
6	**seisear**	seisear deirfiúracha
7	**seachtar**	seachtar cailíní
8	**ochtar**	ochtar fear
9	**naonúr**	naonúr ban
10	**deichniúr**	deichniúr feirmeoirí
11		aon duine dhéag, aon mhúinteoir déag
12	**dháréag**	dháréag dochtúirí
13		trí dhuine dhéag
14		ceithre dhuine dhéag
15		cúig dhuine dhéag
16		sé dhuine dhéag
17		seacht nduine dhéag
18		ocht nduine dhéag
19		naoi nduine dhéag
20		fiche duine
21		duine is fiche

A: Athscríobh na habairtí seo a leanas gan na lúibíní:

1. triúr (cailín) _____
2. beirt (fear) _____
3. seachtar (bean) _____
4. ochtar (feirmeoir) _____
5. naonúr (múinteoir) _____
6. (buachaill) _____ amháin
7. deichniúr (mac) _____
8. beirt (iníon) _____
9. cúigear (ceoltóir) _____
10. seisear (deirfiúr) _____

B: Aistrigh na habairtí seo ó Bhéarla go Gaeilge:

1. 4 sisters
2. 3 brothers
3. 5 sons
4. 6 daughters
5. 2 farmers
6. 5 teachers
7. 6 women
8. 4 men
9. 9 guards
10. 2 managers

Cleachtadh Scríofa

Gramadach

Na hOrduimhreacha

Cuireann na horduimhreacha (*the ordinal numbers*) in iúl dúinn an áit atá ag rud i measc rudaí eile: an **chéad** cheann, an **dara** ceann, srl.

Na rialacha

1. Bíonn séimhiú ar chonsan i ndiaidh **an chéad**, seachas ar **d, t, l, n** nó **s**.
2. Bíonn an réamhlitir **h** roimh ghuta i ndiaidh na n-orduimhreacha eile.
3. Cuireann an t-alt (**an**) an réamhlitir **t-** ar na focail **ocht, ochtú, ochtó** agus **ochtódú**.

consan		guta	
an **ch**éad **bh**liain	an **ch**ead teach	an **ch**éad alt	an **ch**éad amhránaí
an dara bliain	an dara teach	an dara **h**alt	an dara **h**amhránaí
an tríú bliain	an tríú teach	an tríú **h**alt	an tríú **h**amhránaí
an ceathrú bliain	an ceathrú teach	an ceathrú **h**alt	an ceathrú **h**amhránaí
an cúigiú bliain	an cúigiú teach	an cúigiú **h**alt	an cúigiú **h**amhránaí
an séú bliain	an séú teach	an séú **h**alt	an séú **h**amhránaí
an seachtú bliain	an seachtú teach	an seachtú **h**alt	an seachtú **h**amhránaí
an **t-**ochtú bliain	an **t-**ochtú teach	an **t-**ochtú **h**alt	an **t-**ochtú **h**amhránaí
an naoú bliain	an naoú teach	an naoú **h**alt	an naoú **h**amhránaí
an deichiú bliain	an deichiú teach	an deichiú **h**alt	an deichiú **h**amhránaí

Dátaí

an chéad lá	an t-aonú lá déag	an t-aonú lá is fiche	an t-aonú lá is tríocha
an dara lá	an dóú lá déag	an dóú lá is fiche	
an tríú lá	an tríú lá déag	an tríú lá is fiche	
an ceathrú lá	an ceathrú lá déag	an ceathrú lá is fiche	
an cúigiú lá	an cúigiú lá déag	an cúigiú lá is fiche	
an séú lá	an séú lá déag	an séú lá is fiche	
an seachtú lá	an seachtú lá déag	an seachtú lá is fiche	
an t-ochtú lá	an t-ochtú lá déag	an t-ochtú lá is fiche	
an naoú lá	an naoú lá déag	an naoú lá is fiche	
an deichiú lá	an fichiú lá	an tríochadú lá	

Is mar seo a scríobhaimid dátaí:

15 Deireadh Fomhair 2011

5 Nollaig 2011

Nó

Aoine 8 Feabhra 2011

Luan 14 Eanáir 2011

Aois na Glóire 2

Aistrigh na habairtí seo a leanas ó Bhéarla go Gaeilge:

1. My brother is in first year.
2. Her sister is in third year in secondary school.
3. Our son is in fifth year in secondary school.
4. I was born on the 10th of September, 1998.
5. Colm was born on the 30th of September, 2000.
6. My daughter is in sixth year in primary school.
7. My son was born on the fifteenth of August, 1999.
8. Her brother is in first year in secondary school.
9. Her sister was born on the 8th of January, 1992.
10. Look at paragraph two.

Céim 8: Céimeanna comparáide na haidiachta

An bhreischéim

Úsáidimid na focail **níos ... ná** chun comparáid a dhéanamh idir dhá rud nó idir bheirt.

⭐ **Mar shampla**

Tá Donncha **níos sine ná** Fionn.

Tá Fiachna **níos lú ná** Micheál.

An tsárchéim

Úsáidimid an focal **is** chun an chéim is airde a chur in iúl.

⭐ **Mar shampla**

Is í Aoife an duine **is cliste** sa tríú bliain.

Is é Lorcán an duine **is suimiúla** sa rang.

Na rialacha

Aidiachtaí a bhfuil **–úil** mar chríoch orthu: athraítear go **–úla** í.

sláintiúil	níos sláintiúla	is sláintiúla
suimiúil	níos suimiúla	is suimiúla
dathúil	níos dathúla	is dathúla
flaithiúil	níos flaithiúla	is flaithiúla

Aidiachtaí a bhfuil **–ach** mar chríoch orthu: athraítear go **–aí** í.

tábhachtach	níos tábhachtaí	is tábhachtaí
santach	níos santaí	is santaí
brónach	níos brónaí	is brónaí
leadránach	níos leadránaí	is leadránaí

Aidiachtaí a bhfuil **–each** mar chríoch orthu: athraítear go **–í** í.

aisteach	níos aistí	is aistí
leithleach	níos leithlí	is leithlí
uaigneach	níos uaigní	is uaigní

Aidiachtaí a bhfuil **–air** mar chríoch orthu: athraítear go **–ra** í.

| deacair | níos deacra | is deacra |
| socair | níos socra | is socra |

Aidiachtaí a bhfuil **–ir** mar chríoch orthu: athraítear go **–re** í.

| láidir | níos láidre | is láidre |
| saibhir | níos saibhre | is saibhre |

Aidiachtaí a bhfuil **–mhar** mar chríoch orthu: athraítear go **–mhaire** í.

ciallmhar	níos ciallmhaire	is ciallmhaire
grámhar	níos grámhaire	is grámhaire
slachtmhar	níos slachtmhaire	is slachtmhaire

Aidiachtaí a bhfuil consan caol mar chríoch orthu: cuirtear **–e** leis.

| ciúin | níos ciúine | is ciúine |
| minic | níos minice | is minice |

Aois na Glóire 2

D: Aistrigh na habairtí seo a leanas ó Bhéarla go Gaeilge:
1. Siobhán is the youngest girl in the class.
2. My sister is older than me.
3. My list is longer than your list.
4. My dress is cheaper than that dress.
5. Bono is richer than Madonna.
6. Maths is the most difficult subject in my opinion.
7. Proinsias is stronger than Pádraig.
8. That coat is more expensive than this coat.
9. U2 is the most famous band in the world.
10. I was in school earlier.

E: Aistrigh na habairtí seo a leanas ó Bhéarla go Gaeilge:
1. Liam is the eldest child in the family.
2. Yesterday was wetter than today.
3. Monday was brighter than Sunday.
4. Eibhlín is nicer than Róisín in my opinion.
5. I go to the cinema more often than Seán.
6. My hair is shorter than your hair.
7. Ross is quieter than Aogán.
8. Robert Pattinson is more handsome than Taylor Lautner in my opinion.
9. Art is the most interesting subject in my opinion.
10. My Dad is the most loving Dad in the world.

Trialacha Cluastuisceana

Aonad 11

Triail 1: 299
Triail 2: 304
Triail 3: 310
Triail 4: 315
Triail 5: 320
Triail 6: 325
Triail 7: 330
Triail 8: 335

Nótaí mar chabhair duit: Logainmneacha

Ainmneacha roinnt de na ceantair Ghaeltachta

Contae Dhún na nGall
Rann na Feirste
Gaoth Dobhair
Gort an Choirce

Contae Chiarraí
Dún Chaoin
An Fheothanach
Baile an Fheirtéaraigh
Ceann Trá

Contae na Gaillimhe
Ros Muc
Ceantar na nOileán
An Spidéal
Indreabhán
An Cheathrú Rua

Contae Phort Láirge
An Rinn

Contae na Mí
Ráth Chairn

Contae Mhaigh Eo
Ceathrú Thaidhg agus Tuar Mhic Éadaigh

Ainmneacha na gcontaetha

Contae Aontroma	Contae Dhoire	Contae Luimnigh
Contae Ard Mhacha	Contae an Dúin	Contae Mhaigh Eo
Contae Bhaile Átha Cliath	Contae Dhún na nGall	Contae na Mí
Contae an Chabháin	Contae Fhear Manach	Contae Mhuineacháin
Contae Cheatharlach	Contae na Gaillimhe	Contae Phort Láirge
Contae Chiarraí	Contae na hIarmhí	Contae Ros Comáin
Contae Chill Chainnigh	Contae Laoise	Contae Shligigh
Contae Chill Dara	Contae Liatroma	Contae Thiobraid Árann
Contae Chill Mhantáin	Contae Loch Garman	Contae Thír Eoghain
Contae an Chláir	Contae an Longfoirt	Contae Uíbh Fhailí
Contae Chorcaí	Contae Lú	

Aois na Glóire 2

Ainmneacha na gcathracha

Baile Átha Cliath
Béal Feirste
Corcaigh
Luimneach
Port Láirge
Doire
Gaillimh

Ainmneacha roinnt bailte móra

Droichead Átha	Sligeach	Port Laoise
Dún Dealgan	an Muileann gCearr	Cill Airne
Inis	Loch Garman	an Tulach Mhór
Trá Lí	Leitir Ceanainn	Caisleán an Bharraigh
Cill Chainnigh	Baile Átha Luain	Béal an Átha
Ceatharlach	Cluain Meala	Mala

Ceisteanna coitianta

Foghlaim na téarmaí seo a leanas

cé?	*who?*
cad? /céard?	*what?*
cá?	*where?*
cathain?	*when?*
conas? / cén chaoi? / cad é mar?	*how?*
cén fáth / cad ina thaobh?	*why?*
cé mhéad? / cá mhéad	*how much / how many*
cá fhad?	*for how long?*

Laethanta na seachtaine

Luan	*Monday*	Dé Luain	*on Monday*
Máirt	*Tuesday*	Dé Máirt	*on Tuesday*
Céadaoin	*Wednesday*	Dé Céadaoin	*on Wednesday*
Déardaoin	*Thursday*	Déardaoin	*on Thursday*
Aoine	*Friday*	Dé hAoine	*on Friday*
Sathairn	*Saturday*	Dé Sathairn	*on Saturday*
Domhnach	*Sunday*	Dé Domhnaigh	*on Sunday*

Míonna na bliana

Eanáir	*January*	Bealtaine	*May*	Meán Fómhair	*September*
Feabhra	*February*	Meitheamh	*June*	Deireadh Fómhair	*October*
Márta	*March*	Iúil	*July*	Samhain	*November*
Aibreán	*April*	Lúnasa	*August*	Nollaig	*December*

Trialacha Cluastuisceana

Comhairle ghinearálta mar ullmhú don chluastuiscint

Foghlaim focail agus frásaí a bhaineann le huimhreacha.

Téigh siar ar fhocail agus ar fhrásaí a bhaineann leis an teaghlach, le poist, le caitheamh aimsire (spórt, ceol, scannáin, cláir theilifíse, leabhair), leis an aimsir, le treoracha, agus ar fhocail agus ar fhrásaí a bhaineann le timpistí agus leis na meáin chumarsáide.

Féach ar na huimhreacha in aonad 10 ar leathanach 284.

Triail 1: Mé féin agus mo mhuintir

Nótaí
Foghlaim na téarmaí thíos mar chabhair duit sa chluastuiscint.

An chéad chainteoir: cuid A

Árainn	Aran
ag freastal ar	attending
scoil phobail	a community school
iascaire	a fisherman
bean tí	a housewife
amhránaí ar an sean-nós	a sean-nós singer
seinn	play (music)
an bosca ceoil	the accordion
an fheadóg stáin	the tin whistle
ceoltóir gairmiúil	professional musician

Triail 1

N.B. Bíodh na freagraí i nGaeilge ach amháin nuair nach gá sin.

Cuid A

Cloisfidh tú giota cainte ó bheirt daoine óga sa chuid seo. Cloisfidh tú gach giota díobh **faoi dhó**. Beidh sos tar éis gach píosa a chloisfidh tú chun seans a thabhairt duit na ceisteanna a bhaineann le gach giota cainte a fhreagairt. Éist go cúramach leis na giotaí cainte agus líon isteach an t-eolas atá á lorg sna greillí ag 1 agus 2 thíos.

Aois na Glóire 2

1. **An chéad chainteoir**

Ainm	Fionnuala Ní Fhatharta
Cén aois í Fionnuala?	
Cé mhéad deartháir atá aici?	
Cén post atá ag a hathair?	

An dara cainteoir: cuid A

siopadóir	a shopkeeper
banaltra	a nurse
tiomáin	to drive
réitímid go maith le chéile	we get on well together
ríomhaire / ríomhairí	computer / computers

2. **An dara cainteoir**

Ainm	Tadhg Ó Conchúir
Cén aois é Tadhg?	
Cén post atá ag a mháthair?	
Cé mhéad deirfiúr agus deartháir atá aige?	

Fógra: cuid B

druidte / dúnta	closed
oighear	ice
trom	heavy
le seachtain anuas	for the past week
curtha ar ceal	cancelled
fosta	also
mórán	a lot
seaca (*tuiseal ginideach* de 'sioc')	frost
coinníollacha tiomána	driving conditions
iontach dainséarach	extremely dangerous
comhairle	advice
ar eagla	for fear of
timpiste	an accident

Trialacha Cluastuisceana

Cuid B

Cloisfidh tú fógra agus píosa nuachta sa chuid seo. Cloisfidh tú gach ceann díobh faoi dhó. Éist go cúramach leo. Beidh sos ann tar éis gach cinn a chloisfidh tú chun seans a thabhairt duit na ceisteanna a ghabhann le gach ceann acu a fhreagairt.

Fógra

(a)

(b)

(c)

(d)

1. Cén pictiúr a théann leis an bhfógra seo?

2. Cad tá ar an mbóthar fós?
   (a) duilleoga
   (b) sneachta agus leac oighir
   (c) báisteach
   (d) páipéar

Píosa nuachta: cuid B

cóisir	a party
Cionn tSáile	Kinsale
Óstán na Mara	The Sea Hotel
Ospidéal Mhuire na Leanaí	Mary's Children's Hospital
féasta	a feast
costais leighis	medical expenses
crannchur	a raffle
duaiseanna	prizes
buaigh	to win

Aois na Glóire 2

Píosa nuachta

(a)  (b)

(c)  (d)

1. Cá mbeidh an chóisir?

2. Cad tá cearr le hEibhlín?
   - (a) chaill sí an bus
   - (b) tá sí tinn
   - (c) thit sí de chrann
   - (d) tá sí caillte

Comhrá 1: cuid C

seanathair	grandfather
ag ceiliúradh	celebrating
Rann na Feirste	Ranafast (Gaeltacht area in Donegal)
creid	to believe
dochreidte	incredible
gan amhras	without a doubt
col ceathracha	cousins
ó chian is ó chóngar	from far and near
comharsain	neighbours
fosta	also
siamsa	entertainment
rince seit	set dancing

Trialacha Cluastuisceana

Cuid C

Cloisfidh tú **dhá** chomhrá sa chuid seo. Cloisfidh tú gach comhrá díobh **faoi dhó**. Cloisfidh tú an comhrá ó thosach deireadh an chéad uair. Ansin cloisfidh tú é ina **dhá mhír**. Beidh sos tar éis gach mír díobh chun seans a thabhairt duit an cheist a bhaineann leis an mír sin a fhreagairt.

Comhrá 1:

An Chéad Mhír

(a)

(b)

(c)

(d)

1. Cá raibh Dónall an deireadh seachtaine seo caite? ☐

An Dara Mír

1. Cé a bhí ag an gcóisir?
    (a) col ceathracha, uncailí agus aintíní Dhónaill
    (b) cairde Dhónaill
    (c) na Gardaí
    (d) Uachtarán na hÉireann   ☐

Comhrá 2: cuid C

togha	great	i ndáiríre	really, seriously
níl tuairim dá laghad agam	I haven't the slightest idea	buachaill cruthanta	a typical boy
		dearbhán	a voucher
fan go bhfeicfimid	let's see	bia Síneach	Chinese food
cumhrán	perfume	Iodálach	Italian
dóthain	enough	go bhfóire Dia orainn	for heaven's sake!

303

Aois na Glóire 2

Comhrá 2

An Chéad Mhír

(a)

(b)

(c)

(d)

1. Cad tá Mairtín ag iarraidh a dhéanamh sa chomhrá seo? ☐

An Dara Mír

1. Cad a cheannaíonn Mairtín dá Mham ar deireadh?
    (a) dearbhán do bhialann
    (b) madra
    (c) éadaí
    (d) bráisléad   ☐

Triail 2: Mo cheantar agus mo theach

Nótaí

An chéad chainteoir: cuid A

bruachbhaile	*suburb*	áiseanna	*facilities*
teach scoite	*detached house*	pictiúrlann	*a cinema*
príomhbhóthar	*main road*	óstáin	*hotels*
deich mbomaite	*ten minutes*	tithe tábhairne	*pubs*
trácht	*traffic*	amharclann	*a theatre*
achan	*every*	fosta	*also*

304

Trialacha Cluastuisceana

Triail 2
Cuid A

Cloisfidh tú giota cainte ó bheirt daoine óga sa chuid seo. Cloisfidh tú gach giota faoi dhó. Beidh sos tar éis gach píosa a chloisfidh tú chun seans a thabhairt duit na ceisteanna a bhaineann le gach giota cainte a fhreagairt. Éist go cúramach leis na giotaí cainte agus líon isteach an t-eolas atá á lorg sna greillí ag 1 agus 2 thíos.

Rian 7

1. **An chéad chainteoir**

Ainm	Siobhán Ní Ghallchóir
Cen contae ina bhfuil Siobhán ina cónaí?	
Cén saghas tí atá aici?	
Luaigh dhá áis sa cheantar.	

An dara cainteoir: cuid A

Rinn	A Gaeltacht area in Waterford
Port Láirge	Waterford
léiritheoir	a producer
comhlacht teilifíse	a television company
rúnaí	secretary
taobhbhóthar	side-road
cóngarach do	near
sráidbhaile	village
gleoite	cute / pretty
ollmhargadh	supermarket
i ngar do	near

Rian 8

2. **An dara chainteoir**

Ainm	Fionnbharr Mac Carthaigh
Cen contae ina bhfuil Fionnbharr ina chónaí?	
Post a máthar	
An saghas tí atá aige	

Aois na Glóire 2

Fógra: cuid B

ar díol	for sale
ollmhór	huge
seomra áise	utility room
aibí	mature
luascán	a swing
sleamhnán	a slide
tuilleadh eolais	additional information
suíomh	site

Cuid B

Cloisfidh tú fógra agus píosa nuachta sa chuid seo. Cloisfidh tú gach ceann díobh faoi dhó. Éist go cúramach leo. Beidh sos ann tar éis gach cinn a chloisfidh tú chun seans a thabhairt duit na ceisteanna a ghabhann le gach ceann acu a fhreagairt.

Fógra

(a)    (b)

(c)    (d)

1. Cén saghas tí atá ar díol?

2. Cé mhéad a chosnaíonn an teach?
   (a) céad míle euro (100,000)
   (b) trí chéad míle euro (300,000)
   (c) ceithre chéad míle euro (400,000)
   (d) milliún euro

Trialacha Cluastuisceana

Píosa nuachta: cuid B

ar intinn	intended
Comhairle Contae Dhún na nGall	Donegal County Council
cead pleanála	planning permission
tógálaí	a builder
eastát tithíochta	a housing estate
cinneadh	decision
ar chor ar bith	at all
radharc	view
cruinniú poiblí	a public meeting
fadhb	problem
pléigh	to discuss
ionadaithe	representatives
comhlachtaí tógála	building companies
forbairt	development

Píosa nuachta

(a)    (b)

(c)    (d)

1. Cad ba mhaith le Comhairle Contae Dhún na nGall a thógáil cois farraige i Rann na Feirste?

2. Cén fáth nach bhfuil muintir Rann na Feirste sásta ar chor ar bith?
   (a) Ní bheidh radharc ar an bhfarraige níos mó ag móran mhuintir na háite.
   (b) Beidh mórán tráchta sa cheantar
   (c) Beidh a lan brúscair timpeall na háite
   (d) Ní bheidh aon siopaí sa cheantar

Comhrá 2: cuid C

ballraíocht	membership
club óige	youth club
abair leat	on you go
aistriú	moving
níl aithne agam ar . . .	I don't know . . .
cairdeas a dhéanamh	to make friends
ball	a member
cuir fáilte roimh	to welcome
is maith sin	that's great
ballraíocht bliana	yearly membership
táille	fee
a thiarcais!	oh good heavens!
daor	expensive
smaoinigh ar	think about
imeachtaí	events
eagraímid	we organise
deis	opportunity
cóisirí	parties
Oíche Shamhna	Halloween
beárbaiciú	a barbecue
i dteagmháil leat	in touch with you.

Cuid C

Cloisfidh tú **dhá chomhrá** sa chuid seo. Cloisfidh tú gach comhrá díobh **faoi dhó**. Cloisfidh tú an comhrá ó thosach deireadh an chéad uair. Ansin cloisfidh tú é ina **dhá mhír**. Beidh sos tar éis gach mír díobh chun seans a thabhairt duit an cheist a bhaineann leis an mír sin a fhreagairt.

Trialacha Cluastuisceana

Comhrá 1

Rian 11

An chéad mhír

(a)

(b)

(c)

(d)

1. Ba mhaith le hOrlaith bheith ina ball de chlub sa chomhrá seo. Cén saghas club atá i gceist?

An dara mír

1. Cé na himeachtaí a eagraíonn an club óige **gach Satharn**?
   (a) imeachtaí spóirt
   (b) imeachtaí ceoil
   (c) beárbaiciú
   (d) cóisirí

Comhrá 2: cuid C

aon scéal agat?	any news?
lárionad siopadóireachta	a shopping centre
dlúthdhioscaí	CDs
ceirneoir	DJ
cúnamh	help
díolachan	a sale
aimseoimid	we will find

309

Aois na Glóire 2

Comhrá 2

An chéad mhír

Rian 12

(a)    (b)

(c)    (d)

1. Cad ba mhaith le Gráinne a cheannach?

An dara mír

1. Cá mbuailfidh siad le chéile?
    (a) lasmuigh den phictiúrlann
    (b) lasmuigh den amharclann
    (c) lasmuigh den lárionad siopadóireachta
    (d) lasmuigh den scoil

Triail 3: An scoil

An chéad chainteoir: cuid A

feirmeoir	a farmer
an Cheathrú Rua	Carraroe, a Gaeltacht area in Co. Galway
Teastas Sóisearach	Junior Certificate
an iomarca	too much
leadránach	boring
foireann	team
cluiche ceannais	final game

Trialacha Cluastuisceana

Cuid A

Cloisfidh tú giota cainte ó bheirt daoine óga sa chuid seo. Cloisfidh tú gach giota faoi dhó. Beidh sos tar éis gach píosa a chloisfidh tú chun seans a thabhairt duit na ceisteanna a bhaineann le gach giota cainte a fhreagairt. Éist go cúramach leis na giotaí cainte agus líon isteach an t-eolas atá á lorg sna greillí ag 1 agus 2 thíos.

1. **An chéad chainteoir**

Ainm	Peadar Mac Oisdealbha
Cén saghas scoile a bhfreastalaíonn sé uirthi?	
Cén t-ábhar is fuath leis?	
Cén spórt a imríonn sé?	

An dara cainteoir: cuid A

roghnaigh	to choose
leamh	dull
buaigh	to win
bródúil	proud

1. **An dara chainteoir**

Ainm	Caitríona de Búrca
Cén saghas scoile a bhfreastalaíonn sí uirthi?	
An maith léi a héide scoile? Cén fáth?	
Cathain a bhíonn cleachtadh cóir aici?	

Fógra: cuid B

dóiteán / tine	fire	scata	a group
foirgneamh	building	ag máinneáil timpeall	hanging around
saotharlann	laboratory	ag fiosrú	investigating
atógáil	rebuild	déagóirí	teenagers
trealamh	equipment	cuir scairt ar	call

Aois na Glóire 2

Cuid B

Cloisfidh tú fógra agus píosa nuachta sa chuid seo. Cloisfidh tú gach ceann díobh faoi dhó. Éist go cúramach leo. Beidh sos ann tar éis gach ceann a chloisfidh tú chun seans a thabhairt duit na ceisteanna a ghabhann le gach ceann acu a fhreagairt.

Fógra

(a)

(b)

(c)

(d)

1. Cad a tharla sa scoil aréir?

2. Cé tá ag fiosrú an dóiteáin faoi láthair?
   (a) an t-arm
   (b) dochtúirí
   (c) an bhriogáid dóiteáin
   (d) na Gardaí

Píosa nuachta: cuid B

An tAire Oideachais agus Scileanna	The Minister for Education and Skills
Baile na hAille	Ballynahallia
idir óg agus aosta	both young and old
áiseanna idirlín	internet facilities
cnuasach	a collection
go hoifigiúil	officially
cách	everyone
sólaistí	refreshments

Trialacha Cluastuisceana

Píosa nuachta

(a)

(b)

(c)

(d)

1. Cad a osclófar i mBaile na hAille an tseachtain seo chugainn? ☐

2. Cathain a osclófar an leabharlann go hoifigiúil?
   (a) Dé Máirt seo chugainn
   (b) Dé Luain seo chugainn
   (c) Dé Céadaoin seo chugainn
   (d) Dé Sathairn seo chugainn

   ☐

Comhrá 1: cuid C

ag aistriú	*moving (house)*	cúirt leadóige	*tennis court*
rogha	*choice*	raon reatha	*running track*
áiseanna spóirt	*sports facilities*	ceolfhoireann na scoile	*the school orchestra*
giomnáisiam	*gym*	díospóireacht	*debate*
cúirt cispheile	*basketball court*	folúntais	*vacancies*
páirc haca	*hockey pitch*	suíomh gréasáin	*web site*

Aois na Glóire 2

Cuid C

Cloisfidh tú *dhá chomhrá* sa chuid seo. Cloisfidh tú gach comhrá díobh faoi dhó. Cloisfidh tú an comhrá ó thosach deireadh an chéad uair. Ansin cloisfidh tú é ina dhá mhír. Beidh sos tar éis gach mír díobh chun seans a thabhairt duit an cheist a bhaineann leis an mír sin a fhreagairt.

Comhrá 1
An chéad mhír

Rian 17

(a)

(b)

(c)

(d)

1. Cé leis a bhfuil Aisling ag caint sa chomhrá seo?

An dara mír

1. Cén uirlis cheoil a sheinneann Aisling?
   - (a) an giotár
   - (b) an veidhlín
   - (c) an pianó
   - (d) an bodhrán

Comhrá 2: cuid C

cráite	tormented	cainteach	talkative
tuairisc scoile	school report	geallaim duit	I promise you, I can tell you
de ghnáth	usually		
plean staidéir	Study plan	deachtóir	a dictator
chuile rud	everything	gan aon agó	without any doubt
theip orm	I failed	feachtas	a campaign
giodamach	giddy	crith talún	an earthquake

Trialacha Cluastuisceana

Comhrá 2

An chéad mhír

(a)

(b)

(c)

(d)

1. Bhí tuismitheoirí Thomáis míshásta leis um Nollaig. Cén fáth?

An dara mír

1. Cad tá á dhéanamh ag Máirín?
   - (a) ag scríobh aiste Bhéarla
   - (b) ag canadh i gceolchoirm
   - (c) ag freastal ar chluiche
   - (d) ag féachaint ar an teilifís

Triail 4: Spórt

An chéad chainteoir: cuid A

imrím	I play (sport)
club gailf	golf club
radharc	view
bruach	edge
cluiche ceannais	final match
an Mhumhain	Munster
creidim	I believe
an chraobh	the championship
pearsa spóirt	sports person, sports personality

Aois na Glóire 2

Cuid A

Cloisfidh tú giota cainte ó bheirt daoine óga sa chuid seo. Cloisfidh tú gach giota faoi dhó. Beidh sos tar éis gach píosa a chloisfidh tú chun seans a thabhairt duit na ceisteanna a bhaineann le gach giota cainte a fhreagairt. Éist go cúramach leis na giotaí cainte agus líon isteach an t-eolas atá á lorg sna greillí ag 1 agus 2 thíos.

1. **An chéad chainteoir**

Ainm	Ruairí Mac Gearailt
Cén saghas scoile a luaitear?	
Cén bhliain ina bhfuil sé ar scoil?	
Cad é an saghas spóirt is fearr leis?	

An dara cainteoir: cuid A

poitigéir	a pharmacist	caighdeán	standard
bainisteoir oifige	an office manager	ard	high
corpacmhainneach	fit	gaisce	achievement
an tsraith	the league	cumas sóisialta	social competence
iomaíocht	competition	an tsláinte	health

2. **An dara chainteoir**

Ainm	Úna Ní Dhónaill
Post a hathar	
Cén saghas spóirt a imríonn sí?	
Is ball í de chlub. Cén club atá i gceist?	

Fógra: cuid B

clubtheach	clubhouse
cumann peile	football club
ócáid	an occasion
ollmhór	very big, huge
méara	mayor
go hoifigiúil	officially
sólaistí	refreshments

Trialacha Cluastuisceana

Cuid B

Cloisfidh tú fógra agus píosa nuachta sa chuid seo. Cloisfidh tú gach ceann díobh faoi dhó. Éist go cúramach leo. Beidh sos ann tar éis gach cinn a chloisfidh tú chun seans a thabhairt duit na ceisteanna a ghabhann le gach ceann acu a fhreagairt.

Fógra

(a)  (b)

(c)  (d)

1. Cad a osclófar anocht?

2. Cé a bheidh ag oscailt na háite go hoifigiúil?
   - (a) múinteoir
   - (b) dochtúir
   - (c) Méara na Gaillimhe
   - (d) polaiteoir

Píosa nuachta: cuid B

Craobh Peile na Mumhan	*Munster Football Championship*
i gcoinne	*against*
Páirc Uí Chaoimh	*O'Keeffe's park*
lucht tacaíochta	*supporters*
chun tosaigh	*ahead*
cúl	*goal*
corraitheach	*exciting*
is dócha	*presumably, I suppose*
ceiliúradh	*celebration*

Aois na Glóire 2

Píosa nuachta

(a)    (b)

(c)    (d)

1. Cén saghas cluiche a bhí ar siúl inné?

2. Cé a bhí ag imirt i gcoinne Chiarraí?
    (a) Port Láirge
    (b) Corcaigh
    (c) Baile Átha Cliath
    (d) Maigh Eo

Comhrá 1: cuid C

chun an fhírinne a rá	to tell you the truth
gortaíodh mé	I was injured
cluiche ceathrú ceannais	quarter-final
rúitín	ankle
leonta	sprained
díomá	disappointment
frustrachas	frustration
calaois	a foul
d'aon ghnó	deliberately
um an dtaca sin	by that time
a chréatúr	you poor thing

Trialacha Cluastuisceana

Cloisfidh tú *dhá chomhrá* sa chuid seo. Cloisfidh tú gach comhrá díobh faoi dhó. Cloisfidh tú an comhrá ó thosach deireadh an chéad uair. Ansin cloisfidh tú é ina dhá mhír. Beidh sos tar éis gach mír díobh chun seans a thabhairt duit an cheist a bhaineann leis an mír sin a fhreagairt.

Comhrá 1

An chead mhír

(a)    (b)

(c)    (d)

1. Cén saghas spóirt a bhí á imirt ag Cillín inné?

An dara mír

1. Cad a rinne an réiteoir don imreoir a rinne an chalaois?
    (a) Thug sé cárta buí dó
    (c) Bhuail sé é
    (c) Shéid sé an fheadóg
    (d) Scread sé

Comhrá 2: cuid C

scéal ar bith?	*any news?*	fosta	*also*
duais	*prize*	cuir scairt ar	*to phone*
bonn óir	*gold medal*	cuireadh	*invitation*
dearbhán	*voucher*	mo mhallacht ort!	*a curse upon you!*
bródúil	*proud*	fan amach uaim!	*stay away from me!*

Comhrá 2

An chéad mhír

(a)

(b)

(c)

(d)

1. Cén saghas comórtais ina raibh Niamh?

An dara mír

1. Cén fáth a raibh fearg ar Niamh ag deireadh an chomhrá?
   - (a) Tá Briain ag siúl amach le cailín eile
   - (b) Níor chuir Briain scairt uirthi le fada
   - (c) Bhí Briain ag magadh fúithi
   - (d) Ní dhearna Briain comhghairdeachas léi

Triail 5: Ceol

An chéad chainteoir: cuid A

cuntasóir	accountant	amhránaíocht	singing
ceol clasaiceach	classical music	gnóthach	busy
an fhliúit	the flute	ag cleachtadh	practising
ceolfhoireann na scoile	the school orchestra	daor	expensive
		b'fhiú iad	they were worth it
cór na scoile	the school choir	chun mo scíth a ligint	in order to relax

Trialacha Cluastuisceana

Cuid A

Cloisfidh tú giota cainte ó bheirt daoine óga sa chuid seo. Cloisfidh tú gach giota **faoi dhó**. Beidh sos tar éis gach píosa a chloisfidh tú chun seans a thabhairt duit na ceisteanna a bhaineann le gach giota cainte a fhreagairt. Éist go cúramach leis na giotaí cainte agus líon isteach an t-eolas atá á lorg sna greillí ag 1 agus 2 thíos.

1. **An chéad chainteoir**

Ainm	Sinéad Ní Dhonnchú
Na saghsanna ceoil is maith léi	
Cén uirlis cheoil a sheinneann sí?	
An banna is fearr léi	

An dara cainteoir: cuid A

Gaoth Dobhair	Gweedore (a Gaeltacht area of Donegal)
fosta	also
gairmiúil	professional
giotár leictreach	electric guitar
dordghiotár	bass guitar
achan	every
tigh	in the house of
go poiblí	publicly
ar bís	on tenterhooks
ag tnúth leis	looking forward to it

2. **An dara chainteoir**

Ainm	Eoghan Ó Néill
Cad ba mhaith leis a dhéanamh amach anseo?	
Cé na gléasanna ceoil a sheinneann sé?	
Cén áit a sheinnfidh siad den chéad uair an mhí seo chugainn?	

Aois na Glóire 2

Fógra: cuid B

siopa ceirníní	record shop
sladmhargaí	bargains
tairiscintí speisialta	special offers
dlúthdhioscaí	CDs
trealamh	equipment
leathphraghas	half-price
lascaine	discount
margadh	bargain
má tá margadh uait	if you want a bargain

Cuid B

Cloisfidh tú fógra agus píosa nuachta sa chuid seo. Cloisfidh tú gach ceann díobh faoi dhó. Éist go cúramach leo. Beidh sos ann tar éis gach cinn a chloisfidh tú chun seans a thabhairt duit na ceisteanna a ghabhann le gach ceann acu a fhreagairt.

Fógra

(a)

(b)

(c) (d)

1. Cén saghas siopa a bheidh ag dúnadh Dé Céadaoin seo chugainn? ☐

2. Cén saghas earraí a mbeidh tairiscintí speisialta le fáil orthu?
    (a) dlúthdhioscaí, DVDanna agus trealamh ceoil
    (b) éadaí spóirt
    (c) bróga
    (d) arán agus císte

Trialacha Cluastuisceana

Píosa nuachta: cuid B

seolfar	will be launched
cnuasach	collection
ócáid	occasion
speisialta	special

Píosa nuachta

(a)  (b)

(c) 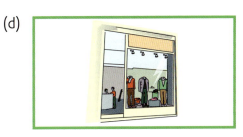 (d)

1. Cad a sheolfar Déardaoin seo chugainn?

2. Cár rugadh agus tógadh máthair an amhránaí?
   - (a) sa Bhlascaod Mhór
   - (b) ar Oileáin Árann
   - (c) i nDún na nGall
   - (d) i nGaillimh

Cuid C

Comhrá 1: cuid C

cad é mar atá cúrsaí?	how are things?
cogar	tell me this
dathúil	good-looking
ag súil go mór leis	looking forward eagerly to

Aois na Glóire 2

Cuid C

Cloisfidh tú *dhá chomhrá* sa chuid seo. Cloisfidh tú gach comhrá díobh faoi dhó. Cloisfidh tú an comhrá ó thosach deireadh an chéad uair. Ansin cloisfidh tú é ina dhá mhír. Beidh sos tar éis gach mír díobh chun seans a thabhairt duit an cheist a bhaineann leis an mír sin a fhreagairt.

Comhrá 1
An chéad mhír

(a)    (b)

(c)    (d)

1. Cén cuireadh a thugann Colm do Chlíona?

An dara mír

1. Cá bhfanfaidh siad i mBéal Feirste?
   (a) le huncail Choilm
   (b) in óstán
   (c) i mbrú óige
   (d) in ionad campála

Comhrá 2: cuid C

na páirtithe / iomaitheoirí	contestants
moltóirí	judges
cúpla	twins
feisteas	outfit
spleodar agus fuinneamh na hóige	exuberance and energy of youth
láithreoir	presenter
amach anseo	in the future
torthaí	results

Trialacha Cluastuisceana

Comhrá 2

An chéad mhír

(a)    (b)

(c)    (d)

1. Cén clár atá á phlé ag Nóirín agus Ciarán sa chomhrá seo?

An dara mír

1. Cé a bhí greannmhar, dar le Nóirín?
   (a) Cheryl Cole
   (b) Louis Walsh
   (c) an cúpla 'Jedward'
   (d) Leona Lewis

Triail 6: Na meáin chumarsáide, scannáin agus leabhair

An chéad chainteoir: cuid A

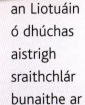

an Liotuáin	Lithuania	caidreamh	relationship
ó dhúchas	originally	vaimpírí	vampires
aistrigh	to move	leithéidí	the likes of
sraithchlár	serial, 'soap'	aisteoireacht	acting
bunaithe ar	based on	dochreidte	unbelievable

325

Aois na Glóire 2

Cuid A

Cloisfidh tú giota cainte ó bheirt daoine óga sa chuid seo. Cloisfidh tú gach giota **faoi dhó**. Beidh sos tar éis gach píosa a chloisfidh tú chun seans a thabhairt duit na ceisteanna a bhaineann le gach giota cainte a fhreagairt. Éist go cúramach leis na giotaí cainte agus scríobh isteach an t-eolas atá á lorg sna greillí ag 1 agus 2 thíos.

Rian 31

1. **An chéad chainteoir**

Ainm	Jan Petrovna
Cathain a d'aistrigh muintir Jan go hÉirinn?	
Cén saghas cláir é 'Gossip Girl'?	
Cén pháirt a ghlacann Robert Pattinson sa scannán 'Twilight'?	

An dara cainteoir: cuid A

scoil chónaithe	a boarding school
i gcónaí	always
ag amharc ar	looking / watching
scannáin uafáis	horror films
leabhair eachtraíochta	adventure books
lig do	to allow

Rian 32

2. **An dara cainteoir**

Ainm	Rónán Mac Giolla Easpaigh
Ainmnigh *dhá spórt* a imríonn sé	
Cén cineál scannán is fuath leis?	
Cén saghas leabhar a thaitníonn leis?	

Fógra: cuid B

ar an imeall	on the edge, on the margins
iriseoir	journalist
chuile chearn den tír	every corner of the country
ardán	a platform
lucht leanúna	followers, fans
dílis	loyal

Trialacha Cluastuisceana

Cloisfidh tú fógra agus píosa nuachta sa chuid seo. Cloisfidh tú gach ceann díobh **faoi dhó**. Éist go cúramach leo. Beidh sos ann tar éis gach ceann a chloisfidh tú chun seans a thabhairt duit na ceisteanna a ghabhann le gach ceann acu a fhreagairt.

Fógra

(a)

(b)

(c)

(d)

1. Cén saghas cláir atá i gceist san fhógra seo?

2. Cén post atá ag Úna le deich mbliana anuas?
   (a) iriseoir ceoil
   (b) múinteoir
   (c) fiaclóir
   (d) feirmeoir

Píosa nuachta: cuid B

Comhairle Cathrach Bhaile Átha Cliath	Dublin City Council
comhartha	sign
teorainn luais	speed limit
a ísliú	to lower
ar mhaithe le	in the interests of
a laghdú	to reduce
comhairle	advice / council
spreagfaidh	will encourage
comhlachtaí	companies
ag maíomh	claiming

Aois na Glóire 2

Píosa nuachta

(a)  (b)

(c)  (d)

1. Cén teorainn luais atá ar na comharthaí nua i gcathair Bhaile Átha Cliath?

2. Cé a chuir na comharthaí sin suas?
   (a) na siopadóirí
   (b) na dochtúirí
   (c) Comhairle Cathrach Bhaile Átha Cliath
   (d) an rialtas

Comhrá 1: cuid C

fógra	notice / advertisement	a thaifeadadh	to record
aisteoirí	actors	ar an gcéad dul síos	in the first place
na trialacha	the auditions	tallann	talent
cáilíochtaí	qualifications	saineolaí	an expert
riachtanach	essential	aineolach	ignorant
iarrthóirí	applicants	roghnaíodh	was selected
taithí	experience	fíorthallann	true talent
an tsraith	the series	a shéanadh	to deny

Trialacha Cluastuisceana

Cuid C

Cloisfidh tú **dhá chomhrá** sa chuid seo. Cloisfidh tú gach comhrá díobh **faoi dhó**. Cloisfidh tú an comhrá ó thosach deireadh an chéad uair. Ansin cloisfidh tú é ina dhá mhír. Beidh sos tar éis gach mír díobh chun seans a thabhairt duit an cheist a bhaineann leis an mír sin a fhreagairt.

Comhrá 1

Rian 35

An chéad mhír

(a)  (b)

(c)  (d)

1. Cá bhfaca Aoife an fógra?

An dara mír

1. Cén taithí aisteoireachta atá ag Niall?
   (a) Bhí príomhpháirt i ndráma na scoile aige anuraidh
   (b) Ghlac sé páirt i gceolchoirm
   (c) Bhí sé ar an teilifís
   (d) D'fhreastail sé ar ranganna drámaíochta

Comhrá 2: cuid C

buartha	worried
mínigh	explain
ní raibh sé ar intinn liom	it wasn't my intention
chuir Fionnuala ina luí orm	Fionnuala persuaded me
bréagadóir críochnaithe	complete liar / out and out liar
mo náire thú!	shame on you!

Aois na Glóire 2

Comhrá 2

An chéad mhír

(a)

(b)

(c)

(d)

1. Cá raibh Eithne agus Fionnuala ní ba luaithe?

An dara mír

1. Cá bhfuil Eithne anois?
   - (a) sa dioscó
   - (b) san ospidéal
   - (c) ar scoil
   - (d) i dteach Fhionnuala

Triail 7: Laethanta saoire, taisteal agus na séasúir

An chéad chainteoir: cuid A

ó dhúchas	*originally*
líofa	*fluent*
ar an ábhar sin	*for that reason*
cósta theas	*south coast*
galánta	*beautiful, elegant*
ar an gcuan	*in the bay*
ag seoltóireacht	*sailing*
an-taitneamh go deo	*great pleasure altogether*

Trialacha Cluastuisceana

Cuid A

Cloisfidh tú giota cainte ó bheirt daoine óga sa chuid seo. Cloisfidh tú gach giota **faoi dhó**. Beidh sos tar éis gach píosa a chloisfidh tú chun seans a thabhairt duit na ceisteanna a bhaineann le gach giota cainte a fhreagairt. Éist go cúramach leis na giotaí cainte agus líon isteach an t-eolas atá á lorg sna greillí ag 1 agus 2 thíos.

1. **An chéad chainteoir**

Ainm	Aonghas Ó Conalláin
Cad as dá mháthair ó dhúchas?	
Cá bhfuil Marbella?	
Cad ba mhaith le hAonghas a cheannach lá éigin?	

An dara cainteoir: cuid A

aistrigh	to move	go rialta	regularly
cuireann siad isteach orm	they upset me	teach saoire	a holiday home
torannach	noisy	sciáil	skiing
páistiúil	childish	fosta	also
ag déileáil le	dealing with		

2. **An dara cainteoir**

Ainm	Áine Nic Alastair
Cá bhfuil cónaí ar Áine?	
Cad tá ag an teaghlach i ndeisceart na Fraince?	
Cad a dhéanann siad gach Nollaig?	

Fógra: cuid B

cúig mhíle slí ó	five miles from
linn snámha	a swimming-pool
dá mba mhian leat	if you wished
níl aon teorainn le	there's no limit to
teachtaireacht	(text) message

Aois na Glóire 2

Cuid B

Cloisfidh tú fógra agus píosa nuachta sa chuid seo. Cloisfidh tú gach ceann díobh faoi dhó. Éist go cúramach leo. Beidh sos ann tar éis gach ceann a chloisfidh tú chun seans a thabhairt duit na ceisteanna a ghabhann le gach ceann acu a fhreagairt.

Fógra

(a)

(b)

(c)

(d)

1. Cá tá ar díol i Marbella?

2. Cá bhfuil an teach suite?
   (a) sna cnoic
   (b) i lár na cathrach
   (c) cois farraige
   (d) i sráidbhaile

Píosa nuachta: cuid B

dóiteán / tine	fire
ollmhór	huge
an-scrios	huge damage
na foraoiseacha	the forests
triomach	drought, dry spell
an easpa báistí	the absence of rain
na briogáidí dóiteáin	the fire brigades
smacht	control
ar ball beag	shortly

Trialacha Cluastuisceana

Píosa nuachta

(a)

(b)

(c)

(d)

1. Cad a tharla sna foraoiseacha i ngar do Sydney?

2. Cé tá ag iarraidh an dóiteán a mhúchadh?
   (a) na briogáidí dóiteáin
   (b) na póilíní
   (c) na banaltraí
   (d) na dochtúirí

Cuid C

Comhrá 1: cuid C

ní gearánta dom	I can't complain
ar fud	all over
dochreidte	unbelievable
táim in éad leat	I envy you
oileán	island
óstáin	hotels
ionaid champála	campsites
formhór	majority
seomra níocháin	a laundry room
cúirt leadóige	a tennis court

Aois na Glóire 2

Cuid C

Cloisfidh tú dhá chomhrá sa chuid seo. Cloisfidh tú gach comhrá díobh **faoi dhó**. Cloisfidh tú an comhrá ó thosach deireadh an chéad uair. Ansin cloisfidh tú é ina dhá mhír. Beidh sos tar éis gach mír díobh chun seans a thabhairt duit an cheist a bhaineann leis an mír sin a fhreagairt.

Comhrá 1

An chéad mhír

Rian 41

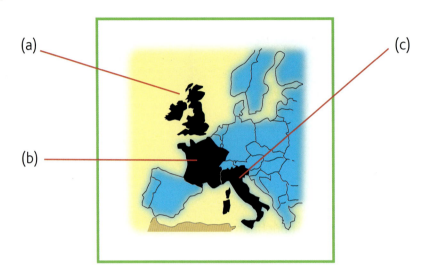

1. Cá raibh Máire i mí Lúnasa?

An dara mír

1. Cad a bhí á dhéanamh ag Breandán i rith an tsamhraidh?
   (a) Bhí sé ag obair sa siopa lena athair
   (b) Bhí sé ar saoire
   (c) Bhí sé ag obair i monarcha
   (d) Bhí sé ag scíáil

Comhrá 2: cuid C

thar cionn	excellent
ceolsiamsa	a musical
is beag nach raibh mé	I was almost
deis	an opportunity
a leithéid	something like that

Trialacha Cluastuisceana

Comhrá 1

An chéad mhír

(a)    (b)

(c)    (d)

1. Cen radharc sna pictiúir thuas a chonaic Sorcha?

An dara mír

1. Cén ceolsiamsa a chonaic sí?
    (a) Beauty and the Beast
    (a) Les Miserables
    (a) Peter Pan
    (a) Phantom of the Opera

Triail 8: Bia, sláinte agus truailliú an imshaoil

An chéad chainteoir: cuid A

aturnae	*a solicitor*
an teach béal dorais	*the house next door*
bialanna Iodálacha	*Italian restaurants*
bialann Síneacha	*Chinese restaurants*
bialanna gasta	*fast-food restaurants*
curaí	*curry*

Aois na Glóire 2

Cuid A

Cloisfidh tú giota cainte ó bheirt daoine óga sa chuid seo. Cloisfidh tú gach giota **faoi dhó**. Beidh sos tar éis gach píosa a chloisfidh tú chun seans a thabhairt duit na ceisteanna a bhaineann le gach giota cainte a fhreagairt. Éist go cúramach leis na giotaí cainte agus líon isteach an t-eolas atá á lorg sna greillí ag 1 agus 2 thíos.

1. **An chéad chainteoir**

Rian 43

Ainm	Éadaoin Ní Shé
Luaigh dhá shaghas bialainne atá sa bhaile mór.	
Cén saghas bia is fearr le hÉadaoin?	
Cén saghas bia is fearr le hÁine?	

An dara cainteoir: cuid A

Bearna	a town in Conamara, Galway
áitiúil	local
dualgas	a duty
a chaomhnú	to preserve
ár ngarmhic agus gariníonacha	our grandsons and granddaughters
an t-uafás dochair	a tremendous amount of harm
truailliú	pollution
dul i mbun gnímh	to take action
a leasú	to repair, ameliorate

2. **An dara chainteoir**

Rian 44

Ainm	Seosamh Ó Flaithearta
Cé mhéad míle slí é Bearna ó chathair na Gaillimhe?	
Cá dtéann Seosamh ar scoil?	
Cad ba mhaith leis a dhéanamh tar éis na scoile?	

Trialacha Cluastuisceana

Fógra: cuid B

úr / nua	new
Gort an Choirce	Gortahork, a Gaeltacht village in Donegal
miasa	dishes
ar nós	like, such as
mianraí	soft drinks
is mian le	wishes
fíon	wine

Cuid B

Cloisfidh tú fógra agus píosa nuachta sa chuid seo. Cloisfidh tú gach ceann díobh **faoi dhó**. Éist go cúramach leo. Beidh sos ann tar éis gach ceann a chloisfidh tú chun seans a thabhairt duit na ceisteanna a ghabhann le gach ceann acu a fhreagairt.

Fógra

(a)

(b)

(c)

(d)

1. Cé na miasa a bheidh ar fáil ar leathphraghas?

2. Cé mhéad a chosnóidh mianraí ?
   (a) 2 euro
   (b) 5 euro
   (c) 50 cent
   (d) euro amháin

Aois na Glóire 2

Píosa nuachta: cuid B

Comhairle Cathrach Luimnigh	Limerick City Council
scéim	scheme
a chur ar bun	to establish
boscaí bruscair glasa	green bins
spreagfaidh	will encourage
athchúrsáil	recycling
cannaí stáin	tin cans
bac	a restriction
trácht	traffic
in ionad	instead of

Píosa nuachta

Rian 46

(a)

(b)

(c)

(d)

1. Cad a chuirfidh Comhairle Cathrach Luimnigh ar chúinne gach sráide?

2. Tá an Chomhairle Cathrach ag cur bac ar thrácht i roinnt príomhshráideanna sa chathair. Tá an Chomhairle Cathrach ag súil:
   (a) go siúlfaidh níos mó daoine
   (b) go dtiomáinfidh níos mó daoine
   (c) go léimfidh níos mó daoine
   (d) go gcaithfidh daoine níos mó bruscair ar na sráideanna

Trialacha Cluastuisceana

Cuid C

Cloisfidh tú dhá chomhrá sa chuid seo. Cloisfidh tú gach comhrá díobh **faoi dhó**. Cloisfidh tú an comhrá ó thosach deireadh an chéad uair. Ansin cloisfidh tú é ina **dhá mhír**. Beidh sos tar éis gach mír díobh chun seans a thabhairt duit an cheist a bhaineann leis an mír sin a fhreagairt.

Comhrá 1: cuid C

i ndáiríre?	really?	scairt	a call
amharc / féach	to look / watch	ata	swollen
ar dheis nó ar chlé	right or left	leonta	sprained
leagadh go talamh	was knocked to the ground	instealladh	an injection
gan mheabhair	unconscious	an phian	the pain
baineadh geit uafásach asat	you got a dreadful shock	laghdaigh	to reduce

Comhrá 1

An chéad mhír

(a)  (b)

(c)  (d)

1. Cad a tharla do Mháirín? ☐

An dara mír

1. Cad a thug an dochtúir di chun an phian a laghdú?
   (a) instealladh agus táibléid
   (b) milseáin
   (c) buille
   (d) x-gha ☐

Aois na Glóire 2

Comhrá 2: cuid C

diabhal scéal	no news at all	gríosú	encourage
toghadh	was elected	athchúrsáil	recycle
comhairle na mac léinn	the students' council	ár ndícheall	our best
comhghairdeas leat	congratulations	an t-imshaol	the environment
pléifimid	we will discuss	cathaoirleach	chairperson
tionscadal	a project	ar fheabhas	excellent
an bhratach ghlas	the green flag	buailfidh mé isteach chugat	I'll drop in
bruscar	litter		

Comhrá 2

An chéad mhír

Rian 48

(a)

(b)

(c)

(d)

1. Cén nuacht atá ag Micheál?

An dara mír

1. Cad is aidhm don tionscadal darb ainm 'an Bhratach Ghlas'?
    (a) an scoil a dhéanamh salach
    (b) an scoil a ghlanadh
    (c) an scoil a oscailt
    (d) an scoil a dhúnadh

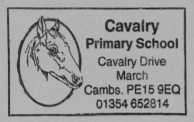

Cavalry Primary School
Cavalry Drive
March
Cambs. PE15 9EQ
01354 652814

Jesus and Mary

GRAHAM OWEN and ALISON SEAMAN

Festivals
Jesus and Mary
Special Occasions
Worship

Editors: Carron Brown and Ruth Raudsepp
Series consultant: Alison Seaman
Designer and typesetter: Jean Wheeler
Cover designer: Steve Wheele Design
Picture researcher: Gina Brown

First published in 1998 by Wayland Publishers Ltd,
61 Western Road, Hove, East Sussex, BN3 1JD

British Library Cataloguing in Publication Data
Seaman, Alison
Jesus and Mary. – (Looking at Christianity)
1. Jesus Christ – Biography – Juvenile literature
2. Jesus Christ – Teachings – Juvenile literature
3. Mary, Mother of Jesus Christ – Biography – Juvenile literature
I. Title II. Owen, Graham
232.9'01

ISBN 0 7502 2241 7

Picture acknowledgements
Andes Press Agency 16 (Carlos Reyes-Manzo); Audio Visual Productions UK 27; Collections 13 (Liba Taylor); Getty Images 4 (Stuart Cohen), 6 (Charles Thatcher), 8 (Poulides/Thatcher); Sally and Richard Greenhill 12; Sonia Halliday 11, 18, 24 (Jane Taylor); Robert Harding 5 (Walter Rawlings), 9 (Walter Rawlings); McCrimmons Publishing 19 (Gerald Coates); Topham Picturepoint 10; Visual Arts Library 7, 22; Wayland Picture Library 14 (National Gallery), 15, 17 (Dorothy Hill), 20 (Zul Mukhida), 21 (Imogen Stuart), 23 (Tim Woodcock), 25 (Rupert Horrox), 26 (Rupert Horrox).

Cover photo by Danny Allmark.

Printed and bound by EuroGrafica S.p.A., Italy

Contents

The wonder of life 4
Mary has a baby 8
Jesus' early life 12
Jesus is baptised 14
Jesus the teacher 16
Jesus' life in danger 19
The end of the story? 21
The hope of new life 22
Remembering Jesus and Mary 24
Heaven 27

Notes for teachers 28
Glossary 30
Books to read 31
Index 32

All religious words are explained in the glossary.

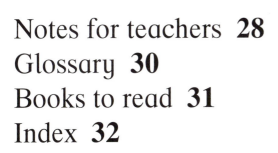

The wonder of life

Here is Peter with his mother.

Peter has just been born. His mother wonders what his future will be.

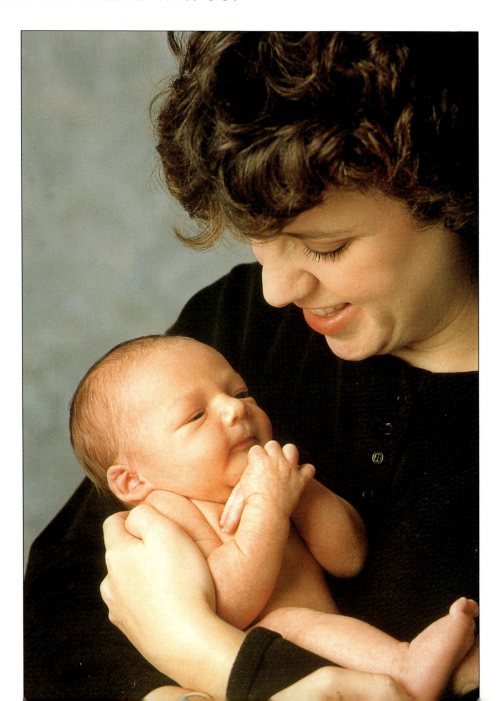

Many years ago, Mary had a baby boy called Jesus.

Just like Peter's mother, Mary wondered what Jesus' future would be like. You can read about Jesus and his mother Mary in the Bible.

We are all different but we are all special people.

Christians believe that God knows everyone and has important work for each person to do.

God chose Mary to care for Jesus.

Mary is a very special person for Christians because she was chosen by God to do this.

Mary has a baby

Angela is going to have a baby.

She is excited about being a mother. Angela wonders what her baby will be like. She knows that looking after a baby is hard work. She wonders how she will cope with her new child.

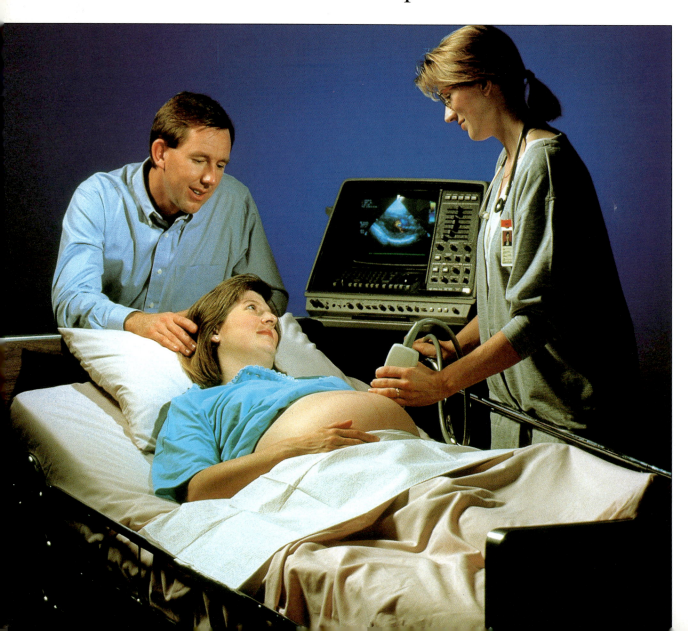

Mary was surprised when she found she was going to have a baby.

Christians read in the Bible that God sent an angel to see Mary. The angel carried an important message from God. He told Mary that she was going to be the mother of Jesus.

This picture shows some of Jesus' ancestors.

Christians believe that God promised to send His son Jesus into the world. He would be the new leader that had been written about in the Bible.

Jesus was born in a stable.

Mary and her husband Joseph went on a journey just before Jesus was born. They could not find anywhere to stay, so Jesus was born in a stable. Mary and Joseph cared for him and made sure he was safe.

Jesus' early life

Jesus grew up with his brothers and sisters.

Even though he was born into an ordinary family, Jesus was a special person whose life would affect many people throughout history.

Jesus lived in a country we now call Israel.

Jesus' family was Jewish. He learned all about the history and beliefs of the Jewish people. Jesus decided that he wanted to become a teacher.

Jesus is baptised

As he grew up, Jesus knew he had a special job to do.

His cousin John recognised that Jesus was the Son of God. He agreed to baptise him. Then Jesus travelled around the country teaching and preaching about God.

This picture shows a Christian baptism in Jamaica.

Christians around the world continue to welcome people into God's family by baptising them. People can be baptised at any age, from tiny babies to grown ups.

Jesus the teacher

Jesus taught that God loves and cares for everyone.

He also helped people who were in need and healed people who were sick. The teachings of Jesus are still important for Christians today.

Christians of all ages learn from each other.

Children and adults read the Bible together and learn more about God. They know there is always something new to think about.

The Bible tells of many different events in the life of Jesus.

Sometimes Mary was with him and she encouraged others to trust him. In this picture, Jesus and his mother go to a wedding. The wine ran out and Jesus turned the jugs of water into wine.

Jesus' life in danger

Not everybody agreed with Jesus.

Some people hated him so much they wanted to get rid of him. In this wood carving, Jesus is accused of being a dangerous trouble maker. These men have made him their prisoner.

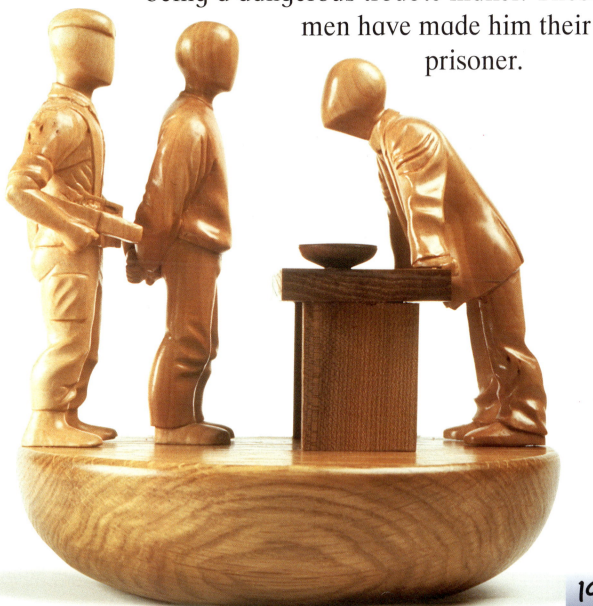

Jesus knew that his life was in danger.

He was sentenced to death and he was forced to wear a crown of thorns on his head. This reminds Christians that Jesus had to suffer a lot of pain.

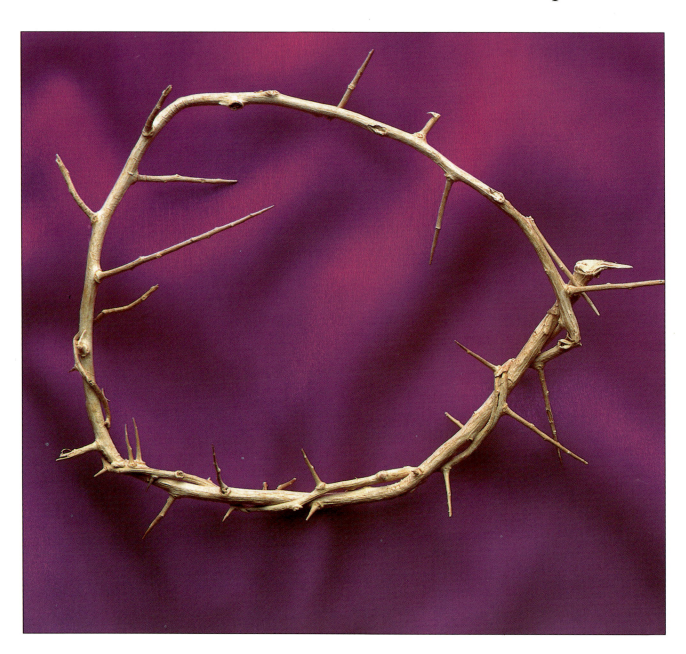

The end of the story?

Mary was with Jesus when he died.

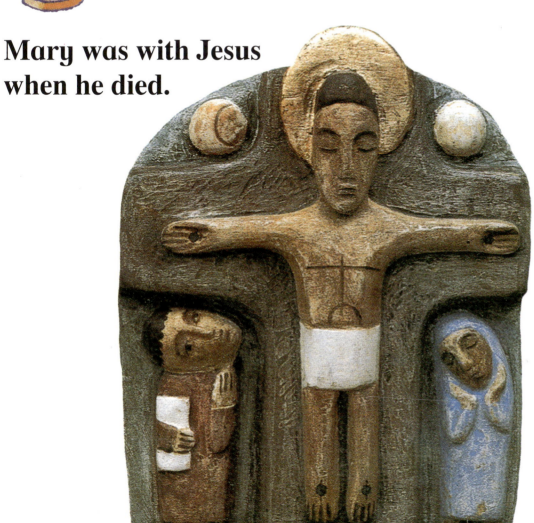

Jesus' hands and feet were nailed to a large cross and he was left there to die. Mary thought she would never see him again, but still she trusted in God. Christians know this is a very sad story. But it does not end here.

The hope of new life

This church window shows Jesus coming to life again.

The Bible tells that after three days Jesus rose from the dead. His mother and his friends were able to see him when he visited them.

These children are excited when their bulbs produce flowers in the spring.

In the same way, the story of Jesus helps Christians to know that there is always hope of new life.

Remembering Jesus and Mary

When Christians meet together they feel that Jesus is still with them.

Throughout the world, Christians remember Jesus when they worship together. They think about his life and learn from his teachings.

Anabelle and Jairaj have found the banner in their church showing a picture of Mary.

She inspires them to be faithful and trusting even in times of difficulty, and to love and care for their friends and family.

Billy looks at his icon of Jesus and Mary.

Jesus and Mary help Billy to feel closer to God. He believes that God will care for him throughout his life and forgive him when he does something wrong.

Heaven

This picture shows an artist's idea of heaven.

Christians hope that one day they will be in heaven with Jesus and his mother Mary. What do you think heaven might be like?

Index

angel 9

baptism 14–15
Bible 5, 9, 10, 18, 22
babies 4, 8, 9, 15

Christians 6, 10, 16, 17, 20, 21, 23, 24, 27
church 25
cross 21
crown of thorns 20

God 6, 7, 9, 14, 16, 17, 21, 26

heaven 27

icon 26
Israel 13

Jamaica 15
Jesus 5, 7, 9, 10, 11, 12, 13, 14, 16, 18, 20–22, 26, 27
   as a prisoner 19
   born in a stable 11
   death 20, 21
   turning wine into water 18
Jewish people 13
John the Baptist 14

Joseph 11

Mary 5, 7, 9, 18, 21, 22, 25, 26, 27